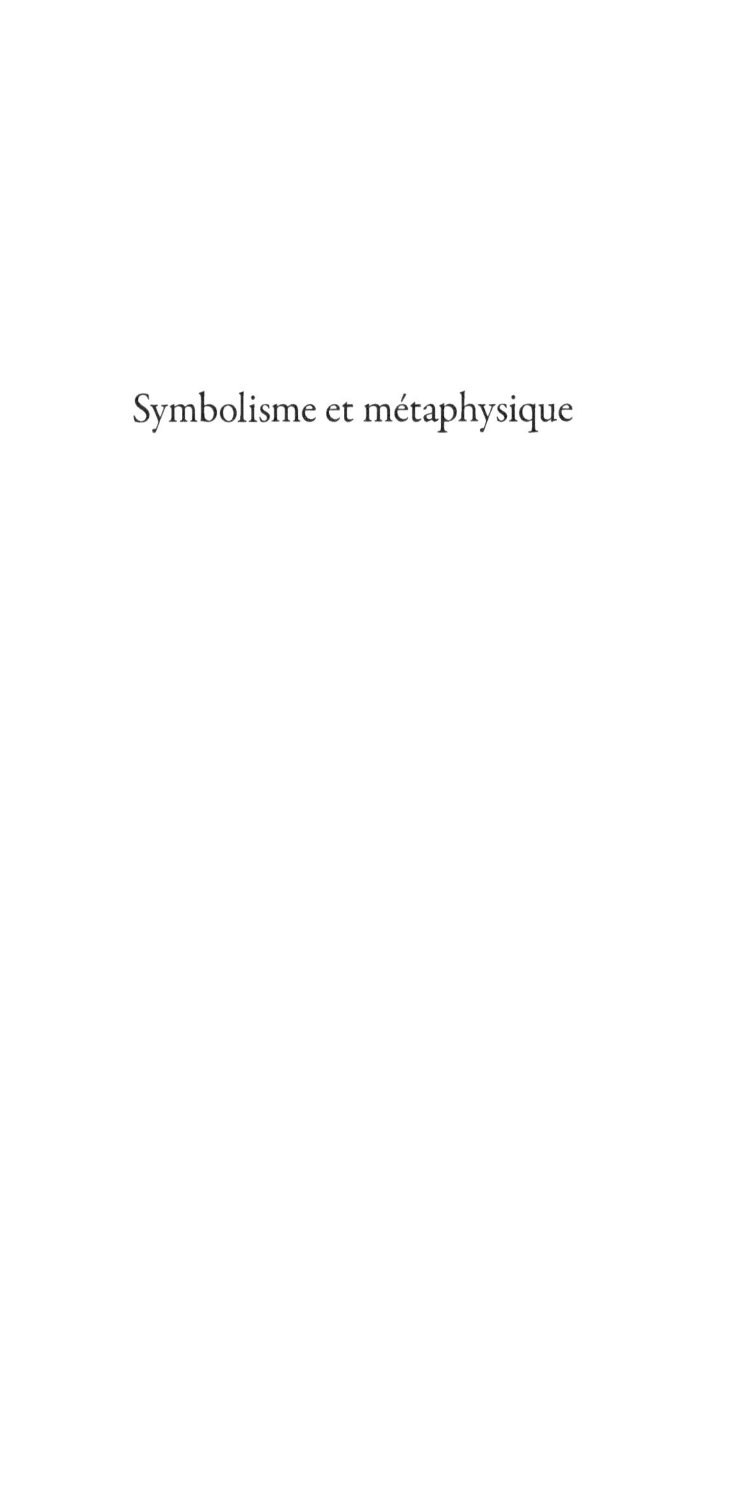

Symbolisme et métaphysique

Jean Borella

Symbolisme et métaphysique

Les interrogations de la philosophie

Collection Théôria

5-7, rue de l'École-Polytechnique ; 75005 Paris

http://www.editions-harmattan.fr

ISBN : 978-2-336-43281-6

EAN : 9782336432816

Remerciements

L'auteur et l'éditeur expriment leur très vive gratitude
à mesdames Marie-Paule Vilettes,
qui a effectué la saisie informatique du texte manuscrit,
et Sylviane Leschenne, qui en a assuré la révision.

PREMIÈRE PARTIE

LA PHILOSOPHIE INTERROGE LE SYMBOLISME SACRÉ

CHAPITRE I

Problématique philosophique du symbolisme

Lors de la soutenance d'une thèse d'État pour le doctorat ès lettres, le candidat devait prononcer, devant son jury, un discours où il exposait les raisons du choix de son sujet, l'histoire de ses recherches, les résultats auxquels il est parvenu. D'où le présent discours qui fut prononcé le 30 novembre 1982, à l'Université PARIS X, devant un jury où siégeaient les professeurs Michel François, président, Paul Ricœur, directeur de thèse, Maurice de Gandillac, Georges Vallin et Miklos Vetö.

L'idée première du travail que je soumets aujourd'hui à votre examen, remonte à 1950. Pie XII venait de proclamer le dogme de l'Assomption affirmant : « Marie, après avoir achevé le cours de sa vie terrestre, a été élevée en corps et en âme à la gloire céleste » ; cette déclaration soulevait maintes objections autour de moi. M'efforçant de répondre à ces objections, qui, pour la plupart, n'acceptaient d'accorder aux paroles de la définition dogmatique qu'une signification à la rigueur *symbolique*, il me sembla soudain percevoir, par une sorte d'intuition, l'union profonde et intime du réel et du symbolique, ou encore de la chair et du verbe, de la substance corporelle et de l'idée ou essence. Je ne pouvais certes pas démontrer que l'Assomption de la Mère du Christ avait bien eu lieu, mais j'avais le sentiment que cela était ontologiquement possible.

La difficulté commençait seulement au moment où il fallait articuler philosophiquement cette intuition, c'est-à-dire la formuler conceptuellement. J'étais alors – et suis demeuré – fondamentalement platonicien. Mon intuition du symbole me paraissait en parfaite consonance avec la pensée du maître, à la condition toutefois qu'on lui ôte sa trompeuse étiquette idéaliste. Car j'étais au moins assuré d'une chose : c'est que la négation matérialiste de la réalité intelligible ou spirituelle des êtres corporels les vouait à l'abstraction déréalisante. Admettre qu'un corps ne fût qu'un corps, un amas plus ou moins ordonné de structures matérielles, c'était le condamner à la destruction pulvérulente, ou le réduire au pur concept du discours scientifique.

Dans un cas comme dans l'autre, l'angélisme – matérialiste ou idéaliste – n'était pas de mon côté. Je me sentais au contraire animé d'un puissant amour de la création charnelle. Mais la précarité évidente de sa manifestation temporelle – car elle passe, la figure de ce monde, et nos corps se déferont dans la mort –, cette précarité requérait, au cœur même de la substance matérielle, la présence épousée des essences indestructibles et lumineuses.

C'est pourquoi, lorsqu'il s'est agi de choisir un sujet de thèse, me vint naturellement le désir de traiter du symbole afin d'expliciter l'intuition que j'en avais eue.

À vrai dire, ma réflexion sur le symbole s'imposait à moi comme ressortissant directement à la métaphysique, et non à l'ethnologie, à l'histoire des religions ou à la psychologie de l'imaginaire. Je voulais montrer que le symbolisme est vrai, qu'il a partie liée à la réalité objective des choses, c'est-à-dire, au fond, que l'homme religieux n'est pas fou.

Mais je n'avais alors guère conscience des énormes difficultés que soulevait cette thèse au regard de la pensée philosophique occidentale, thèse qui, de proche en proche, mettait en question, radicalement, ce que j'ai appelé par la suite, l'ontologie ordinaire de référence. J'étais essentiellement guidé par deux certitudes relatives au monde moderne : ce monde n'avait ni le sens du réel ni le sens du symbole. Du réel, il ne retenait qu'une réduction physico-chimique, du symbole qu'une fiction psychologiquement nécessaire.

Au nom de la plénitude de l'être et de la vérité du sens, je refusais l'angélisme du matérialisme aussi bien que le relativisme du psychologisme. Et je me trouvais fondé à rechercher l'unique réfutation de ces deux erreurs du côté d'un réalisme symbolique. Une telle recherche pouvait évidemment donner lieu à deux ouvrages différents : l'un qui aurait traité directement de métaphysique et d'ontologie, abordant ensuite la question du symbole ; l'autre qui, au contraire, n'envisagerait les problèmes ontologico-métaphysiques qu'à partir du point de vue du symbole et selon que le symbole lui-même les pose.

Le choix entre ces deux possibilités n'était pas indifférent et pouvait engager les options philosophiques les plus fondamentales. Partir du symbole, n'est-ce pas postuler que, pour l'homme, tout commence par la contingence d'une perception sensible et d'une culture, autrement dit que ce qui est premier en principe, la métaphysique, ne l'est pas en fait ? Ma conviction était, et demeure, qu'il n'y a pas de solution parfaite à cette question, sinon le refus de l'esprit de système. Tout point de départ est une erreur, mais il faut bien commencer, et non seulement s'arrêter.

Je décidai donc de partir du symbole, puisque c'était comme cela que pour moi s'était posée la question du réel, et de montrer comment la vraie conception du symbole permettait d'y répondre. D'emblée, j'écartai l'idée d'une enquête positive parmi la forêt des symboles, ce qui m'eût ramené à l'histoire des religions et à l'ethnologie. Je m'étais moi-même occupé de quelques symboliques religieuses, celles du christianisme en particulier, de l'hindouisme et un peu de l'islam. Le domaine était immense et son étude n'aurait au mieux abouti qu'à la confection d'un dictionnaire.

J'étais plus intéressé par les diverses théories sur le symbole auxquelles je voulais opposer ma propre conception, savoir, que le symbolisme traditionnel repose sur une métaphysique que je considérais comme vraie, et dont je croyais pouvoir montrer la *possibilité*, car il me semblait, au fond, que la plupart des théories sur le symbole étaient prédéterminées par l'idée qu'une telle métaphysique était précisément impossible.

J'élaborai donc un plan en trois parties qui embrassait tous les aspects du symbolisme et qui définissait la tâche qu'aurait à accomplir la métaphysique du symbole : d'abord une ontologie qui fonde l'être du symbole, ensuite une noétique qui décrive le symbole à la fois comme objet et comme moyen de connaissance, enfin ce que je me suis résolu à appeler une rituélique, qui traite de la vie selon le symbole, c'est-à-dire, au fond, du passage du connaître à l'être : rituélique parce que, en dernière analyse, le symbole est un rite.

Je percevais bien ce que ce plan avait de démesuré, et comment, en m'obligeant à m'étendre sur tout, il m'exposait à ne parler de rien. Mais, malgré tous mes efforts, je ne parvins pas à en changer. Dès que les conditions de mon activité professionnelle me le permirent, il y a cinq ans, je me résignai donc à passer à la rédaction d'un projet que je méditais depuis plus de dix ans. Toutefois, deux raisons me poussèrent à retarder l'exposé de la métaphysique et à la faire précéder d'une brève introduction.

La première était le sentiment philosophique irrépressible qu'on ne répond qu'aux questions qui se posent, à défaut de quoi aucun discours dogmatique ne peut se faire entendre. La seconde, de nature contingente, fut la prise en compte du structuralisme. M. Ricœur me fit comprendre qu'il n'était pas possible de l'ignorer. Toute ma méditation s'était, jusque-là, déroulée complètement en dehors de lui. Au fond, et pour aller vite, je voulais surtout répondre à Sartre et montrer que l'existence du monde s'accorde à celle de son sens. À mes yeux, Roquentin radicalisait définitivement la question de l'être et du *logos*, de la chair et du verbe : c'est à lui que je m'adressais ; en fonction de lui que j'organisais mon argumentation.

Mais voilà que la puissante vague du structuralisme linguistique et anthropologique venait battre les rivages de la philosophie. Comment en effet conduire une réflexion sur le symbole en laissant de côté l'une des plus importantes « découvertes » de la science des signes ? Et pourtant, mes réponses ne s'ajustaient à aucune des questions que posait la sémiologie structurale. Je me mis donc à l'étude de la nouvelle « science », et décidai de me débarrasser de son analyse dans un chapitre introductif, en même temps que de tout ce qui concernait aussi bien la cosmologie galiléenne que la psychanalyse, l'essentiel demeurant l'exposé de la métaphysique du symbole.

Cette introduction me prit une centaine de pages. Or, plus j'avançais dans sa rédaction, plus s'imposait à moi une exigence inattendue : j'avais besoin d'une définition du symbole. Très délibérément, au début de ma réflexion, j'en avais écarté l'élaboration. Une telle définition, inévitablement scolastique, me paraissait un risque inutile et une entrave, à moins de se la donner si vague qu'on peut la plier à tout usage ; mais alors à quoi bon ?

Il s'avérait pourtant qu'elle était indispensable, fût-ce d'une nécessité seulement propédeutique. Je décidai donc de tout recommencer, une fois de plus. Mes propres recherches m'avaient convaincu que si la définition dyadique du signe saussurien est légitime au point de vue scientifique, qui est celui du réel rationnellement construit, il n'en va pas de même du point de vue philosophique, qui est celui du réel concrètement donné, de même que le géomètre peut considérer qu'un plan n'a pas d'épaisseur, quoique l'expérience ne livre jamais rien de tel.

C'est pourquoi je me tournai vers les définitions scolastiques du signe symbolique, et donnai mon adhésion à une structure fondamentalement triadique, laquelle pouvait être, scientifiquement, réduite à deux éléments, ou, métaphysiquement augmenté d'un quatrième terme transcendant. Je n'oubliais pas cependant qu'une telle construction conceptuelle devait prendre appui sur la réalité de fait du symbole, puisque j'avais choisi le point de vue de la contingence culturelle. D'où la nécessité première d'une enquête historique, qui, à ma connaissance, n'existait pas en français, et qui recueillît l'usage du terme en Occident.

C'est alors qu'il m'apparut que la structure du signe symbolique commandait celle de sa critique. Toute critique étant en effet une déconstruction, vérifie par là même la manière dont son objet est construit. La décision de définir d'abord la structure du signe symbolique, se révélait donc fructueuse. Je voyais s'ordonner historiquement les diverses théories et réflexions sur le symbole, soit implicites, soit explicites, en autant de phases successives qui s'engendraient l'une l'autre avec une certaine logique. Immodestement, je me redisais, avec Montesquieu, dans la *Préface* de son grand livre, *De l'esprit des lois* : « j'ai bien des fois commencé et bien des fois abandonné cet ouvrage. [...] je suivais mon objet sans former de dessein ; je ne trouvais la vérité que pour la perdre. Mais quand j'ai découvert mes principes, tout ce que je cherchais est venu à moi... » Et, en effet, les nombreuses négations du symbolisme traditionnel auxquelles je voulais répondre, parce qu'elles étaient les plus répandues, celles des sciences physiques ou des sciences humaines, acquéraient soudain une nécessité qui, jusqu'ici, leur avait fait défaut.

Mais il y avait plus encore. La définition du signe symbolique m'avait permis de saisir la nature en quelque sorte systématique de la critique du symbolisme sacré, comme étant celle d'une déconstruction. Il en résultait donc, inversement, qu'échappait à cette critique ce qui, n'étant pas construit, mais donné, ne pouvait être déconstruit. Je compris immédiatement que j'avais trouvé le moyen d'articuler philosophiquement une métaphysique du symbole, c'est-à-dire d'une manière rationnellement légitime, grâce à ce que j'ai nommé par la suite le principe sémantique. Il y avait déjà fort longtemps que j'étais persuadé de son irréfutable vérité, depuis le temps où, vers ma quinzième année, j'avais été informé de la preuve cartésienne de l'existence de Dieu par la présence en nous de l'idée d'Infini.

Par la suite, j'avais eu l'occasion de reconnaître son identité à travers de multiples formes, du *cogito* augustinien à l'évidence du Soi chez Shankara et à ce que Frithjof Schuon appelle, dans l'un de ses derniers ouvrages, la théophanie de la subjectivité.

Ce principe répond très exactement à ce que Ruyer désigne comme anti-paradoxe, c'est-à-dire une vérité qui est évidente parce qu'elle est impliquée dans la forme même de son énonciation, telle, par exemple, que « je vis » ou « je parle ». Et je m'aperçus, avec un certain étonnement, que c'était précisément ce principe que la critique du symbolisme sacré mettait directement en question. Autrement dit, dans la mesure même où ce principe est connaturel à l'intelligence humaine, parce qu'en lui l'intelligence dit seulement son intuition d'elle-même, ce qu'elle ne peut pas ne pas dire, dans cette mesure, le refus du principe sémantique, c'était aussi le refus de l'intelligence, ou, plus exactement, le refus, par l'intelligence, de sa propre validité, ce qui est purement contradictoire, et donc, *en réalité*, impossible.

Or, qu'affirmait la critique du symbolisme religieux ? Que le contenu des propositions symboliques, n'ayant aucun référent dans la réalité, n'était qu'un produit de l'imagination humaine. Mais voilà : il fallait aussi rendre compte de la possibilité de ce discours sacré, dépourvu d'objet. On ne pouvait en trouver la racine que dans le sujet humain, c'est-à-dire dans les déterminations qui, à son insu, altéraient le fonctionnement de la raison. Dès lors, on était conduit finalement à ramener tout discours à ses conditions de manifestation, et, en dernière analyse à dénier toute légitimité au fondement même de la légitimité, c'est-à-dire au *logos.*

En conséquence, la voie critique se révélant impraticable, restait seulement, pour rendre compte du discours symbolique, en d'autres termes pour lui donner un sens, restait, dis-je, à modifier notre conception même du réel, bref, à exposer la métaphysique du symbole. Et, prenant conscience du cheminement de ma réflexion, je m'aperçus, qu'au fond, c'était le symbole lui-même qui, de l'intérieur, avait travaillé mon discours philosophique, l'obligeant progressivement à opérer une transformation de la conscience du réel, effectuant par là un véritable renversement herméneutique. Ainsi, me dis-je, les symboles sacrés, les formes religieuses, sont, par leur nature, exposées à toutes les négations, livrées sans défense à toutes les destructions ; et cependant irréductibles, pour la seule raison qu'elles sont là, qu'elles aussi sont *un fait*, un donné irréfutable de notre existence. À vouloir les arracher comme une partie malade, c'est tout l'homme qui vient avec et qui, impossiblement, s'anéantit.

Une fois en possession de ces quelques thèmes, je repris la rédaction de mon introduction, mais cette fois, à peu près assuré de mes conclusions, incapable au demeurant de trouver une meilleure présentation philosophique de la métaphysique du symbole, et bien décidé, enfin, à donner à cette introduction, toute l'ampleur nécessaire.

Le premier chapitre, consacré à l'enquête terminologique, ne présentait pas de difficulté, sinon celles inhérentes à toute recherche livresque.

Il en allait différemment pour le deuxième. Élaborer un concept satisfaisant du symbole est un tout autre travail que de recueillir un usage, et c'est figer dans une structure ce qui, dans la réalité, est vie multiforme et agissante. Ce chapitre, sans aucun doute, est celui qui m'a demandé le plus de peine.

En revanche, en abordant la révolution cosmologique de Galilée, qui constitue à mes yeux le moment le plus important de la critique du symbolisme sacré, je retrouvais des questions que j'avais longuement méditées et pour lesquelles j'éprouvais une certaine inclination. Cependant, après le rejet scientifique du référent symbolique, ne subsistait plus que la conscience d'un sacré sans objet.

C'est vers les doctrines d'une telle conscience que je devais désormais me tourner. Au départ, je ne voulais parler que de Freud et de Marx : mais Marx me conduisit à Feuerbach, et Feuerbach à Hegel. Pouvais-je ignorer, dans une description des critiques de la conscience religieuse, celui qui n'a cessé de répéter que la religion et la philosophie avaient même contenu et qu'elles ne différaient que par la forme ? Par ailleurs, je m'apercevais, avec une certaine crainte, que cette introduction prenait des proportions vraiment considérables. Pour les trois premiers chapitres, je comptais déjà quatre cents pages de manuscrit. Je ne pouvais achever la critique et l'exposé des principes à moins de trois cents pages. Je demandai alors à M. Ricœur l'autorisation de présenter cette introduction elle-même comme thèse remettant à plus tard la rédaction de la métaphysique du symbole proprement dite, dont j'avais pourtant annoncé le plan.

Revenant donc à Hegel, je me rendis bien compte que, d'une certaine manière, toute sa philosophie, en tant que phénoménologie de l'esprit, pouvait être considérée comme une philosophie du symbole, et que l'ampleur du projet hégélien était sans équivalent dans l'histoire de la pensée occidentale. Mais cela même m'interdisait d'en traiter d'une manière un peu étendue. C'est pourquoi je me résolus à l'aborder à la fois dans ce qu'elle avait de plus essentiel et de relativement secondaire : le plus essentiel, c'était, à mes yeux, le projet « gnostique » de Hegel ; le secondaire, sa doctrine explicite du symbolisme religieux.

Par projet gnostique, j'entends ici le désir de parler du Tout et de telle sorte que le discours sur le Tout ne soit précisément pas en dehors du Tout. *A priori*, l'achèvement d'une telle doctrine implique qu'il n'y a plus rien d'extérieur à cette doctrine, et que toute parole sur elle, la mienne par conséquent, est encore un moment à l'intérieur de la doctrine elle-même. Je pris très au sérieux ce qui me parut l'intention la plus profonde de Hegel, d'autant qu'elle rejoignait d'une certaine manière mon orientation philosophique personnelle vers ce que M. Vallin a nommé la perspective métaphysique.

Mais il me sembla aussi que la doctrine hégélienne n'était qu'une imitation de la gnose véritable, sans doute la plus extraordinaire que l'esprit humain ait réalisée, mais qui n'en reposait pas moins sur un contresens fondamental. Car, comme j'ai tenté de le faire entendre, un discours jamais n'abolira la contingence. Et le propre de l'Infinitude divine, c'est précisément de rendre possible le surgissement, apparemment contradictoire, de la finitude la plus autonome. L'examen de la théorie hégélienne du symbole me confirma dans mon analyse, et il me parut qu'en condamnant la représentation au nom du concept, la philosophie hégélienne révélait son angélisme foncier, en même temps que l'art et la religion, écrasés sous le système, n'étaient plus que le prétexte du texte hégélien

J'arrêterai ici l'histoire de mon travail. Tel quel, une fois terminé, je compris que, sans le savoir, ma pensée avait suivi un chemin quasi cartésien. Ce que je présentais, dans ces Prolégomènes philosophiques, c'était une réédition des *Méditations*, mais dont le sujet aurait été la culture religieuse de l'humanité, et non *l'ego cartésius* méditant. La critique radicale, hyperbolique, du symbolisme sacré, nous conduisait à la certitude inébranlable du *cogito* sémantique, et, finalement, par la grâce de l'argument ontologique, à saisir le concept lui-même comme un symbole. Je n'ai certes pas l'outrecuidance de croire que mon argumentation puisse infléchir le cours de notre histoire culturelle. J'ai voulu seulement, à mon tour, poser quelques questions à ceux qui, depuis trois cents ans, ont entrepris de liquider la métaphysique avec le symbolisme.

En définitive, toute la métaphysique du symbole tient dans cet axiome : l'Invisible s'est fait visible afin que le visible devienne l'Invisible. C'est pourquoi il convenait qu'un ouvrage qui commence par la célébration du soleil levant, la plus éclatante des réalités visibles[1], s'achevât dans la nuit de la résurrection, là où la chair mortelle de l'humanité a revêtu en secret l'immortalité de sa gloire.

---

[1] PRÉCISION : Sous sa forme première, mon ouvrage commençait par le rappel des liturgies cosmiques qui, dans les diverses religions, accueillent la lumière du soleil levant.

CHAPITRE II

Universalité du fait symbolique

Le jour va paraître. Debout, au bord du Nil, Akenaton chante :

« Tu te lèves, beau dans l'horizon du ciel,
Soleil vivant, qui vis depuis l'origine…
Tu as rempli tout pays de ta beauté.
Toi qui es Râ, tu les soumets tout entiers,
Tu les lies de ton amour.
Tu es loin, mais tes rayons sont sur la terre.
Tu es le visage des hommes,
Et l'on ne connaît pas tes venues »[2].

Le jour va paraître. Le grand prêtre sioux, dressé sur l'immense prairie, prie, au matin inaugural de la danse du soleil :

« Regarde ces hommes, *ô Wakan-Tanka*
La face de l'aurore rencontrera leurs faces ;
Le jour qui vient souffrira avec eux.
Ce sera un jour sacré, car toi, *ô Wakan-Tanka*,
Tu es ici présent ».

Alors, raconte Hehaka Sapa, juste au moment où le soleil se mit à poindre, les danseurs chantèrent une mélopée inspirée sans paroles, et le prophète entonna un de ces chants de mystère :

« Le Père se lève !
La lumière du Grand Esprit est sur mon peuple ;

---

[2] XVIIIème dynastie, Akenaton, 1370-1352 av. J. C. cité par Samivel, *Trésors de l'Égypte*, éd. Arthaud, Paris, 1954, p. 107.

Elle rend toute la terre brillante.
Mon peuple est heureux maintenant !
Tous les êtres qui se meuvent se réjouissent »[3] !

Le jour va paraître. Au cœur de Cuzco, capitale de l'Empire inca, sur la grande place Huacaipata où s'élève le temple de Viracocha, le prêtre annonce :

« L'aurore terrestre
Se vêt de lumière,
Pour rendre hommage
Au Créateur de l'homme.
Le haut du ciel
Fait fuir les nuages,
S'humiliant
Devant le Créateur de l'Homme
Le Seigneur des Étoiles,
Notre père le Soleil, répand sa chevelure
À ses pieds… »[4].

Le jour va paraître. Debout, au bord du Gange, le brahmane, les mains jointes au-dessus de la tête, récite l'hymne du *Rig-Veda* :

« Voici que s'élève le soleil bienfaisant,
Son regard est partout, il est le bien commun des hommes
L'œil de Mitra, de Varuna, le Dieu
Qui a roulé les ténèbres comme on roule une peau.

---

[3] Hehaka Sapa, *Rites secrets des Indiens Sioux*, éd. Payot, Paris, 1953, avec une introduction de Frithjof Schuon, traduction de F. Schuon et R. Allar, pp. 119-120 ; également, du même auteur, *La grande vision*, Éditions Traditionnelles, Paris, 1969, traduction de Jacques Chevilliat et Catherine Schuon ; également, F. Schuon, *La danse du soleil*, article paru dans les Études Traditionnelles, 69ème année, n°409-410, Sept.-Déc. 1968, pp. 261-265.

[4] Alfonso di Nola, *Le Livre d'or de la Prière de tous les peuples et de tous les temps.* Bibliothèque Marabout Université, Éditions Seghers pour la traduction française, Paris, p. 76.

Voici que s'élève l'Animateur des êtres,
Le grand emblème ondoyant du Soleil ;
Il va faire tourner la roue, toujours la même,
Celle que tire Etaca[5] attelé au timon...
Joyau doré du ciel, vaste regard, il s'élève.
Lointain est son but, il l'atteint dans la lumière... »[6].

Le jour va paraître sur Tolède endormie. À l'église San Sebastian, les moines chantent l'office de laudes :

« Ô Créateur de l'éther resplendissant, qui destines la lune à éclairer les nuits, qui établis le soleil pour marquer dans son chemin constant le rythme des journées, déjà la sombre nuit s'éloigne, l'éclat de l'univers renaît, déjà une vigueur nouvelle incite l'âme à de douces entreprises.

Déjà le jour revenu invite à chanter tes louanges et le doux visage du ciel rassérène nos cœurs »[7].

Le jour va paraître. Les bénédictins de Bédoin, réunis au chœur, chantent l'hymne des deuxièmes laudes :

« *O Sol salutis, intimis,*
Jesu, refulge mentibus...
Ô Soleil du salut, au plus profond de nous,
Jésus, dans nos esprits, irradie ta splendeur,
Tandis que, chassant la nuit, plus joyeusement
Le jour renaît sur tout l'univers ...
Le jour approche, ce jour qui est le tien,
Dans lequel toutes choses vont refleurir ;

---

[5] Nom de l'un des chevaux du Soleil.

[6] *Rig Veda*, VII, 63 ; traduction L. Renou, dans *Le Veda, premier livre sacré de l'Inde*, Bibliothèque Marabout Université, Éditions Gérard et C°, Verviers, textes réunis et présentés par Jean Varenne, t. I, pp. 95-96.

[7] *In laudibus Feriae II post oct. Epiphania*, tiré du *Cod. Vat. Reg.* II, VIIIème – IXème siècles, dans *Hymnodia Cotica, Die mozarabischen Hymen des Altspanischen Ritus*, Analecta Hymnica Medii Aevi, Leipzig, 1886 et suiv., vol. XXVII, p. 69, n°1.

Réjouissons-nous et que, dans la voie,
Ta droite nous ramène ... »[8].

Ainsi de toute l'humanité, depuis le fond des âges jusqu'aux rives de notre monde. À peine l'homme s'éveille-t-il que son regard cherche à l'horizon le point oriental où paraîtra la lumière des peuples. Toute sa journée sera vécue dans ce temps cosmique, et toute sa vie dans la succession des cycles annuels.

La voûte céleste parcourue circulairement par le soleil lui enseigne la sphère qui couvre et abrite, et la hauteur inaccessible qui arrache l'homme à tout conditionnement et l'éveille au sens de l'Absolu. La quadripartition de l'horizon par les points équinoxiaux et solsticiaux enseigne la grande croix du monde, qui sépare, divise, mais aussi ordonne, mesure et révèle l'intelligibilité de la roue cosmique. L'homme lui-même, être de la nature, enseigne à l'homme, être spirituel, que toutes choses ont un centre qui est en son cœur, et son corps vertical lui apprend la hiérarchie des degrés de réalité, qui vont de la pierre à l'esprit, et la correspondance analogique de l'un à l'autre qui les unifie. Sa voix emplit le temps, et ses gestes le rythment, accomplissant le procès perpétuel de l'exode et du retour, de la création sortant du Principe et y retournant, par la médiation du rite.

Du matin au soir, mais aussi de la naissance à la mort, ses actes seront portés et vivifiés par l'antique Tradition, qui, à travers les mythes psalmodiés ou célébrés dans les liturgies hiérodramatiques, actualise la signification primordiale des moments essentiels de chaque vie humaine, comme celle de la race humaine tout entière. Par la parole originelle que les Anciens ont transmise, elle déroule

---

[8] Bréviaire romain, *Feria tertia ad Laudes II, Tempore Quadragesimae Hymnus*. Citons encore ce texte de S. Ambroise : « Le soleil se lève ; ô homme, purifie les yeux de ton âme, et que la poussière du péché n'obscurcisse pas l'éclat des regards de ton cœur. Purifie tes oreilles pour recevoir, comme en un vase pur, les torrents de la divine parole. Le soleil se lève, flambeau du monde, foyer de lumière et de chaleur. Il est l'œil de l'univers, il est la joie du jour, il est la grâce de la nature. Il tient le premier rang parmi les choses créées ». *Hexaem.*, IV, I.

indéfiniment le commentaire, enfin lumineux, du Livre du Monde. Toutes choses y sont nommées et déclarées, afin d'être comprises et intégrées par le centre humain du cosmos, de telle sorte que le centre lui-même, l'homme, trouve sa place unique au sein de leur multiplicité.

Ainsi, ce que la lumière du soleil enseigne à son regard, faisant surgir les vivants et les choses hors de leur indistinction nocturne, dans leur multitude séparative, la Parole et la Tradition, soleil des esprits, l'enseignent à son intelligence, tandis que l'action rituelle réalise l'unification du monde et de l'homme dans l'unité du sacrifice.

Durant des millénaires et des millénaires les hommes ont vécu immergés dans ce monde sacré des symboles religieux où toute chose est parole intelligible, et toute parole, écho vibrant du Verbe, lieu des essences. C'est cela la réalité objective du symbolisme sacré, et c'est cette réalité qu'il faut d'abord restituer dans toute sa présence et son évidence irréfutable, avant d'en entreprendre aucune description ou aucune analyse.

Qu'à défaut d'une expérience directe, pourtant irremplaçable, le philosophe moderne considère en esprit cette substance humaine façonnée par une expérience immémoriale et dont il trouvera peut-être encore quelques traces en lui-même. Qu'il s'efforce de se représenter cette immense succession des générations humaines, dans toutes les cultures du globe sans exception, dont les gestes, les paroles, les pensées, les rêves, les désirs, les sentiments sont informés, ordonnés les uns par rapport aux autres, reliés et dynamiquement articulés par la Tradition, selon la vérité symbolique de notre situation et de notre environnement cosmique, si bien qu'il n'y a pas un arbre, une fleur, une couleur, un animal, un élément, qui ne soit révélation de Dieu pour l'homme et prière de l'homme pour Dieu.

Or, c'est là très exactement ce qu'il faut appeler le symbolisme sacré[9]. C'est cela aussi que de multiples sciences humaines prétendent étudier, selon de nombreux points de vue. Mais, à vrai dire, leur démarche est, bien souvent, aussi peu scientifique que possible, sinon quant à la méthode, du moins quant à l'objet. Car de quoi s'agit-il donc, dans le symbolisme ? Aux yeux des savants modernes, il ne s'agit que d'une activité marginale, une curiosité ethnologique, un objet culturel, dont la définition nécessaire et réputée suffisante est qu'il ne relève pas des lois de la pensée rationnelle moderne.

Ainsi l'acte premier des sciences du symbolisme consiste-t-il à construire l'objet même qu'elles étudient, ou plutôt à le détruire et à le réduire à la seule dimension selon laquelle elles peuvent l'aborder : un comportement humain exemplairement erratique. Oubliant que nos jugements nous jugent, la science moderne s'arroge une objectivité illusoire, n'ayant pas conscience que l'acte épistémique par lequel elle se met à distance de son objet, est aussi l'acte dans lequel son objet la dénonce comme autre que lui-même. Nous ne nions pas qu'une telle objectivité ne soit parfois légitime, encore faut-il en payer le prix.

Or ce prix est très élevé. Du symbolisme il reste l'écorce, l'extérieur, *l'observable*. D'où la grande quantité des descriptions minutieuses, des enregistrements sonores et filmés, des relevés mythographiques et liturgiques. Le moindre geste, la plus modeste pratique rituelle, sont soigneusement notés – parfois comme si tout avait une égale importance. Mais la sève mystique est perdue, le sens intérieur du symbolisme, l'esprit qui l'anime, le définit et le fonde dans sa vérité, ont disparu.

---

[9] On pourrait également parler d'un symbolisme religieux. Mais le sacré désigne un caractère propre des êtres ou des choses, selon lequel elles sont « mises à part en vue de Dieu », tandis que le religieux désigne l'usage qui est fait de tel symbole sacré par la religion, c'est-à-dire par la forme particulière que revêt la rencontre de telle révélation divine avec telle culture humaine. Il peut donc y avoir un sacré extra-religieux.

Le « discours ontologique » du symbolisme comme fait universel, va pourtant de soi, et cela d'autant plus, que ce discours ontologique est sa *raison d'être*, car le symbolisme entend nous parler des réalités invisibles à l'aide des réalités visibles qui en sont le reflet cosmique. Mais il est non moins évident que la possibilité d'un tel langage est exclue pour la conscience moderne. Pour elle, en effet, il n'y a pas de réalité invisible, et donc pas de réalité visible qui en serait l'image. Du même coup, le point de vue scientifique commence par tuer le symbolisme dans son essence. Voilà au moins une conclusion qu'on ne saurait contester.

Au fond, contre toute évidence, les perspectives modernes sur le symbolisme s'imaginent pouvoir le comprendre dans sa vérité en dehors du monde même où se déploie ce symbolisme. Allant d'un seul coup au fondement le plus radical de cette thèse, nous dirons qu'elle revient à prétendre que la faculté rationnelle de compréhension est capable de fonctionner d'une manière rigoureusement autonome et qu'elle est par elle-même norme absolue du vrai et du faux. Sinon, il faut bien admettre que, la raison moderne étant plongée dans une ambiance culturelle entièrement différente de l'ambiance des cultures traditionnelles, est informée et même suggestionnée par cette ambiance à un point dont il est quasi impossible d'avoir conscience. Car la raison par elle-même n'est qu'une règle et un rapport, d'où son universalité. Mais sa matière, les évidences dont elle part, les informations sur lesquelles elle travaille, sont reçues de l'ambiance culturelle et déterminent en profondeur la « conscience du réel », si bien qu'elle écartera d'emblée des possibilités qui, pour un homme traditionnel, sont aussi certaines qu'une montagne ou une rose.

Comment cet homme pourrait-il ne pas être « platonicien », alors que toutes les formes de l'art sacré, en multitude innombrable, lui communiquent – et donc lui enseignent – la vision esthétique de ces essences, une femme, un homme, un arbre, se présentant toujours comme une forme particulière de la femme éternelle, de l'homme éternel, de l'arbre éternel ? Que dirait-on d'un critique qui voudrait étudier la musique, ou la peinture, en excluant la beauté des œuvres, leur contenu sémantique, la vérité qu'elles rayonnent, pour s'en tenir à des rapports constatables, d'ordre mathématique, entre des notes, ou entre des contours et des couleurs ? Telle est, très exactement, la situation de la culture moderne en général, à l'égard du symbolisme sacré.

Tout au contraire, nous croyons, quant à nous, que la contemplation des œuvres du symbolisme sacré est première et préalable à toute réflexion sur le symbole. Tout cela est *a priori* nié, refusé, écarté. Ou plutôt, il semble qu'à l'égard de cet esprit symboliste, comme nous l'avons dit, il soit *suffisant* de le comprendre comme du non-rationnel.

Pourtant, comment nier qu'une telle mise à distance ne fasse subir à son objet une altération radicale ? Et comment dès lors assurer la valeur scientifique d'une telle démarche ? Entre le contenu mental d'un ethnologue étudiant un mythe africain, et l'expérience vécue et pensée de l'Africain « agissant » liturgiquement le même mythe, la différence est totale. Elle est même de nature. Où est donc la vérité du symbolisme religieux ? Dans la tête de l'Africain ou dans celle de l'Européen ? Impossible d'échapper à cette question. Car enfin, de *quoi* parle donc le discours ethnologique ? Le symbolisme, n'est-ce pas précisément ce que vit, pense, accomplit l'Africain ?

Faire abstraction de cette réalité intérieure, n'est-ce pas alors vider le symbolisme de toute réalité pour le réduire à ce qu'on peut en enregistrer extérieurement ? Ou bien pense-t-on pouvoir accepter cette réalité intérieure au titre d'une catégorie mentale parmi d'autres, à ranger parmi les curiosités psychologiques ? Mais peut-on ainsi la neutraliser ? C'est qu'en effet le symbolisme sacré ne s'épuise pas dans le déroulement observable et racontable d'un certain comportement extérieur, ou dans la caractérisation d'une certaine attitude intérieure ; il affirme aussi quelque chose sur la réalité du monde, de l'homme et de Dieu, autant, pour le moins, que la science ou la philosophie la plus occidentale.

Voilà où est sa vérité, qui peut être éventuellement aussi son erreur. L'amputer de cette affirmation qui le constitue comme parole objective sur la réalité de l'être, le châtrer préventivement sous un prétexte épistémique, c'est inévitablement le nier dans son essence même. La vérité qu'on pourra lui conférer alors, éventuellement, vérité psychanalytique ou structuraliste, ne sera plus la sienne propre. D'ailleurs, comme tel, il ne sera plus que le mensonge qu'un Occidental subtil aura percé à jour. Dans une telle entreprise, le moment de la négation du symbolisme est parfaitement escamoté. Le psychanalyste lui-même n'en a aucune conscience, ou du moins finit par n'en avoir aucune conscience. Il va tellement de soi qu'on ne peut parler du symbolisme qu'à la condition de mettre entre parenthèses ses prétentions réalistes !

C'est pourtant justement ce que nous récusons. Le symbolisme religieux est certainement un fait universel. Il est également avéré qu'au sein de ce fait, il est également objet de contemplation. Car c'est ainsi seulement que l'on peut en recevoir l'enseignement le plus essentiel et le plus ineffaçable. Contempler c'est d'abord s'asseoir, demeurer immobile et regarder en silence, Chartres, Notre-Dame de Paris, l'icône de Roublev, le visage de Sitting-Bull, Shiva dansant, et, pendant des heures, laisser pénétrer en nous la vision céleste qui s'y manifeste. Tel est l'acte premier d'une philosophie du symbolisme, la soumission à la réalité sensible du symbole. Ici, c'est l'œil et l'oreille qui possèdent la connaissance. Voilà quatre cents ans que la réflexion occidentale oublie qu'elle a un corps pour lequel la Beauté existe, ou qui ne s'en souvient que pour son abaissement et sa déchéance. Il serait temps de nous souvenir que la Vérité se connaît dans la lumière de la Gloire.

CHAPITRE III

Symbolisme et métaphysique : leur implication réciproque

Ce chapitre propose une introduction à notre livre La crise du symbolisme religieux[10].

1. – Le symbolisme sacré fait question dans la mesure même où il met en jeu des connaissances, des pouvoirs et des comportements qui paraissent excéder l'ordre de la simple raison comme celui de l'expérience ordinaire. On est donc en quelque sorte contraint d'en rendre compte sous peine de voir la culture humaine menacée, dans sa substance même, par son irrécusable et universelle présence. La pensée moderne – et déjà certains courants de la pensée antique – n'a pas manqué de s'y employer. Maintes doctrines et sciences – histoire, géographie, psychologie, philosophie, psychanalyse, économie politique, sociologie, ethnologie, linguistique, etc. –, chacune à sa manière, ont fourni une explication permettant de réduire le scandale ou l'étrangeté de ce « phénomène culturel ».

Ainsi, toute explication du symbolisme, en vertu même de la raison qui l'a suscitée, est nécessairement réductrice : elle vise à faire rentrer le scandale rationnel qu'il constitue dans l'ordre général du fonctionnement de la culture humaine, quel que soit le principe de ce fonctionnement – psychanalytique, économique, psycho-physiologique, structural, etc. De même qu'en physique les effets les plus extraordinaires cessent d'étonner dès que la cause productrice en est mise au jour, de même, en anthropologie, les « effets culturels » les

---

[10] 2ème édition revue et corrigée, coll. Théôria, L' Harmattan, Paris, 2008.

plus étranges revêtent l'allure la plus commune, dès qu'on élucide le processus qui leur a donné naissance.

Il en va tout autrement, cependant, lorsqu'on entreprend d'exposer les fondements métaphysiques du symbolisme, parce qu'il y a une grande différence entre expliquer et fonder, ou plutôt parce que le fondement implique un type d'explication bien particulier et fort éloigné de celui que pratique la science moderne.

Si l'on s'en réfère au modèle aristotélicien de la causalité, on observera que l'explication scientifique se rapporte presqu'exclusivement à la causalité efficiente, en tant qu'elle se donne pour objet la détermination du processus de production d'une chose quelconque, et qu'elle fait donc partie de ce qu'Aristote appelle principe extérieur ou extrinsèque[11]. L'idée moderne de cause[12] est en effet celle d'un dynamisme producteur, d'un mécanisme déclencheur, d'un fonctionnement, plutôt que celle d'une raison d'être. Pour la science, rendre intelligiblement raison d'un phénomène, c'est pouvoir en reconstituer la genèse. L'intelligibilité se ramène à la production[13]. Dans la mesure même où elle est principe extrinsèque, la cause productrice peut n'avoir aucune ressemblance avec son effet. C'est presque toujours le cas de l'étiologie classique qui aime à découvrir une forte disparité entre l'effet apparent et la cause réelle, comme si celle-ci avait à prendre une revanche sur celui-là. Rien ne

---

[11] *Métaphysique*, XII, 4, 1070 b ; S. Thomas d'Aquin, *De principiis naturae*, § 8, publié dans H. D. Gardeil, *Initiation à la philosophie de saint Thomas d'Aquin*, Cerf, t, II, p. 115.

[12] Nous laissons de côté les transformations éventuelles que subit le concept de causalité dans la physique contemporaine, estimant que le modèle classique continue à fonctionner largement.

[13] Par exemple, on estime avoir rendu intelligible l'apparition de tel caractère somatique lorsqu'on peut le mettre en rapport avec tel gène producteur qui en est « responsable », sans s'apercevoir qu'il n'y a aucune relation *intelligible* entre un code génétique et la couleur d'une chevelure, par exemple, ou la forme et la structure d'un œil. C'est ce qu'a montré, d'une manière à notre avis définitive, la philosophie de R. Ruyer.

lui plaît davantage que de rendre compte des effets les plus étourdissants par d'humbles ressorts cachés.

Et donc, loin de *fonder*, l'étiologie de la production *accuse*. Elle dénonce son effet comme le mensonge qui la travestit, mais dont elle reste finalement maîtresse.

Selon cette perspective, la simple idée que la forme, au sens d'Aristote, puisse être considérée comme une cause paraît tout à fait saugrenue : la forme comme telle n'exerce pas une action, elle n'engendre ni ne produit. C'est pourtant à ce type de causalité que ressortit le fondement, c'est-à-dire à la causalité intrinsèque.

Fonder, en effet, c'est *établir et justifier*. Établir signifie : dégager pour eux-mêmes les principes sur lesquels repose, *en fait*, une réalité quelconque – d'ordre naturel, conceptuel ou culturel –, principes qui sont immanents à la chose considérée et qui en constituent la raison ou la forme (*eidos*). Mais c'est aussi justifier, ce qui signifie : montrer que ces principes sont légitimes, en d'autres termes, qu'on est *en droit* de les considérer comme nécessairement vrais.

La première opération, l'établissement, ne saurait se passer de la seconde ni ne se confond formellement avec elle. Il existe assurément un cas où les principes fondamentaux que dégage la première opération sont évidents et s'imposent par eux-mêmes, et donc où le fait s'identifie « matériellement » au droit. C'est celui des principes premiers de la connaissance que la métaphysique – générale – met en évidence dans son analyse de l'acte cognitif. Elle constate d'une part que ces principes, en fait, informent bien la connaissance qui donc repose sur eux, mais d'autre part, et en vertu même de leur caractère premier, qu'ils sont présupposés par toute démonstration de leur propre validité.

Cependant, même dans ce cas, ce n'est pas par le même acte intellectuel que les principes sont exposés et qu'ils sont justifiés. La question de leur légitimité n'apparaît qu'au regard d'une raison critique qui ne trouve plus en elle suffisamment de lumière pour percevoir directement et intuitivement la vérité de ce qu'elle connaît, et qui, pour cela, demande à s'en assurer.

Ainsi, il semble bien que l'établissement d'une chose quelconque sur ces principes fondamentaux soit une opération tout à fait distincte de celle par laquelle on procède à la justification de ces mêmes principes. Et si la première ne peut se passer de la seconde, même dans le cas de la métaphysique générale et des principes premiers de la connaissance, combien plus fortement se vérifiera cette dépendance dans le cas d'une métaphysique spéciale, telle par exemple que celle du symbolisme sacré !

« Certes, nous dira-t-on, la différence est grande entre expliquer le symbolisme et le fonder, mais cela tient surtout au fait que le fondement n'explique rien du tout. Que la cause soit extrinsèque à son effet alors que le principe est intrinsèque à ce qu'il fonde[14] ne constitue nullement un avantage pour ce dernier.

En vertu même de la continuité et de l'identité profonde que vous supposez entre le principe et ce qu'il fonde, vous vous interdisez à vous-même de rendre raison du symbolisme, vous ne sortez pas du symbolisme, vous vous contentez de développer le système conceptuel implicitement contenu dans le symbolisme et mis en jeu par lui : au fond vous ne faites que redire en termes plus ou moins abstraits ce que le symbolisme affirme déjà implicitement dans son langage imagé.

D'ailleurs, symbolisme sacré et métaphysique ont partie liée. Tous deux parlent de ce que ni l'expérience ni la raison ne peuvent connaître, la seule différence étant qu'ils n'usent pas du même discours. Ce n'est pas rien. Le langage imagé du symbolisme lui confère la singularité du concret. Le symbolisme revêt l'Invisible et le

---

[14] C'est déjà ce qu'observe S. Thomas d'Aquin : « le nom de cause évoque l'idée d'une diversité de substance, et la dépendance de l'effet vis-à-vis de sa cause ; ce que ne fait point le nom de principe. Dans tous les genres de causes, on rencontre entre la cause et ce dont elle est cause, une distance sous le rapport de la perfection ou de la vertu. Mais le nom de principe s'emploie même entre choses qui n'ont aucune différence de ce genre, mais qui diffèrent seulement selon l'ordre : ainsi lorsque nous disons que le point est le principe de la ligne… » (S. th. I, q. 33,1).

Transcendant des déterminations physiques, historiques, géographiques, culturelles, qu'imposent les conditions mêmes de l'existence corporelle, alors que les concepts métaphysiques, tels que l'Invisible précisément, ou le Transcendant, jouissent de l'universalité et de la transparence qui caractérisent les productions de l'entendement.

Toutefois, relativement au domaine de l'expérience ordinaire et de la raison commune, ils se situent tous les deux du même côté ; ils affirment tous les deux, soit de manière concrète, soit abstraitement, l'existence d'un monde divin et la réalité de ce qui échappe, par définition, à l'investigation de nos sens. Qu'est-ce, en dernière analyse, que cette fondation métaphysique du symbolisme, sinon une vérification involontaire de la loi comtienne des trois états, c'est-à-dire une transcription en termes d'*entités* de ce que la mythologie théologique exprime à l'aide de figures et de personnages divins.

2. – Ce discours, à vrai dire, est peu réfutable et même, de façon apparemment paradoxale, nous conduit nécessairement à nos thèses les plus centrales.

Il suppose, évidemment, qu'on ramène essentiellement la métaphysique à l'affirmation d'une Réalité supra-physique, ou surnaturelle, dont la réalité sensible est un effet et une manifestation. Cette « réduction » ne devrait pas soulever trop de difficultés : à notre connaissance, il n'existe pas de doctrines méritant le nom de métaphysique, de Platon à Leibniz inclusivement, qui ne s'accorde plus ou moins directement avec cette affirmation.

Il s'ensuit également, puisque la métaphysique n'est qu'une transcription intellectuelle du symbolisme, et que le symbolisme est universel, l'universalité corrélative de cette métaphysique. Autrement dit, si nous prenons comme référence ces deux expressions majeures de la métaphysique que sont *l'advaita-védânta* et le platonisme – au sens néo-platonicien de ce terme –, cela signifie que toute doctrine métaphysique, quelle que soit son origine culturelle, peut être traduite en termes vedantins ou platoniciens, moyennant peut-être beaucoup de modifications, mais sans que soit altérée son essence.

L'existence de ce fonds commun métaphysique n'est pas *a priori* démontrable. Mais, à notre connaissance, elle s'est toujours vérifiée, qu'il s'agisse du taoïsme chinois ou japonais, du shintoïsme, du bouddhisme tibétain ou non, du judaïsme et de la kabbale, du christianisme patristique et médiéval, de l'islam et de la mystique soufie, des traditions celte ou amérindienne. Pour la connaissance de ce fonds commun métaphysique, comme pour la connaissance corrélative du symbolisme universel, l'œuvre de René Guénon fournit quelques clefs majeures.

Telle est, aux dires mêmes de ses adversaires, la caractéristique d'une fondation métaphysique du symbolisme : elle nous contraint d'affirmer à la fois l'identité essentielle du symbolisme et de la métaphysique et leur universalité corrélative.

Conclusion un peu surprenante. On a plutôt coutume de les opposer l'un à l'autre comme le *mythos* au *logos*, alors qu'ils sont ici donnés comme ayant cause commune. Il est vrai que cette identité essentielle fait problème dès lors qu'elle n'est plus présentée comme une tare, mais au contraire revendiquée comme ce qui permet précisément de fonder métaphysiquement le symbolisme. C'est la tâche d'une métaphysique du symbole de montrer comment cette identité est possible et comment elle est en fait postulée de façon plus ou moins explicite par toutes les cultures traditionnelles. Ce qui signifie que l'unité du *logos* et du *mythos* n'est véritablement perçue que du point de vue du *logos* lui-même, que c'est bien la métaphysique qui fonde le symbolisme et donc qu'elle jouit à cet égard d'une nécessaire primauté.

Cependant, si nous devons savoir gré à nos contradicteurs d'avoir souligné la solidarité du symbolisme et de la métaphysique, et de nous fournir ainsi l'occasion de montrer leur non-contradiction ou encore leur implication réciproque – en tant que le symbolisme est un mode particulièrement approprié de la connaissance métaphysique et que la métaphysique fonde le symbolisme –, nous ne pouvons pas oublier qu'ils n'affirment cette solidarité que pour mieux rejeter l'un avec l'autre en les disqualifiant l'un par l'autre.

C'est pourquoi ils nous contraignent également à élaborer une justification du symbolisme qui se présentera inséparablement comme une justification de la métaphysique. Avec cette remarque apparaît l'un des enjeux essentiels de notre entreprise : rendre compte de la légitimité et donc de la nécessité de la connaissance métaphysique. On ne sauvera pas le symbolisme sacré sans sauver en même temps la métaphysique qui le sous-tend. Telle est l'autre tâche d'une fondation métaphysique du symbolisme. Elle se place tout entière sous l'exigence de la raison critique au regard de laquelle elle s'efforce de se justifier en démontrant la nécessité de son entreprise. Ce faisant, elle honore cette raison critique en acceptant ses exigences et d'abord, à titre d'hypothèse, son refus de toute métaphysique et de tout symbolisme.

3. – Une telle justification peut sans doute se concevoir de bien des façons. On peut par exemple montrer, à la manière de Cassirer, que l'usage des formes symboliques est exigé par le fonctionnement même de la connaissance humaine ; ou bien, en un sens tout différent, que seule l'expression symbolique convient aux vérités qui dépassent l'expérience commune. D'une manière générale, on pourrait faire intervenir ici toutes les explications par la cause productrice dont nous parlions plus haut, puisque toutes sont des justifications du symbolisme et de sa nature scandaleuse.

Mais toutes, ou presque toutes, ne justifient l'existence du symbolisme qu'au prix du sacrifice de son essence, c'est-à-dire de sa signification propre – son contenu sémantique. Le symbole n'a le droit d'être symbole que parce qu'il ne sait pas ce qu'il dit.

D'autre part, chacune de ces explications ne justifie le symbolisme qu'en fonction d'une étiologie particulière qui implique une conception déterminée de l'homme, de l'histoire, de l'économie, du psychisme, du biologique, du cognitif, etc., dont la vérité demanderait à son tour d'être démontrée.

Enfin, chacune de ces explications rend peut-être compte du symbolisme – comme expression indirecte de ce qui ne peut s'exprimer directement –, mais elle ne rend pas compte du symbole dans la singularité et la diversité de sa forme. Que l'on considère la constellation et la succession de symboles que présente par exemple une messe grégorienne de rite traditionnel ou une liturgie orientale, et qu'on s'assigne pour tâche de rendre compte de chacun de leurs éléments selon la causalité de l'inconscient freudien ou du matérialisme marxien – ce qui, en réalité, n'a *jamais* été fait, et pour cause ! – et l'on s'apercevra que c'est là chose tout à fait impossible et hors de proportion.

Au demeurant, s'il paraissait précédemment possible de remonter du *mythos* au *logos* qui le fonde, il ne saurait en aller de même pour le trajet inverse. Comment passer du *logos* de la raison critique et explicative, nécessairement universel, à un *mythos* nécessairement particulier et déterminé ?

Il n'y a donc qu'une seule voie qui s'offre à nous pour mener à bien la tâche de justification du symbolisme, une seule voie qui prenne en compte intégralement le contenu sémantique du symbole, qui ne mette en jeu aucune étiologie hypothétique et indémontrable, et qui n'ait point souci de franchir l'abîme séparant l'indétermination du *logos* de la détermination du *mythos*.

Cette voie consiste simplement à tirer logiquement toutes les conséquences qui découlent de la disparition du symbolisme sacré. Dans cette voie, nous partons du fait irrécusable du symbolisme. Nous acceptons le symbolisme dans la plénitude de sa signification, c'est-à-dire comme témoin visible d'une réalité invisible et transcendante, signification qui seule a suscité son rejet de la part du rationalisme et du positivisme, et nous constatons ce qui résulte de ce rejet à travers trois siècles de critique religieuse et métaphysique.

Dès lors, la nécessité du symbole s'établit d'elle-même au terme de sa critique la plus radicale, parce qu'il devient alors manifeste que la mort du *mythos* c'est aussi la mort du *logos* et qu'une telle mort n'est point philosophiquement énonçable.

Ainsi la justification du symbolisme met en jeu la même solidarité avec la métaphysique que son établissement, et c'est le contraire qui serait inconcevable. Mais elle ne la met pas en jeu de la même manière.

Alors que, dans l'*établissement*, cette solidarité est découverte positivement et paisiblement, dans la *justification* elle apparaît comme la limite infranchissable d'une démarche négative, dans la guerre que la raison livre au sacré. En mettant en scène, de manière systématique, le combat que le *logos* mène contre le *mythos* afin de l'expulser de lui-même à tout jamais, nous découvrirons que le *logos* menace de s'expulser lui-même et de s'anéantir, et que la seule manière pour lui de se sauver, c'est de *se convertir au symbole.*

Ou, disons encore : la seule manière pour le *logos* de vaincre le *mythos* et de s'en découvrir le fondement réel, c'est de se soumettre à lui et d'acquiescer en lui-même à cette présence étrangère et irréductible. Telle est au fond la thèse essentielle de notre travail ; elle se résume en une phrase : *le symbolisme sacré est vrai parce qu'il existe.*

CHAPITRE IV

Symbolisme et liturgie[15]

La perte du sens du symbole dont témoignent les formes liturgiques actuelles n'est pas récente. Elle est contemporaine de la naissance de la science moderne au début du XVIIème siècle. Encore faut-il souligner que cette naissance a été elle-même préparée dès la fin du XVème siècle par certaines impasses de la physique aristotélicienne qui, pour être évitées, réclamaient d'autres démarches épistémiques. Sa gestation séculaire s'est en outre accompagnée, dans l'ordre religieux, d'une « révolution spirituelle », œuvre de Luther et de Calvin, qui ne pouvait conduire qu'au divorce souhaité de la chair et de l'esprit.

Ainsi se conjuguaient l'évolution des conceptions scientifiques et celle des conceptions théologiques : nonobstant tout ce qui les sépare, elles se rejoignent pour mettre en question le rapport de la nature et de la surnature, du *cosmos* et du *theios* : le protestant Luther n'a pas moins désenchanté le monde que le catholique Galilée : les créatures sont réduites à leur pure naturalité, et Dieu et le divin sont restitués à leur pure transcendance.

Qu'on s'en félicite ou qu'on le déplore, les faits sont là. L'extrême généralité de nos remarques efface bien des distinctions et des disparités, et cependant faute d'aller jusque-là, on ne saurait remédier à la disparition du symbolisme religieux.

Bien des liturgistes s'accordent sur la nécessité d'un retour aux symboles, puisque l'homme étant un être de chair, il ne peut s'élever vers l'Invisible qu'à l'aide des formes sensibles où cet Invisible se

---

[15] Article paru dans la revue *Catholica* en 2009.

rend présent. Car tout ici est une question de présence. La liturgie, qui est la prière publique de l'Église, consiste non seulement à penser à Dieu et aux actes par lesquels le Christ a opéré notre salut, mais plus radicalement, à nous rendre présents au Père et à la geste christique. Corrélativement, il est requis que cette geste christique nous soit rendue présente, et, par elle, l'être même du Père, car « qui m'a vu a vu le Père ». Bref, il ne s'agit pas seulement de penser, il s'agit de vivre. Or, le seul moyen de cette présentification du mystère christique – dans lequel nous sommes mis en présence de Dieu –, c'est que se présente à nous une réalité sensible qui soit, dans son être même, habitée par la Réalité christique. Et c'est cela un symbole sacré.

Lorsqu'on prône un retour au symbolisme, il faut donc savoir ce que l'on demande. Le plus souvent on se tourne vers les symboliques anciennes, d'une prodigieuse richesse, ou bien on s'adresse aux artistes contemporains pour qu'ils créent des formes pleines de sens. Assurément, ces démarches sont justifiées, quoique – nous y reviendrons – elles ne soient pas tout à fait équivalentes. Mais cela ne suffit pas. La question qu'on doit se poser, si l'on est d'accord avec la nature et la fonction du symbole telles que nous venons de les caractériser, c'est à quelles conditions cette conception très métaphysique du symbolisme sacré est possible. Et ces conditions sont assez lourdes.

L'homme d'aujourd'hui conçoit spontanément le symbole comme un signe, c'est-à-dire comme une entité sensible – visuelle, sonore, gestuelle, etc. – que son utilisateur investit d'une intention signifiante. Le rapport de la nature, de la forme, de la structure de cette entité à sa signification est de convention : ici, c'est l'intention signifiante qui fait tout ; à la limite toute entité sensible pourrait servir à toute intention signifiante. En fait, l'arbitraire du signe symbolique n'est pas absolu et se trouve limité par certaines contraintes. Mais enfin, par définition, un signe n'est pas ce qu'il signifie puisque sa fonction est de l'indiquer : il doit donc s'en distinguer.

Et c'est éminemment le cas des signes linguistiques et d'une multitude d'autres signes, dont la seule fonction est de nous faire penser à tel ou tel signifié.

Il n'en va plus de même lorsqu'il s'agit de nous mettre en présence d'une réalité divine, de nous faire entrer dans une relation vivante avec cette réalité afin que nous en soyons transformés. Ici, l'intention signifiante ne suffit plus. Il faut que le signe symbolique lui-même soit quelque chose du symbolisé. Nous ne sommes plus dans l'ordre de l'intentionnel, nous sommes dans l'ordre de l'ontologique. Certes, le symbole demeure un signe, et cette sémioticité ne doit jamais être perdue de vue. Mais en même temps, par sa nature, sa forme, sa structure, il participe de la réalité même de ce qu'il symbolise : identique au symbolisé en son essence, il s'en distingue par son mode de présentation.

En conséquence, nature, forme, structure ne peuvent plus ressortir à l'arbitraire du signe, c'est-à-dire aux conventions, à l'imagination, aux facultés inventives, voire au génie de celui qui produit la figuration symbolique : il y a des lois objectives du processus de symbolisation. La matière du symbole, ses dimensions éventuelles, ses formes géométriques, sa disposition par rapport aux autres formes symboliques, les nombres qui le rythment dans le temps ou dans l'espace, les couleurs dont il est revêtu, les accents qui le marquent, et, premièrement, le rituel de sa genèse – tracés, confection des matériaux, exécution des diverses phases de sa réalisation, etc. –, tous ces éléments sensibles, ou quasi sensibles, empruntés à notre monde terrestre, doivent être utilisés conformément au symbolisme naturel de leur situation cosmique.

Autrement dit, le symbolisme liturgique – et le symbolisme sacré en général – est une reprise, dans la sphère du religieux et selon une finalité salvatrice et déifiante, du symbolisme naturel de la création, selon une loi de correspondance ontologique entre tous les degrés de la réalité cosmique : terrestre ou angéliques, jusqu'à leur Prototype incréé. Ainsi, chaque degré du monde, et le dernier de tous, le degré terrestre avec toute son extension, est comme une traduction selon le mode propre de ses conditions déterminantes, de tous les degrés qui le précèdent et, ultimement, du monde divin. « Les cieux et la terre » ne « racontent » pas seulement « la gloire de Dieu » en attestant l'infinité de sa puissance créatrice, mais ils la racontent aussi par tous les détails de leurs formes, les particularités de leurs natures et de leurs agencements.

Aucun être du monde n'est une pure contingence accidentelle, tous sont des paroles de Dieu articulées avec la plus grande précision. L'œuvre liturgique de la figuration symbolique requiert donc, pour être effective et efficace, la connaissance des lois et des règles de la correspondance universelle et hiérarchique des mondes, qui est l'harmonie même de la création. Et cela pose de redoutables problèmes.

Avant d'en dire un mot, il ne sera pas inutile de nuancer la description précédente. Les emplois que la liturgie fait des symboles ne sont pas tous exactement conformes aux principes énoncés, ce qui est inévitable dès lors que le symbole est un signe et, croyons-nous, doit toujours être considéré comme tel. Il s'ensuit que, dans la réalité de son usage – et pas seulement envisagé dans son concept idéal comme nous l'avons fait –, le symbole est traversé par une tension qui le situe entre le pur signe – arbitraire – et la chose ou réalité même : entre ces deux pôles se déploient toutes les variétés du symbole.

On trouve donc, dans l'ensemble des types symboliques, des symboles qui sont des « presque signes », sur la nature desquels on peut hésiter – ne sont-ils pas simplement de nature sémiotique ? –, mais aussi des « plus que symboles », lorsque l'élément visible du symbole, sa « chair », est réduit à l'état d'« espèce », d'apparence sensible, par la transcendance de son contenu. C'est le cas, bien évidemment, de l'eucharistie, qui est plus qu'un symbole, bien que sa nature de signe – les saintes espèces – n'ait pas disparu. Le pain et le vin consacrés se voient, se touchent et se goûtent. Et, comme le dit S. Thomas d'Aquin, nos sens ne nous trompent pas quant à la réalité de ce qu'ils perçoivent, mais ils défaillent quant à la réalité de ce qui, dans un corps physique, n'est pas perceptible, à savoir sa réalité substantielle dont les espèces ne sont que les accidents, réalité substantielle que seule peut atteindre l'intelligence.

Nous ne percevons en effet la réalité substantielle d'aucun corps ; toutefois, ordinairement, ce que nous percevons d'un corps est le signe sensible de sa réalité substantielle. Dans l'eucharistie, le signe sensible demeure, mais, en vertu de la transsubstantiation, il n'est plus signe de la substance du pain, mais signe de la substance du Corps du Christ. En ce sens, l'eucharistie est plus qu'un symbole, tout en demeurant cependant dans l'ordre du signe. Inversement, la station debout ou agenouillée, la communion dans la main ou sur la langue, sont bien des gestes liturgiques, mais presque purement conventionnels, « presque » parce qu'il n'existe aucun signe qui soit exclusivement de convention, et qu'ils gardent quelque relation de participation à la réalité qu'ils signifient.

Cela dit, nous pouvons en venir maintenant à ce qu'implique un véritable retour au symbolisme religieux. Deux conditions, semble-t-il, doivent être remplies : la première est de nature métaphysique et cosmologique, la seconde de nature « scientifique ».

Métaphysiquement, la doctrine du symbolisme sacré telle que nous l'avons esquissée, implique une conception théophanique de la création et de la correspondance hiérarchique de ses différents degrés. Il ne s'agit pas seulement de considérer *l'existence* de la création comme la manifestation probante de l'existence de sa Cause créatrice. Dieu n'est pas uniquement la Cause efficiente de l'être créé. Il en est aussi la Cause formelle ou exemplaire, en sorte qu'il est rigoureusement vrai de dire qu'il y a en Dieu l'archétype du tigre, de la rose ou du triangle (*Somme de théologie*, I, 15, 2).

La discontinuité existentielle entre l'Incréé et le créé est en quelque sorte compensée par une continuité essentielle : l'essence de la rose est d'ailleurs plus véritablement en Dieu que dans la rose de nos jardins. Cette participation ontologique des créatures à leurs archétypes *in divinis* est le vrai fondement du symbolisme sacré. Si la religion peut choisir et instituer, parmi les innombrables formes cosmiques, celles qui seront les médiatrices effectives de la présence salvatrice du divin, c'est parce que ces formes sont par elles-mêmes naturellement porteuses de cette présence.

Toutefois, cette présence naturelle serait inefficace sans la grâce de son institution ecclésiale, sinon il pourrait y avoir une religion « naturelle » : mais le péché originel a rendu surnaturellement inefficace la théophanie du monde. Par l'œuvre de l'Église, institutrice des rites, la grâce de l'Esprit saint vient vivifier la constellation chrétiennement élue des formes cosmiques et lui confère sa vertu sanctificatrice : *gratia non tollit naturam sed perficit.* : « La Grâce ne supprime pas la nature, mais la perfectionne ».

Telle est la vision cosmologique et métaphysique qui doit porter une véritable restauration du symbolisme sacré. Sommes-nous prêts à l'accepter ? Elle bouscule de très fortes habitudes de pensée, quatre cents ans de rationalisme scientifique nous ont désappris ces vérités : nous ne les regardons tout au plus que comme de belles imaginations poétiques, alors qu'il s'agit de données parfaitement objectives. Il est clair qu'une profonde réforme mentale serait nécessaire pour redonner à cette doctrine quelque chance d'être reçue.

Il y faudrait, en particulier, une mise en question, non de la science elle-même, mais du scientisme matérialiste qui représente l'idéologie foncière, en fait de cosmologie, de l'homme d'aujourd'hui, y compris chez un grand nombre de clercs. Disons les choses simplement : pour la plupart des chrétiens, le monde, c'est de la matière régie par des lois mécaniques, tandis que le spirituel, le divin, l'âme, le religieux, sont « ailleurs », dans la pensée humaine sans doute, et quelque part « en eux-mêmes » – ne cherchons pas à préciser –, mais en tout cas, n'ont de rapport avec le monde corporel que *de l'extérieur* : le Ciel est physiquement étranger à la terre.

Cet état de séparation ontologique, d'exclusion réciproque, est directement contraire à la pensée symbolique, puisque *sun-bolon* signifie en grec « conjonction ». Il est également contraire à ce que, depuis près d'un siècle, nous enseigne la science contemporaine sur la nature et la structure du réel physique, et qui ruine définitivement le matérialisme. Mais intégrer les données de la théorie des *quanta* dans une vision cosmologique globale est une œuvre difficile, en rupture avec nos habitudes de pensée les plus enracinées.

La théologie chrétienne, cependant, plus que tout autre, devrait nous y aider. Elle nous apprend en effet que, si la création du monde est l'œuvre de toute la Trinité, on peut malgré tout approprier plus spécialement l'être même de la créature au Père, sa forme – son essence – au Verbe, « lieu » synthétique des archétypes, en sorte que chaque créature est un « verbe », une « parole » de Dieu, enfin l'acte de cette forme, le chant ou la voix de cette « parole », à l'Esprit saint, énergie réalisante de tout être et de toute chose, par l'opération de laquelle les créatures sont conduites à leur fin et accèdent à leur perfection.

Si les créatures sont posées dans leur essence par le Verbe divin, selon les innombrables possibilités de participation qui sont en Lui, elles sont *activement* ordonnées les unes aux autres et à leur Cause finale, qui est Dieu, par l'énergie du divin Pneuma. Si chaque créature, par le Verbe, est ontologiquement une révélation de Dieu, par l'esprit, cette révélation s'effectue dans le monde et devient révélatrice pour le reste de la création. Les êtres créés sont les « mots » de Dieu, mais c'est l'Esprit saint qui les fait parler et qui les fait entendre les uns aux autres, qui accomplit leur essence, laquelle reçoit alors le nom de « nature », dans la mesure où, selon la scolastique, « la nature est le principe des opérations de la substance » – c'est-à-dire de ce qu'il y a de foncièrement réel dans un être.

C'est donc « dans l'Esprit » que la fonction symbolique de toutes les créatures devient opérante et se trouve activement et harmoniquement ordonnée à tous les degrés de la création avec lesquels elles entrent en résonance. Car l'esprit est « répandu ». Il est immanent à tous les êtres qui, par Lui, se répondent et se correspondent. Ainsi, le tissu cosmique est en lui-même de structure trinitaire. L'ignorer, c'est amputer la science du monde de sa dimension la plus profonde.

Toutefois, il ne suffit pas de refaire nôtre la conception métaphysique d'un univers-parole de Dieu dans sa texture la plus objectivement réelle pour pouvoir réinvestir le monde des symboles. Il faut aussi – et voilà le deuxième point et la deuxième condition que nous annoncions – être en possession de ce que l'on pourrait appeler la science des formes symboliques.

La métaphysique nous apprend bien que tout est parole du Verbe, elle ne nous dit pas quelle est la signification sacrée de chacune de ces paroles, ni pourquoi cette signification est ce qu'elle est. Or, cette connaissance est nécessaire à l'accomplissement de l'œuvre liturgique. Nous savons, certes, si l'on nous a suivi jusqu'ici, qu'il y a des lois objectives du symbolisme sacré, mais nous ignorons encore quelles elles sont. Une telle science est sans doute aujourd'hui la plus méconnue, et nous nous demandons même comment il a jamais été possible de l'obtenir.

Car il s'agit d'une science qui nous livre, très partiellement il est vrai, quelque chose de la raison d'être de la formation et de la structuration des créatures, ce qui est *a priori* le secret de Dieu. Les symboles liturgiques sont nécessairement empruntés au monde qui nous entoure : couleurs, matériaux, figures, grandeurs, dispositions, nombres, rythmes, vibrations et hauteurs sonores, modes musicaux, qualité des temps, des saisons, des signes astrologiques, des ordonnances célestes, phénomènes météorologiques, etc., il n'est rien qui ne soit donné par la création. Le symbolisme liturgique ne peut cependant prendre en compte qu'une faible partie de ce que le monde nous offre, selon un critère de sélection qui définit la spécificité et la nature de la révélation chrétienne.

Or, s'il est des choix qui ressortissent à l'évidence naturelle – et qui d'ailleurs se retrouvent dans toutes les cultures –, tels que l'opposition lumière-ténèbres, haut-bas, vie-mort, il en est une indéfinité d'autres dont la raison d'être exige, pour être connue, une élaboration très complexe : c'est le cas, en particulier, de l'architecture religieuse, de la métrologie sacrée à laquelle elle obéit et qui requiert, elle-même, une véritable expertise en numérologie, de la forme des bâtiments et de leur disposition intérieure. On pourrait en dire autant de l'iconographie – peinture, statuaire, hauts et bas-reliefs –, ainsi que de leurs éléments décoratifs, et plus encore de la gestualité du rite de la messe qui touche à ce qu'il y a de plus essentiel dans l'action liturgique : orientation du célébrant, métanies[16], retournements, déplacements devant ou autour de l'autel du sacrifice, position des mains et des doigts, etc. [17]

Des études sérieuses, faites dans l'esprit de la tradition, peuvent nous amener à comprendre pourquoi ce symbolisme est précisément déterminé comme il l'est. Mais ces études portent inévitablement sur les formes symboliques que nous livre le passé, et un passé déjà lointain, puisqu'il est globalement antérieur à la fin du Moyen Âge. Elles peuvent certes aider à produire aujourd'hui des formes liturgiques nouvelles à quelques égards, obéissant pourtant aux lois immémoriales de la figuration symbolique telles que l'étude des monuments du passé a pu nous les révéler.

Reste que cette étude de la science des formes sacrées ne nous dit rien sur son origine. D'où les anciens tenaient-ils leur savoir ? Est-il seulement le résultat d'une série de tâtonnements ? Mais alors, comment pourrait-il, ce savoir, se présenter avec une telle intelligibilité et une telle ordonnance, même s'il comporte des incohérences, des artifices, des habiletés gratuites ? Ou bien doit-on n'y voir que le fruit du sens artistique de ses créateurs, ou plutôt des artisans qui ont produit ces œuvres ? Ce serait en ce cas la qualité, le génie, l'intuition esthétique de ces artisans, ainsi que la convenance de leurs œuvres à leur destination liturgique, qui rendraient compte de leur normativité, et les lois et les règles, que l'étude en dégage, ne seraient que l'effet d'une sorte d'instinct de la beauté sacrée.

---

[16] Métanies : terme utilisé dans la liturgie chrétienne orthodoxe et qui désigne des inclinations et prosternations pénitentielles – ce terme vient du grec *metanoia* = conversion.

[17] Le geste du signe de croix n'est pas d'origine scripturaire ; seule la tradition orale nous l'a enseigné.

Il y a certainement du vrai dans ces deux hypothèses qui valent d'ailleurs encore pour aujourd'hui. Au demeurant, on ne doit jamais négliger, en aucun temps, la part du génie de l'artisan comme de l'artiste.

Cependant : *ars sine scientia nihil*, l'art sans la science n'est rien ; or la science ne relève pas d'une préférence subjective. Il faut donc admettre, si dérangeant que cela soit, une origine transcendante et proprement céleste. Quant à ses données fondamentales, cette science peut être communiquée par *inspiration* ; mais en fin de compte, cette inspiration est d'origine angélique – ce qui vaut aussi pour certaines découvertes de la science profane –, comme le suggèrent peut-être certains textes de la tradition juive liée au personnage d'Hénoch, et à l'invention des lettres – le symbolisme des lettres est mis particulièrement en œuvre dans le rituel de la dédicace d'une église, qui est la plus longue cérémonie de la liturgie catholique, et la plus riche en symboles.

Nous n'en dirons pas plus sur un sujet qui nous entraînerait à des considérations proprement techniques. Nous voudrions seulement, pour terminer, envisager les choses du point de vue de ceux qui en sont les bénéficiaires, c'est-à-dire les fidèles, lesquels ne sont pas nécessairement informés de tout ce que nous venons de dire.

Comment se présente à eux la liturgie telle qu'on pouvait la connaître et la vivre il y a une cinquantaine d'années, et encore aujourd'hui avec la forme extraordinaire du rite de la messe ? Elle se présente avant tout comme l'entrée dans un *ordre sacré objectif*. Cette entrée dans l'ordre sacré est marquée spatialement par l'entrée dans l'église elle-même dont le porche, constitué souvent d'un rectangle – figure du monde terrestre – couronné d'un demi-cercle – figure du monde céleste – représente le jugement dernier autour du Christ en gloire : ici, notre monde prend fin, ici nous pénétrons dans un autre monde, dans une anticipation symbolique – et réelle – du Royaume de Dieu.

Toutes les formes que nous rencontrons dans ce « nouveau monde » parlent à l'âme un langage nouveau et d'abord celui de la langue liturgique, le latin, dont la fonction, à cet égard, ne saurait être méconnue : langue mystérieuse et hiératique, et qui institue d'emblée cette rupture constitutive de l'entrée dans le sacré, puisque « sacré », étymologiquement, suggère l'idée d'une « séparation » – qu'on retrouve dans *secretum* –, d'une « mise à part » en vue d'un usage religieux. Il en va de même du décor de l'église, de son mobilier, des vêtements sacerdotaux et des mouvements et gestes du prêtre, comme de ceux que les fidèles sont invités à accomplir.

La caractéristique de l'ordre sacré objectif, ce n'est pas seulement qu'il est en rupture avec l'ordre – ou le désordre – de la vie profane, c'est aussi qu'étant objectif, c'est-à-dire sacré par lui-même, il libère en quelque sorte le fidèle du poids de sa subjectivité. Et ce point est essentiel : le rite liturgique prend en charge la réalité spirituelle de la participation des fidèles. Quelle que soit leur concentration, ou leur distraction, quels que soit leurs sentiments durant la messe, ce qui compte, c'est l'ordre rituel qui commande la suite des actes de cette participation, et qui vaut par lui-même indépendamment de la qualité spirituelle de leur présence.

Ce n'est pas à dire, pour autant, que les fidèles ou le célébrant peuvent demeurer passifs, ou pire, étrangers à ce qu'ils sont en train de faire. Il est au contraire théologiquement certain que la signification objectivement inhérente aux symboles liturgiques ne peut être opérativement accomplie que par la mise en œuvre d'une volonté humaine, qui, en définitive, reste seule responsable. Mais elle est invitée à se livrer, voire à s'abandonner aux formes reçues de la prière, non à les inventer : ces formes sont un don de Dieu et de l'Église, un don de nos pères dans la foi ; par elles nous sommes en communion avec les millénaires chrétiens, nous entrons dans la grande famille des priants, nous tenons aujourd'hui la main des Apôtres.

Faut-il préciser que nous ne visons ici que la forme de la liturgie, non la réalité du mystère qui s'accomplit à l'autel et que le rite ordinaire réalise tout autant que le rite extraordinaire, étant seulement requis que le célébrant ait l'intention *objective* de faire ce que veut faire l'Église, c'est-à-dire offrir au Père la réalité de l'unique et identique sacrifice du Calvaire.

C'est pourquoi aussi il n'est pas facile de se prononcer dans ce domaine qui est celui où les formes se rencontrent avec les sensibilités humaines : tout jugement trop appuyé risque de blesser ou de caricaturer injustement. Ainsi du latin, dont nous parlions il y a un instant : il sauvegarde admirablement la beauté et la noblesse des prières liturgiques, mieux que la langue vernaculaire, mais il rend aussi impossible, pour tous ceux qui ne le comprennent pas, une adhésion explicite de l'intelligence ; et cela aussi est un fait.

D'autre part, on ne saurait méconnaître le risque auquel s'expose la célébration selon l'objectivité du rite, à savoir le formalisme ritualiste. Sans prétendre juger au for interne, on a cependant l'impression que certains fidèles de la messe traditionnelle s'ingénient à donner raison à leurs détracteurs. Ce qui paraît compter pour eux, avec la satisfaction d'avoir eu la « vraie messe », c'est l'exactitude pointilleuse et l'observation quasi superstitieuse des prescriptions rubricales – dont quelques-unes de date fort récente –, le tout dans l'ignorance, voire le refus, de toute prise en considération des lois du symbolisme sacré – réputé « païen ».

C'est contre ce formalisme que le Concile Vatican II a voulu réagir. Ainsi, on lit sous la plume de Paul VI que le nouveau rite a permis de révéler le caractère stérile et conformiste de l'ancien : par la seule grâce du nouveau rite, l'assistance dominicale devait se transformer en « assemblée priante et vivante ». Mais on court alors le risque d'abandonner le soin de rendre la messe « vivante » à l'exaltation sentimentale des fidèles.

Au demeurant, une fois retombés le premier enthousiasme et l'ivresse des libérations, il fallut se rendre à l'évidence. La disparition de la *liturgie* – car bien souvent, c'est de cela qu'il s'est agi – laisse finalement la communauté chrétienne seule avec elle-même.

C'est aux subjectivités humaines que revient alors l'obligation de suppléer à la disparition du sacré – tâche d'avance vouée à l'échec, comme le montre l'expérience de traditions millénaires, pour lesquelles la présence du sacré dans l'immanence n'a pu avoir comme origine que la Transcendance elle-même.

CHAPITRE V

Mythologie et symbolisme

Regards sur l'œuvre de Jean Hani[18]

La parution du dernier ouvrage de notre éminent collaborateur nous fournit l'occasion pour une présentation générale de son œuvre. Il serait temps en effet que nous rendions hommage à l'un des plus grands savants de notre temps – et des plus modestes – dans le domaine des lettres grecques et de l'étude des religions égyptienne et hellénistiques, que nous lui rendions hommage non seulement pour l'étendue et la solidité d'une érudition sans laquelle, quoi que l'on pense, les constructions théoriques et les interprétations demeurent caduques, mais aussi parce que cet universitaire reconnu n'a pas hésité à user des principes exposés par Guénon pour résoudre bien des questions qu'il rencontrait en histoire des religions. Il n'est peut-être plus le seul aujourd'hui à avoir osé une telle entreprise, fort compromettante eu égard aux préventions du monde scientifique, mais il fut certainement le premier. Inversement, beaucoup de nos lecteurs, qui le connaissent pour son œuvre de restauration de la symbolique traditionnelle, ignorent l'autre partie de ses travaux, purement scientifiques, dont l'intérêt pourtant n'est pas moindre.

Né en 1917, Jean Hani, après une brillante scolarité, poursuit des études littéraires classiques au cours desquelles se confirme son amour de la langue et de la littérature grecques. Agrégé des Lettres,

[18] Cet article est paru dans la revue *Connaissance des religions*, dont nous étions alors le directeur et à laquelle Jean Hani avait collaboré, à l'occasion de la parution de son livre, *Mythes, rites et symboles. Les chemins de l'Invisible*, Guy Trédaniel Éditeur, 1992.

il passe un doctorat en Études grecques, puis conquiert le grade de docteur ès lettres avec une thèse remarquée et toujours appréciée sur l'influence de la religion égyptienne dans la pensée de Plutarque. Nommé professeur à l'Université d'Amiens, il fonde alors le centre de Recherches sur l'antiquité classique et dirige, durant de nombreuses années, un Séminaire d'Histoire de la Religion grecque. Depuis quelques années, il a pris une retraite studieuse et féconde qui lui permet, outre la préparation de plusieurs livres très attendus, de collaborer à quelques revues, dont *Connaissance des Religions* et *Vers la Tradition.*

Dans son œuvre abondante et d'une singulière solidité, nous distinguerons trois sortes d'ouvrages : ceux qui ressortissent à la philologie classique ; ceux qui ressortissent à l'histoire des religions ; enfin ceux qui ressortissent à tous les domaines de la symbolique traditionnelle et sacrée.

Le premier domaine d'activité est représenté essentiellement par la traduction annotée et commentée de quelques-unes des *Œuvres morales* de Plutarque. Plutarque n'a certes pas la réputation d'un penseur original. C'est, a-t-on dit, une « cigale sur l'arbre de Platon ». Mais c'est un excellent écrivain, un remarquable peintre de caractères – ses *Vies des hommes illustres* ont fait l'éducation morale de l'Europe durant des siècles –, et un témoin exceptionnellement compétent de la vie et des courants religieux qui se développent du Ier au IIème siècle dans l'ensemble du bassin Méditerranéen. Pour la connaissance du moyen platonisme, comme pour celle des cultes et des mystères à l'époque hellénistique, il est irremplaçable. En 1972, Jean Hani publie, aux Éditions Klincksieck, la traduction, avec texte grec, introduction et commentaire, de la *Consolation à Apollonios* dont l'intérêt n'est pas seulement d'illustrer scrupuleusement toutes les lois de ce genre littéraire, aujourd'hui bien oublié, mais aussi de nous donner de précieuses indications sur la croyance à l'immortalité de l'âme, et sur l'effort « pathétique » de la sensibilité grecque pour échapper au pessimisme et à la tristesse qui semblent peser sur toute l'âme antique.

En 1980, Jean Hani publie la traduction commentée – avec édition critique du texte grec – des traités 42 à 45 des *Œuvres Morales* de Plutarque, dans la célèbre collection « Budé » aux éditions « Les Belles Lettres ».

Ces traités sont importants, particulièrement le traité 43 : *Du démon de Socrate*, qui constitue l'exposé le plus complet des discussions philosophiques que suscitaient ces manifestations mystérieuses dont Socrate, aux dires de Platon, était le sujet. Le dialogue de Plutarque lui permet de rapporter, en les développant, diverses traditions pythagoriciennes et platoniciennes sur le monde invisible, la nature de l'âme et de l'intellect, la destinée spirituelle de l'homme et l'origine de ses capacités prophétiques. On ne sait ce qu'il faut admirer le plus, de l'élégance et de la fidélité d'une traduction qui se lit avec bonheur, ou de l'érudition impressionnante des notes dont beaucoup constituent à elles seules des mises au point magistrales et exhaustives sur des points ardus de l'histoire des religions, de la cosmologie ou des mathématiques – ainsi de la note n°3 de la p. 81, concernant le problème célèbre de la duplication du cube dans l'Antiquité.

En 1985, enfin, dans la même collection, Jean Hani participait à la traduction des traités 10 à 14, en collaboration avec Robert Klaerr, menant ainsi à bien un projet dont son fondateur, Jean Defradas, n'avait pu voir l'achèvement. On trouvera, dans ce tome II des *Œuvres Morales*, une traduction renouvelée de la *Consolation à Apollonios* avec un commentaire mis à jour des derniers travaux scientifiques, de même qu'une édition du *Banquet des sept Sages.*

Le deuxième domaine où s'est déployée l'activité intellectuelle de ce savant est l'histoire des religions. À vrai dire, les travaux plus philologiques ne sauraient être séparés des travaux plus historiques. Car, ce qui intéresse avant tout Jean Hani, c'est la religion. Quand on lit les notices et les commentaires des textes édités et traduits, on s'aperçoit combien, pour lui, la solution aux problèmes soulevés par les érudits doit être cherchée du côté des traditions sacrées et des intentions spirituelles qui s'expriment dans ces textes. Principe méthodologique encore trop méconnu, mais qui exige, pour être mis en œuvre efficacement, outre l'immensité du savoir, une intuition et comme une sympathie divinatrice pour des manifestations – philosophiques, culturelles, artistiques – souvent très éloignées de notre mentalité.

Ces travaux historiques ont touché à tous les aspects des religions de l'antiquité – grecques et égyptiennes principalement – et ont donné lieu à un grand nombre d'articles publiés dans la *Revue des Études grecques*, la *Revue des Études anciennes*, *l'Antiquité classique* (Liège), *Euphrosyne* (Lisbonne), etc. À quoi on pourrait ajouter *Vers la Tradition* et *Connaissance des religions*.

Cependant, le travail majeur, en ce domaine, le *magnum opus*, c'est la thèse de doctorat d'État que Jean Hani a fait éditer en 1976 aux Belles Lettres : *La religion égyptienne dans la pensée de Plutarque*, un fort volume de 492 pages, bien imprimé et bien relié.

Cet ouvrage de référence aborde, à propos du cas de Plutarque, une question fondamentale en histoire des religions, mais aussi en histoire de la philosophie et, plus généralement, pour l'histoire culturelle de l'Occident : quelle est l'importance de la tradition égyptienne dans la vie religieuse et intellectuelle de la Grèce ? Les Grecs, on le sait, étaient portés à faire hommage aux Égyptiens de la plupart des arts et des sciences qui florissaient chez eux.

À l'époque de Plutarque, cette influence de l'Égypte prend une forme beaucoup plus déterminée : il s'agit du culte d'Isis et d'Osiris, qui, au Ier siècle de notre ère, se répand dans le bassin Méditerranéen, avec d'autres cultes orientaux : Mithra, Attis, Cybèle, etc. On sait aussi que Plutarque a consacré à l'étude et à l'interprétation initiatique et métaphysique de ce culte un traité majeur qui nous fournit à ce sujet les informations les plus détaillées : le *De Iside et Osiride*. Plutarque est d'autant plus intéressé à cette démonstration qu'il ne partage nullement l'égyptomanie de certains de ses concitoyens. Sa connaissance du platonisme lui confère la certitude d'être en possession d'une tradition métaphysique à valeur universelle.

Mais, en même temps, l'isisme répond à cette époque au désir de beaucoup d'Hellènes : déçus par une religiosité en voie d'épuisement, ils souhaitent trouver un monothéisme sacré.

Le livre de Jean Hani traite exactement de l'isisme et de l'osirisme plutarquéens. Il envisage tour à tour : I – *Le mythe osirien*, tel que Plutarque nous l'expose ; II – *La théologie osirienne*, interprétée par Plutarque, ce qui nous vaut de passionnantes analyses sur l'exégèse et l'herméneutique plutarquéennes qui culminent dans la recherche d'une signification vraiment initiatique ; III – *Le culte osirien*, qui nous fait pénétrer dans les liturgies mystériques et qui nous vaut un étonnant chapitre consacré aux animaux osiriens et aux animaux typhoniens. Jean Hani ne se limite pas à Plutarque, mais il compare ce que nous dit le Philosophe de Chéronée avec ce que rapportent d'autres traditions sur les mêmes sujets. Ainsi sont passés en revue, entre autres, le faucon, la vache, le taureau, le serpent, l'âne, animal séthien, dans le culte duquel Guénon nous a appris à voir une manifestation de la contre-initiation. On découvrira, à ce propos, l'anti-judaïsme de Plutarque et des Égyptiens : ne nous dit-on pas que Typhon « engendra deux fils, Hierosolymos et Joudaïos... »[19]? Les chrétiens, à leur tour, furent ignominieusement accusés d'adorer un « dieu à tête d'âne ».

Nous en viendrons maintenant au troisième domaine abordé par Jean Hani, domaine qu'il a illustré de ses œuvres les plus connues. Les livres dont nous allons parler sont le fruit d'une « conversion ». Jean Hani lui-même le donne explicitement à entendre lorsqu'il raconte sa première rencontre avec l'œuvre guénonienne, en 1943[20], et la « révélation » qu'elle lui apporte de la signification de l'architecture sacrée : « c'est tout spécialement à partir de ces études d'architecture sacrée, nous dit-il, surtout des pièces symboliques de l'architecture, que j'ai eu la révélation, le mot n'est pas trop fort, de ce qu'est un édifice sacré et une église (lorsqu'elle est ce qu'elle doit

[19] Hani, *De Iside*, 31, p. 424.
[20] *Mythes, rites et symboles*, p. 125.

être !) et que j'ai conçu et écrit mon essai sur le temple chrétien » (p. 142).

C'est en effet autour du temple chrétien que s'organise une partie de cette production. Le premier, et le plus célèbre d'entre ces livres, *Le symbolisme du temple chrétien*, a paru en 1962, aux Éditions de la Colombe. Deux fois réédités, en 1978 et 1990, aux Éditions de la Maisnie (Guy Trédaniel), il a également été publié en portugais, en 1981, à Lisbonne (Ediçoes 70). Ce livre, justement célèbre, garde quelque chose de la vibration intuitive dont il émane. Comme nous avons pu le constater à quelques reprises, les principes qui y sont exposés ont inspiré la construction de quelques établissements monastiques récents. Sa lecture aura donc contribué à une certaine restauration de l'art traditionnel au XXème siècle.

Il est en cela servi par trois atouts majeurs : la solidité de l'information, la simplicité de la langue et la clarté de l'exposé qui s'en tient résolument à l'essentiel et qui ne s'écarte jamais de son objet. Jean Hani est un vrai maître qui répudie tout étalage de vaine érudition – il n'a plus rien à prouver en la matière – et qui fait confiance à la force propre des idées qu'il expose.

En 1975, paraît, aux Éditions des Trois Mondes, un livre qui, dans l'intention de Jean Hani, est un rameau détaché d'un ouvrage plus ample qui devrait traiter de la vie active en relation avec la vie contemplative, mais qui finalement a pris son autonomie : *Les métiers de Dieu – Préliminaires à une spiritualité du travail* (aujourd'hui réédité chez Trédaniel). Dans ce livre original, dont le sujet, pensons-nous, n'avait jamais été traité, Jean Hani se propose d'étudier quelques-uns des métiers par lesquels Dieu manifeste directement son activité créatrice, ordonnatrice et restauratrice. Ainsi sont constitués les archétypes divins des métiers humains et se trouve fondée, ontologiquement, la spiritualité du travail. Jean Hani étudie tour à tour le Scribe divin, le Christ médecin, le Dieu guerrier, le Potier divin – dont Jean Canteins développera tous les aspects : cf. *Le potier démiurge*, Maisonneuve et Larose, etc. –, sans oublier le Dieu architecte et maçon, le Christ charpentier et même le Christ vigneron. La conclusion dégage la leçon de ces études du point de vue d'une restauration sociale de l'activité laborieuse dans l'esprit de la tradition. Hélas, il est trop évident que nous sommes aujourd'hui loin de compte.

Avec *La divine liturgie*, Jean Hani aborde ce qui est le sommet de l'Activité divine, de la « théurgie » au sens étymologique de ce terme, c'est-à-dire la réalisation sacramentelle de la dramaturgie salvatrice du Christ. C'est pourquoi cet ouvrage[21] revêt une importance exceptionnelle et devrait figurer dans la bibliothèque de tout chrétien. Car nous ne saurions nous dispenser de comprendre ce qui se passe à la messe dominicale, centre et sommet de la vie du chrétien. En écrivant ce livre, Jean Hani, qui connaît directement la liturgie catholique orientale, renoue avec la tradition grecque et russe des laïcs liturgistes, tels Nicolas Cabasilas et Nicolas Gogol. Toutefois il ne se contente pas de nous informer sur certains rites propres aux Églises syrienne, copte, maronite, etc. Il prend en compte également les rites de la liturgie romaine. Sur la symbolique de tous les gestes de cette dramaturgie sacrée, de toutes ses paroles, de toutes les pièces du mobilier liturgique – autel, chandeliers, linges, encens, chants, cloches, vêtements sacerdotaux, etc. –, il n'existe rien de plus juste et de plus profond. Disons-le clairement, nous sommes convaincus que la vie tout entière de la chrétienté est suspendue à l'accomplissement exact du rite de la messe. Plaise au Ciel que ce livre béni serve à la restauration du culte catholique !

Mais Dieu n'est pas seulement artisan ou prêtre, il est aussi roi. C'est à ce troisième aspect de l'activité divine que Jean Hani a consacré son livre suivant : *La royauté sacrée – Du pharaon au roi très chrétien*[22]. Cet ouvrage étudie non seulement la royauté sacrée dans son essence, mais aussi à travers ses formes les plus exemplaires : pharaon égyptien, empereur de Chine ou du Japon, Royauté du Christ, empereur du Saint-Empire, roi de France, sans compter

---

[21] Réédition, coll. Théôria, L'Harmattan, Paris, 2011.

[22] Réédition, coll. Théôria, L'Harmattan, Paris, 2010.

d'autres cas où transparaissent également des éléments symboliques d'une grande signification, issus d'une tradition non moins vénérable.

En fait, cette multitude de formes royales peut se répartir en deux groupes dont la frontière n'est d'ailleurs pas étanche. Dans le premier groupe, le roi apparaît comme un dieu visible ; il appartient directement à la catégorie des êtres divins, ou est considéré comme une incarnation de Dieu, ou du Dieu suprême, qui, en réalité, est le seul et vrai Roi. Ce type de royauté sacrée est surtout présent en Afrique (Ashanti, Shillouks) et son type parfait est réalisé par le pharaon d'Égypte, au sein d'une civilisation qui, rappelle Jean Hani, est essentiellement africaine. Dans cette perspective, le souverain fait partie intégrante du gouvernement *divin* du monde. On retrouve ce type en Chine et au Japon, dernier exemple d'un Empereur Dieu actuellement vivant.

Dans le second groupe on trouve une autre conception : le roi est un mandataire du ciel, il règne « par la grâce de Dieu», et n'est que le dépositaire de la volonté divine. Cette conception entraîne une distinction de l'autorité spirituelle et du pouvoir temporel, le second n'étant autonome dans son ordre qu'à la condition de son institution par la première et de sa soumission à elle.

Il faut lire les pages lumineuses et fermes que Jean Hani a consacrées à cette question, particulièrement son chapitre IV : « Le Roi des Juifs et le Roi du monde », chapitre admirable et étonnant qui bouscule bien des idées reçues, et qui montre à l'évidence qu'il ne saurait y avoir, pour un chrétien traditionnel, d'autre doctrine « politique » que celle de la royauté sacrée.

Tels sont les trois domaines que nous avons cru pouvoir distinguer dans l'œuvre de Jean Hani. Il faut ajouter cependant que certains ouvrages ressortissent à plusieurs domaines à la fois. C'est vrai déjà du recueil collectif : *Problèmes du mythe et de son interprétation*, publié aux Belles Lettres, en 1978, et qui reproduit les actes du Colloque que Jean Hani avait organisé sur ce thème, à Chantilly, les 24 et 25 avril 1976. Mais ce l'est encore plus du dernier livre,

Mythes, rites et symboles – Les chemins de l'invisible, à l'occasion duquel nous avons voulu tenter une présentation de l'œuvre entière, et dont nous allons dire un mot pour terminer.

Ce livre rassemble une partie des articles rédigés par Jean Hani au cours d'une carrière bien remplie et d'une retraite laborieuse, articles dispersés dans de nombreuses revues, et, par conséquent, d'accès difficile. Ces textes, qui appartiennent à des périodes parfois éloignées les unes des autres (de 1968 à 1991), couvrent l'ensemble des domaines que nous avons distingués ; mais ils correspondent à une seule préoccupation : repérer et décrire les *chemins* par lesquels les hommes sont allés vers *l'Invisible*.

L'ample matière de l'ouvrage a été ordonnée en cinq grandes parties : I – Mythe et rites du monde antique ; II – *In memoriam* René Guénon ; III – Temple et cité ; IV – Symboles ; V – Voies spirituelles.

La première partie, qui contient le plus grand nombre de chapitres, relève essentiellement de l'histoire des religions. Mais ces études n'intéresseront pas seulement le spécialiste, elles passionneront aussi tous nos lecteurs parce qu'elles traitent de quelques-uns des aspects les plus mystérieux de l'Antiquité : *l'Âne d'or* d'Apulée – ou faut-il traduire *l'âne roux* ? –, le mythe de l'Androgyne chez Platon, l'énigme de la « mort du Grand Pan » qui a suscité tant de commentaires depuis deux mille ans, la présence de rites chamaniques dans la pratique religieuse grecque – la question du chamanisme s'est posée d'ailleurs à propos de Socrate –, tous ces éléments révèlent un aspect beaucoup plus étrange de la tradition grecque que le rationalisme « laïc » auquel l'histoire officielle nous a habitués.

Des remarques analogues vaudraient pour la troisième partie, qui n'est pas seulement savante, mais qui porte aussi sur des sujets très originaux. La description du temple égyptien d'Edfou et des rites qui s'y déroulaient trois fois par jour est d'une grande beauté et communique quelque chose de l'émotion sacrée qui devait s'emparer des célébrants. De même l'étude des éléments symboliques de la maison grecque ou romaine et même de la maison valaisanne ! –

particulièrement de la maison du Val d'Anniviers – surprendra bien des lecteurs.

Les deux dernières parties sont consacrées plus spécialement à des questions de symbolisme et de spiritualité chrétiens. Sur la signification de la crosse épiscopale, de la lactation mystique, de l'icône, du culte du Sacré-Cœur, de la pauvreté spirituelle, Jean Hani révèle des sens cachés ou ignorés et, d'une manière générale, rappelle à notre attention les dimensions les plus « initiatiques » de la religion chrétienne.

Telle est cette œuvre, à vrai dire unique à notre époque, qui a réussi à conjoindre à la rigueur d'une démarche proprement scientifique la fécondité de la métaphysique traditionnelle, afin de les faire servir, l'une et l'autre, à la connaissance et à l'amour du Christ.

CHAPITRE VI

Mémoire et poésie

Qu'il y ait un rapport étroit entre mémoire et poésie, c'est ce dont il est impossible de douter. Notre mémoire n'est-elle pas portée instinctivement à garder l'empreinte d'un beau vers ? Cependant, si l'on prend les choses par l'autre bout, on s'aperçoit également que la poésie se nourrit du passé avec prédilection. Des poèmes illustres s'intitulent *Souvenir*. Nous voudrions tenter de préciser ces rapports, mais il va sans dire qu'une telle étude pourrait être considérablement développée.

1. – La mémoire aime la poésie

Mnémotechnie

On connaît ces proses versifiées – car on ne saurait alors parler de poésie que d'une manière purement formelle – qui enseignent un théorème de mathématique ou une leçon de géographie :

> *Et la perpendiculaire se pique*
> *D'être plus courte que l'oblique* (Voltaire).

Nos ancêtres, plus que nous, étaient friands de ces procédés qui relevaient les plus arides propositions d'un certain piquant littéraire.

Les beaux vers

Cependant, il faut bien l'avouer, la poésie recèle pour la mémoire d'autres attraits. Sans doute, la *forme poétique*, par l'ordre qu'elle impose à l'expression de nos sentiments, propose-t-elle à la mémoire des points de repère où elle peut se retrouver plus aisément. Il faut dire aussi que le nombre du vers correspond peut-être aux rythmes secrets de la vie psychique, en sorte qu'un beau vers entre en nous sans effraction et sans effort : notre âme le reconnaît. Mais il faut encore aller un peu plus loin.

L'amour de la poésie

La poésie n'est pas faite seulement pour exercer la mémoire. Une ample mémoire aime assurément à jouer de sa force, comme un muscle vigoureux s'éprouve à la pesanteur des corps, pour le seul plaisir de se sentir exister.

Mais nous aimons aussi dans la poésie sa beauté. Si l'âme se réjouit dans la paix des formes harmonieuses, c'est que, par elles, nous pouvons accéder à une véritable existence esthétique. Qu'est-ce que savoir une poésie ? C'est intégrer de la beauté à notre durée intérieure, c'est-à-dire à notre être temporel. On pense communément que notre mémoire est emplie des souvenirs de notre vie. C'est vrai. Pourtant, si nous y prenions garde, nous constaterions qu'une foule d'informations extérieures, sans rapport direct avec notre vie, ont pénétré en nous. Parmi toutes ces informations, la poésie représente un cas très particulier.

Qu'est-ce qu'une poésie, en effet, du point de vue psychologique ? C'est un fragment de la durée intérieure de son auteur qui prend forme dans une récitation. Car la poésie n'existe que par sa récitation. Un tableau se voit et existe dans l'espace, comme une statue ou une cathédrale. Mais la poésie, comme la musique, n'existe que dans le temps, c'est-à-dire par l'homme, être temporel ; chacun de nous est ainsi responsable d'une poésie. Ce qui différencie l'existence musicale de l'existence poétique, c'est la nature de l'instrument. En musique, l'instrument se distingue de l'exécutant. En poésie, l'instrument de l'existence poétique, c'est l'homme lui-même, et particulièrement sa mémoire – il est à cet égard impossible de distinguer la poésie et le chant. Est-ce d'ailleurs nécessaire ?

On voit alors que, *par le moyen du poème*, la durée intérieure d'un homme, le poète, devient concrètement ma propre durée intérieure. Quand j'ai récité un poème, rien ne peut faire que ce ne soit *ma propre vie* qui, pendant quelques instants, ait pris la forme d'une autre vie, rien ne peut faire que la matière du poème ne soit devenue la matière même de mon âme. Par là, mon âme acquiert une sorte d'existence objective qui lui confère plus de réalité, car nous souffrons perpétuellement de ne pouvoir nous objectiver.

2. – La mémoire et les essences

Transformation mnémique

La mémoire conserve le passé, dit-on. Même si cette affirmation paraît tout à fait maladroite, elle est cependant assez claire par elle-même pour que nous la gardions, à condition de ne pas prendre à la lettre l'image de la conservation. Il faut ajouter également que la mémoire déforme le passé, vérité bien connue. Pourtant, ce qui nous semble important, ce n'est ni cette conservation, ni cette déformation, mais plutôt le processus de transformation que la mémoire opère sur ma vie passée : le sens de ce processus, c'est de transformer des contenus existentiels en essences. C'est un processus d'essentialisation.

Les essences mnémiques

Cette transformation, nous allons le voir, s'effectue selon les deux axes de toute éidétique : *simplicité* d'une part, *exemplarité* d'autre part. Une essence c'est d'abord ce qui se dégage de l'accidentel, du périphérique, du multiple confus : aspect ontologique de l'essence. C'est aussi ce qui a valeur de type, d'exemplaire, de modèle : son aspect axiologique. Soit un événement quelconque, vécu par un individu. À mesure que cet événement s'éloigne dans le temps, beaucoup de ses traits s'effacent, et certainement la signification, qu'il avait alors pour lui, change. Comme une silhouette qui s'éloigne dans l'espace, dont les détails s'estompent et qui devient linéaire. Est-ce alors la signification objective de l'événement qui apparaît à la conscience ? C'est impossible à dire, ou exigerait des analyses indéfinies. Ce qui est plus intéressant, c'est que cet événement prend valeur d'exemple, et c'est pourquoi, au fond, nous éprouvons le besoin de raconter nos souvenirs.

La mémoire et la conduite de récit

C'est Janet qui a défini la mémoire comme une *conduite de récit.* Se souvenir c'est raconter, intérieurement ou extérieurement, son passé. Cette thèse de Janet nous paraît l'une des plus pénétrantes et des plus certaines qu'on ait soutenues sur la mémoire. Mais on peut ajouter que le besoin du récit ressortit à l'aspect axiologique du passé mémorisé, à sa valeur d'exemplarité. La meilleure preuve en est que ce besoin peut prendre un caractère pathologique. Il se manifeste alors sous la forme du « radotage ».

Si certaines personnes, et pas nécessairement les plus âgées, répètent les mêmes histoires, lorsque s'en présente l'occasion, ce n'est point seulement parce qu'elles ont oublié qu'elles les avaient déjà dites, mais c'est surtout parce que ces « histoires » ont, à leurs yeux, une valeur toujours actuelle, qui prime ou efface le souvenir de la répétition. Sans doute a-t-on affaire à des stéréotypes mnémiques qui fascinent le sujet et témoignent par là d'une certaine fatigue psychique. Mais nous sommes tous fascinés par nos souvenirs. Chacun de nous possède, dans son passé, le ciel intelligible de son âme. Nos souvenirs, ce sont nos essences.

3. – LA POÉSIE COMME CRÉATION ET LA MÉMOIRE

Essences et poésie

« La poésie, a dit Victor Hugo, c'est tout ce qu'il y a d'intime dans tout ». On ne pourrait définir plus clairement le rapport étroit qui unit la poésie et la recherche des essences.

En vérité, la poésie est une présentation d'essences. Être devant une essence, c'est pouvoir dire : c'est *cela.* C'est éprouver le sentiment de *la* chose, telle qu'en elle-même… « Gloire du long désir, Idées ! », chante Mallarmé dans un vers admirable.

Ce *cela*, ce *quid*, c'est ce que la chose est, son essence. A-t-on remarqué que, dans beaucoup de langues, essence ne se dit pas autrement que *cela* : quiddité chez les scolastiques, *ad-dhât* chez les philosophes de l'islam – également *al'-ayn* = œil, ce qui correspond au grec *eidos*, idée, participe du verbe *oraô*, voir –, *tat* en sanscrit, *that* en anglais, etc. ?

Or, tel est bien l'effet que l'opération poétique produit sur notre âme. « Le beau coq vernissé qui reluit au soleil », dont nous parle Hugo, c'est *le* coq par excellence. Et de même le « chardon bleu des sables » que le poète voit fleurir sur la dune est-il plus bleu que tous les chardons que j'ai vus. Lorsque pourtant nous nous tournons vers une poésie plus intérieure et moins visuelle que celle de Hugo, celle de Verlaine par exemple, nous retrouvons également cette *sensation d'essence.* « Ce rêve étrange et pénétrant » qu'a fait le poète, c'est l'essence même du rêve et du désir de l'éternel Féminin.

On comprend alors, puisque les essences sont divines, que le pouvoir du poète apparaisse comme divin. Peut-on cependant approcher du mystère de sa source ?

La poésie est une création

Poiesis en grec signifie création, fabrication. Peut-on créer des essences ? Au sens proprement biblique, de l'hébreu *bara* (*Genèse* I,I = faire de rien), assurément non.

Aussi la création poétique se fait-elle à partir d'une matière préexistante. Il nous paraît que cette *materia* ne peut guère être fournie que par la mémoire. Je ne peux créer ce qui déjà existe, mais je ne peux non plus créer ce qui n'existe pas du tout. Or le souvenir que fournit la mémoire est de l'ordre de ce qui n'existe *plus.* C'est une sorte de fantôme de réalité qui réclame une incarnation, qui soupire après l'existence. Il s'offre donc comme une *matière appropriée* à mon désir de création. Le vide relatif d'être dont il est fait m'invite de lui-même à le combler, suscite par lui-même et appelle une plénitude. Son irréalité relative implique une réalisation.

Mais il y a plus. Non seulement la pauvreté existentielle du souvenir, parce qu'elle mendie une nouvelle existence, permet à la création de s'accomplir en lui fournissant l'espace nécessaire où elle peut se déployer, mais encore le souvenir, par sa nature d'essence, répond parfaitement à l'intention éidétique de la poésie. Le passé mémorisé ne peut en effet être ressuscité comme tel. Et cela n'est pas uniquement une imperfection. Existence transmutée en essence par l'alchimie temporelle, le souvenir s'offre au poète déjà comme un archétype qui détermine la nature de sa propre manifestation. Le poète ne fait rien d'autre que d'actualiser cette potentialité éidétique qu'est le souvenir. Ainsi la poésie accomplit-elle le vœu le plus secret de la mémoire.

La création poétique est langagière

Dernier trait qui témoigne de la connaturalité de la mémoire et de la poésie. La mémoire est conduite de récit, avons-nous dit avec Janet. Et la poésie est la forme parfaite du récit. C'est le langage du langage, disait Valéry. On sait que le Démiurge du *Timée* façonne le monde sensible, le regard fixé sur le monde des Intelligibles, mais qu'il a besoin aussi de la mystérieuse *Kora*, c'est-à-dire du « réceptacle », du « lieu » en lequel toutes choses sont faites. De même, le poète a besoin de la *kora* du langage. Revêtu de cette forme, le souvenir-poème se présente à la récitation humaine qui, par lui, retrouve enfin sa véritable mémoire.

Les civilisations sacrales ont toutes connu l'éminente valeur de la récitation rituelle. La fonction suprême de l'homme se réduit à cela : dire aujourd'hui ce qui a toujours été, reprendre et réactualiser la mémoire du genre humain au moyen du langage poétique, afin de transformer mon existence en essence, afin de devenir ce que j'ai toujours été. La poésie profane n'est jamais qu'un écho de la récitation rituelle. La véritable poésie se nomme prière : c'est la mémoire de mon immortalité.

CHAPITRE VII

La beauté est la nourriture de l'âme

On s'accorde généralement à voir dans le mouvement *New Age* une sorte de nébuleuse où se rejoignent les courants les plus divers. Peut-être, cependant n'a-t-on pas suffisamment remarqué que ce confusionnisme généralisé n'est nullement considéré par les adeptes de ce mouvement comme une tare ; bien au contraire, ils s'en glorifient comme de leur caractéristique la plus positive et la plus légitime. Car, disent-ils, le temps est venu où s'effondrent les barrières, où tombent les oppositions et les contradictions apparentes, héritage de l'Âge ancien en voie de décomposition. Jusqu'ici, la plupart des courants spirituels et religieux ont cru qu'il leur était nécessaire, pour s'affirmer, de s'opposer et de se définir par cette opposition même : opposition à d'autres religions ou à d'autres écoles de spiritualité ; opposition également au monde profane, à l'impur, à la technique, à la vie matérielle et au progrès. Ce temps est révolu. Le *New Age* prend acte du passage imminent de l'humanité à l'ère du Verseau et prépare son entrée dans le monde futur, monde dans lequel l'esprit et le corps cesseront enfin d'être considérés comme des frères ennemis, où l'élévation de l'âme aux plus hauts états de conscience et l'épanouissement du corps dans le plaisir et le confort formeront le tout le plus harmonieux. Ainsi, les plus belles réalisations de la science pourront aider à la réalisation de nos aspirations spirituelles les plus transcendantes.

On le constate, le principe majeur qui définit l'esprit *New Age* dans sa plus grande généralité est en contradiction avec la signification, ou du moins, l'une des significations, du terme *Kali-Yuga*, par lequel la tradition hindoue caractérise l'âge dans lequel nous nous trouvons, puisque *Kali*, qui doit s'écrire avec un *a* et un *i* brefs – et non pas avec un *â* et un *î* longs, comme le nom de la déesse – signifie conflit, querelle, discorde[23]. Cette simple remarque suffit à énoncer le caractère antitraditionnel et mensonger de l'appellation *New Age* : nous n'entrons pas dans le Nouvel Âge, nous sommes dans l'Âge des conflits. Le *New Age* est donc déjà, par lui-même, la négation directe de la vérité de l'âge présent.

Mais ce mensonge et cette imposture répondent exactement aux vœux de nos contemporains, d'où leur extraordinaire succès. De quel vœu, de quel désir s'agit-il ? Il nous semble qu'on pourrait les caractériser assez nettement comme l'expression d'une lassitude pacifiste, ou d'un pacifisme lassé, altération et perversion du véritable désir de paix. Toute civilisation, toute culture authentique exige une lutte incessante, un combat permanent contre tout ce qui, dans l'homme et hors de lui, ne vise qu'à l'horizontalité et à l'aplatissement. *Ce ne sont pas les principes qui nous font tenir debout. C'est nous-mêmes qui tenons et gardons les principes* ; et c'est seulement dans l'exacte mesure de notre fidélité à maintenir l'effort de notre garde et de notre vigilance, que nous est accordée la grâce de la verticalité. Certes la croix nous fixe dans l'immuable, mais à condition que nous acceptions de la porter.

C'est pourquoi il n'y a pas de société véritable qui ne soit bâtie sur un ensemble d'adhésions, de refus et d'exclusions, et qui n'impose l'érection d'une muraille et la vigilance des sentinelles. Mais ces tâches requièrent aussi beaucoup d'énergie et de peine. Elles sont fatigantes et la présente humanité est fatiguée de porter le poids de sa propre dignité. Qu'on vienne lui dire que la guerre est finie, que l'ennemi a disparu, que le combat est inutile, qu'au-delà des limites de la cité ne réside nulle menace, que la plaine du vaste monde s'ouvre, pacifique, à toutes les bonnes volontés, alors le poids des armes se fait si lourd, l'absurdité d'un combat sans fin accable si

---

[23] *Dictionnaire sanskrit*, Renou, p.182.

fortement les hommes, qu'ils désertent les remparts et se prennent à espérer qu'après tout, le paradis n'est peut-être pas « interdit ».

Qu'on lise les textes nombreux dont le *New Age* a inondé les revues, qu'on s'informe des multiples stages et sessions qu'il nous propose, et l'on y percevra cette invitation souriante au désarmement spirituel, cette confiance inconfusible dans la bonté des hommes et du monde, cette prédication inlassable en faveur de nos capacités psychiques, cet appel presque irrésistible à s'abandonner à nos « possibilités spirituelles » et à en faire l'expérience la plus immédiate, dans un climat d'optimisme décidé.

Le *New Age* correspond donc exactement à la phase dissolutive de la subversion moderne, telle que René Guénon l'a décrite dans *Le règne de la quantité et les signes des temps* et qui a désormais succédé à la phase coagulatrice. En même temps qu'à l'Est se liquéfient les grands blocs de la banquise matérialiste, à l'Ouest apparaît une nébuleuse panpsychiste où se noient les différences, où s'estompent les contours, où s'effacent les distinctions dans l'euphorie d'un brouillard doré.

Comme on le voit, cette stratégie dissolutive se développe sur deux fronts : d'une part, dans l'ordre doctrinal des principes, elle s'attaque aux *raisons* qui justifient les refus propres à l'Ancien Âge ; d'autre part, dans l'ordre psychologique des besoins de la nature humaine, elle vulgarise les thèmes de vie les plus faciles et propose les satisfactions les plus immédiates, dans un climat d'innocence douçâtre, mais avec le minimum d'ivresse indispensable.

C'est pourquoi il nous a paru nécessaire de nous interroger précisément sur ces besoins de l'âme, leur nature, leur signification, car c'est très exactement à ce niveau que se situe le nœud du problème et que doivent intervenir les solutions éventuelles. Il est clair en effet que le *New Age* pose un problème de société. En l'an 2000, on estimait que les sectes pseudo-religieuses regrouperaient plus de cent millions d'êtres humains. Or, il n'y a pas de société qui ne se propose de répondre aux besoins des hommes qui la composent. Quels sont donc ces besoins ? Et comment se manifestent-ils ? Faute de répondre à ces questions et à quelques autres, on risque de n'opposer au mirage du *New Age*, préfiguration de la religion de l'Antéchrist, que des déclarations de principe.

Nous partirons de la tripartition anthropologique traditionnelle qui nous donne, sur la structure de l'être humain, l'enseignement fondamental : *l'homme est à la fois, corps, âme, esprit. Ces trois dimensions définissent les trois fonctions majeures de l'existence*, ce que l'ancien catéchisme résumait en disant que l'homme a été créé par Dieu pour Le connaître, L'aimer et Le servir. De même l'Inde distingue essentiellement trois voies spirituelles : de connaissance, de dévotion et d'action.

Si cette tripartition anthropologique décrit adéquatement la réalité de l'être humain, alors il en résulte que l'homme est défini par une triplicité de besoins : besoins de l'esprit, besoins de l'âme et besoins du corps, étant admis que ces trois instances sont envisagées ici dans ce qu'elles ont d'essentiel et non selon tel ou tel aspect relativement accidentel auquel elles sont souvent réduites. Ainsi le corps ne doit pas être identifié simplement à la forme corporelle, au sens anatomique du terme, mais doit être regardé comme le moyen de notre présence active au monde terrestre.

Cela étant admis, nous nous poserons la question suivante : y-a-t-il une unité des besoins de l'esprit, une unité des besoins de l'âme, une unité des besoins du corps ?

Autrement dit, et pour prendre l'exemple de l'esprit – qui sera ici envisagé essentiellement en tant qu'organe de connaissance – demandons-nous si dans tout ce qu'il désire, il est possible de discerner une valeur ou un principe unique sous-jacent à toutes les formes dont son désir se revêt, présent en tous les objets vers lesquels il tend, et si, derrière la diversité de ses recherches et de ses attentes, il y a un seul et unique principe axiologique, un seul et unique orient ? La réponse ne fait aucun doute : en toutes choses, l'esprit cherche le vrai ; la vérité est le pôle fédérateur de tous ses désirs et de toutes ses activités.

De même, en toute chose, le corps cherche le bien, qu'il s'agisse du bien physique : le bon pain, le bon repos, le bien-être, ou du bien moral : la bonne action, le bon geste, car tous les devoirs et obligations morales mettent le corps en jeu.

Quant à l'âme, il ne reste donc, de la triade axiologique traditionnelle, que le beau qui puisse la déterminer. Et en effet, nous croyons qu'en toute chose l'âme cherche, par-dessus tout, la beauté ; qu'en toute chose, elle aspire à goûter la beauté. Et cela n'est évidemment pas sans rapport avec l'analogie profonde qui unit la femme à l'âme, comme à celle qui unit la femme à la beauté.

Le vrai, le beau et le bien sont donc respectivement les étoiles polaires de l'esprit, de l'âme et du corps, définissant et résumant leurs besoins fondamentaux. *C'est pourquoi, très précisément, la beauté est la nourriture de l'âme, comme le vrai est la nourriture de l'esprit et le bon celle du corps.* Et de même doit-on dire que la vérité est la fin de la voie de connaissance, la beauté de la voie d'amour, la bonté, de la voie d'action.

À ces trois premières normes, il conviendrait d'adjoindre, pour être complet, les deux autres transcendantaux[24] que sont *l'être* et *l'un,* dans lesquels nous verrions volontiers deux principes complémentaires, présents dans chacun des pôles de la triade Vérité-Beauté-Bonté et qui constituent l'aspect double sous lequel chacun de ces trois pôles peut être envisagé : ainsi, le vrai, en tant qu'être, c'est le réel, et en tant qu'un, c'est l'intelligible ; le bon, en tant qu'être, c'est la substance nourricière et en tant qu'un, c'est l'agir efficace ; le beau, en tant qu'être, c'est le repos et la suffisance de la forme en elle-même, en tant qu'un, c'est son harmonie et la puissance d'unification qu'elle communique par sa seule présence : la beauté pacifie en rayonnant d'une part et unifie en intériorisant d'autre part.

---

[24] Ce terme désigne, en philosophie, des notions qui transcendent toutes les catégories. Ces notions transcendantales (les transcendantaux) sont au nombre de cinq : l'être, l'un, le vrai, le bien, le beau. Ils sont convertibles l'un dans l'autre : tout ce qui *est* – réellement – est *un*, est *vrai*, est *bon*, est *beau* ; et réciproquement.

Mais il ne suffit pas d'avoir défini ces normes et ces principes, ni d'avoir caractérisé les aspects essentiels sous lesquels ils se présentent. Il y aurait d'ailleurs bien d'autres choses à dire à ce sujet, si l'on voulait compléter tant soit peu cette esquisse. Il faut aussi maintenant que nous nous interrogions plus précisément sur les rapports que l'homme entretient effectivement avec ces transcendantaux, du moins avec l'un d'entre eux, qui joue le rôle essentiel dans la question qui nous occupe, savoir, le beau.

S'il joue le rôle essentiel dans la question qui nous occupe, c'est précisément à cause de sa relation polaire à l'âme, ou, pour nous exprimer d'une manière plus classique, parce que *le beau meut l'âme à titre de cause finale : la beauté est la nourriture de l'âme.*

Or, nous le savons, l'âme est intermédiaire entre l'esprit-intellect et le corps. Elle l'est en vertu même de la structure ontologique de l'être humain, mais aussi, et par voie de conséquence, elle est fonctionnellement intermédiaire entre l'esprit et le corps, ce qui signifie que c'est elle qui assure la communication de l'un à l'autre et donc leur correspondance. Si le corps peut se conformer aux exigences de l'esprit, c'est grâce à la médiation de l'âme. Si au contraire le divorce s'introduit entre l'un et l'autre, c'est encore l'âme qui en est la cause occasionnelle, c'est elle qui est le lieu même de la discorde, bien qu'en fin de compte, le dernier mot reste à l'esprit – qui est intelligence et liberté – et qui seul ratifie ou non les désordres de l'âme et porte ainsi la responsabilité du péché originel, lequel, nous dit S. Thomas, consiste bien dans la rupture de l'équilibre primordial qui soumettait le corps à l'âme et l'âme à l'esprit.

Désormais, comme le dit S. Paul, par l'intellect, je connais la loi divine et je m'y soumets, mais je sens dans mes membres une autre loi. Je connais, parce que l'esprit est essentiellement connaissance, et qu'il ne peut pas ne pas reconnaître le vrai lorsqu'il le perçoit, et, en ce sens, le Serpent ne pouvait séduire Adam.

Mais cette connaissance demeure stérile et impuissante, elle ne pénètre pas l'être même, à moins que l'âme ne découvre et n'éprouve quelque attrait pour le vrai qui l'aidera à désirer ce à quoi elle doit se soumettre. Le pur effort de volonté est en effet impossible à l'être humain qui ne peut vouloir que ce qu'il aime, que ce qui rayonne dans l'âme. *Le beau est la splendeur du vrai. Ce qui signifie que le beau n'est rien d'autre que le rayonnement du vrai.*

Mais le vrai ne rayonne que si un espace, un milieu où rayonner lui est offert. En Dieu, ce milieu est ce que Guénon nomme la Possibilité universelle, la Matrice incréée en laquelle fusent sans confusion et sans contradiction toutes les Possibilités-Archétypes. Ou encore, en termes chrétiens[25], c'est l'Esprit-Saint dans l'unité duquel le Père engendre éternellement le Fils.

Dans l'homme, ce milieu est l'âme en qui se prolongent les vérités perçues par l'intelligence, et dans laquelle elles peuvent éventuellement éveiller un écho attentif, un amour grâce auquel l'être lui-même – et non plus seulement l'intelligence – est porté à vouloir s'unir à ce qui l'émeut. L'âme est semblable à la caisse de résonance du violon. Le violoniste peut bien reproduire sur les cordes les structures informantes qu'impose la partition musicale, rien ne se fera entendre sans la caisse de résonance.

L'amour de la beauté que suscite le vrai rayonnant dans l'âme est le mode propre selon lequel l'âme « connaît » le vrai. L'âme connaît en aimant ; ou encore l'amour est la manière dont elle réagit à sa rencontre avec le vrai et à sa pénétration en elle. L'amour est la réponse du sujet à l'expérience de l'objet, c'est-à-dire à l'expérience de la séparativité existentielle. D'objet inaccessible et étranger, il devient alors objet désiré, terme d'une volonté d'unification. Et lorsque nous parlons d'amour, il faut comprendre aussi la crainte et la haine, autres modes affectifs de connaissance animique plus ou moins inséparables de l'amour.

Or, ce qui vaut pour l'individu, envisagé en lui-même, vaut aussi pour la société, ensemble d'individus régis par des lois, participant à la même culture, et devant obéir aux mêmes principes.

---

[25] C'est-à-dire la « sagesse » que le Créateur a fondée au commencement de ses voies (*Proverbes*, VIII, 22 *sq*.).

S'il n'y a pas de « raison pure pratique », malgré ce qu'affirme Kant, c'est-à-dire s'il n'y a pas de connaissance rationnelle, qui possède par elle-même et en tant que telle une efficacité pratique, bref, s'il ne suffit pas de connaître le vrai pour faire le bien, mais s'il faut aussi le vouloir, c'est-à-dire l'aimer, alors il n'y a pas non plus de société, fût-ce la société la plus parfaite, où il suffirait d'enseigner la connaissance des principes pour en assurer la présence et l'observance dans la totalité du corps social.

En d'autres termes, il ne suffit pas d'enseigner l'esprit, il faut aussi éduquer l'âme. Et toute éducation de l'âme revient à lui apprendre ce qu'elle doit craindre et abhorrer, d'une part, ce qu'elle doit désirer et aimer, d'autre part.

Nous disions en commençant que toute société véritable exigeait, de la part de ses membres, la fidélité aux principes. Les principes sont connus par l'intellect, et c'est là la tâche première de la fonction sacerdotale. Mais ils sont incarnés et mis en œuvre par le corps : il n'y a pas de vertu qui ne soit conformité du corps à des réalités métaphysiques, et toute fidélité à des principes s'éprouve en fin de compte au risque de notre vie. Le Christ lui-même ne pouvait obéir à la volonté du Père qu'au prix de son sang.

Mais cette incarnation sacrificielle des principes qui est le propre de la voie d'action serait en réalité impossible si l'âme n'en médiatisait l'obligation sous la forme de l'amour et du désir de la beauté ; et c'est pourquoi « noblesse oblige ». Plus encore : il n'y a que la noblesse qui oblige, il n'y a que la perception de la beauté de cette image théomorphe qu'est l'essence humaine, par l'homme lui-même et en lui-même, qui puisse l'amener à respecter les principes grâce auxquels cette image divine sera honorée et réalisée activement, et rayonnera dans l'existence elle-même.

Ainsi aucune société traditionnelle n'est possible si elle n'accompagne l'enseignement des principes de formes, de signes, de symboles propres à les présenter aux yeux de l'âme médiatrice, grâce à laquelle le rayonnement du vrai sera fixé et cristallisé dans la substance et l'activité du corps. S'il n'en était pas ainsi, si l'âme en se nourrissant de la beauté du vrai, ne médiatisait pas les principes que perçoit l'intellect, la tâche du corps serait impossible et insupportable.

Se tenir debout, garder la verticalité qui est le propre de l'homme corporel, c'est, d'une certaine manière, « tomber vers le haut ». Cette chute vers le haut, inverse de la chute originelle vers le bas, ne serait pas possible si le corps ne subissait à sa façon l'attraction polaire des principes par la grâce d'une âme aimantée par la beauté, laquelle, en cet état d'aimantation, peut rassembler les forces du corps, les orienter et les transformer en désirs.

On le conçoit, la crise de la société moderne peut se décrire comme une crise des symboles par lesquels les principes et les exigences fondatrices de la cité étaient signifiés à l'âme, éveillant en elle le désir de les vénérer et de s'unir à eux, dans une fidélité sans éclipse.

La cité moderne, dépouillée de toutes ses parures, de toutes ses images, de toutes ses figures, de tous ses enchantements, entend ne soumettre ses citoyens qu'à la pure nécessité de la raison politique. Plus de carrosses, de panaches, de châteaux, de costumes traditionnels, de couronnes, de blasons, de sceptres et d'oriflammes, rien que la pure conscience, en chaque homme, des exigences de la loi commune. Comment cet homme ne ressentirait-il pas en lui-même comme une immense fatigue d'être citoyen, d'autant que l'empire de la nécessité ne cesse de s'étendre et de se renforcer, l'ordre social étant démultiplié par les ordinateurs qui imposent désormais à chaque sociétaire des obligations croissantes, de plus en plus minutieuses et de moins en moins intelligentes.

Ajoutons enfin que rien n'échappe à cette crise du symbolisme qui marque essentiellement notre société. L'institution religieuse elle-même, qui aurait dû garder la beauté des formes où l'âme s'abreuve de certitudes, depuis plusieurs siècles en Occident, semble avoir perdu le secret des médiations sacrées, et, depuis cinquante ans – mais nous reviendrons *in fine* sur ce point – revendique même le dépouillement des symboles comme une exigence de la foi nue, sincère et véritable : plus de latin, plus de grégorien, plus de couleurs ni de vêtements liturgiques, plus de hiératisme, plus de processions, plus d'encensements, plus de ritualité, plus d'espace, de temps ni de formes sacrées, mais l'homme autocélébrant son humanité socio-politique dans un désert de laideur et de vulgarité.

Or, nous le savons, la nature a horreur du vide. Cette zone béante que le monde moderne laisse subsister entre une intelligence obscurcie, réduite à l'analyse mécanique de l'éphémère, et un corps alourdi, réduit aux appétits élémentaires et aux satisfactions immédiates, ne saurait demeurer inoccupé. L'âme a toujours faim et soif, ses besoins demeurent. Et ce qu'elle ne peut plus trouver en se tournant vers le haut – puisque la philosophie moderne a proclamé la mort de Dieu, c'est-à-dire le divorce radical, l'hétérogénéité constitutive du vrai, du beau et du bien, dont Dieu était précisément l'Unité mystérieuse et ineffable –, l'âme doit le trouver ailleurs, à la périphérie de ses désirs, ou dans ses pulsions les plus inférieures. Comment une telle perversion du désir est-elle possible ?

Ici notre méditation doit devenir attentive, et notre discernement aigu. La conscience que l'âme a de ses besoins, la faim et la soif qu'elle éprouve ne sont point telles qu'elles puissent par elles-mêmes conduire infailliblement à ce qui seul peut véritablement les apaiser.

La raison en est que seule l'intelligence connaît, l'âme ne connaît pas, elle reconnaît. L'intelligence est de soi infaillible, la vraie intelligence est intelligence du vrai ; trouver son objet, pour l'intelligence, c'est savoir aussi que cet objet est le vrai et qu'elle-même est dans le vrai. L'intelligence ne peut pas se tromper elle-même sur l'objet de sa satisfaction. Certes, elle peut être empêchée d'exercer son opération naturelle, empêchée d'accomplir librement son acte, et momentanément égarée. Mais quand elle peut l'accomplir, non seulement elle atteint son objet, mais encore elle sait qu'elle l'a atteint. La certitude se joint nécessairement à l'évidence : quand il y a évidence, il y a certitude, mais la réciproque n'est pas vraie.

Tout autre est le rapport que l'âme entretient avec ses besoins. Alors que l'intelligence ne se connaît elle-même qu'à travers l'autre qu'est son objet, l'âme ne connaît l'autre qu'est son objet qu'à travers elle-même et en elle-même. Ce qu'elle perçoit de l'autre, c'est l'effet qu'il produit sur elle et en elle : l'âme est par nature expérience de sa propre subjectivité dans la rencontre de son objet ; l'intelligence est par nature expérience de l'objectivité dans l'intériorité même de sa visée intellective.

Il en résulte que l'âme n'est jamais assurée de la vérité objective de son amour. L'amour est aveugle, dit-on. Doublement aveugle : et quant à son objet et quant à lui-même ; et cela bien nécessairement, puisque l'âme n'identifie cet objet, elle ne le connaît qu'en reconnaissant l'effet d'amour que cet objet suscite en elle. C'est pourquoi, quant à son objet, l'âme n'a de cesse qu'elle s'en approche toujours plus et qu'elle s'unisse à lui le plus intimement possible, seul moyen qu'elle ait de le connaître vraiment ; et c'est pourquoi d'autre part, quant à elle-même et à la certitude qu'elle a d'aimer, elle est toujours en doute et n'a de cesse de se prouver à elle-même toujours davantage qu'elle aime vraiment, et ce jusqu'à en mourir.

Telle est la loi de l'expérience d'amour en mode psychique. Cette loi vaut pour toutes les formes de l'amour, des plus élevées aux plus simples et aux plus ordinaires.

Sans doute, dans les formes les plus élevées – dans l'amour de Dieu, par exemple, ou dans l'amour conjugal et filial –, ce mode psychique peut-il être dépassé et devenir amour spirituel. Mais ce dépassement exige de l'âme le renoncement à la certitude qu'elle possède de sa vérité d'âme aimante, pour entrer dans une sorte d'ignorance et d'abandon total, cela même que nous enseigne le Christ en croix.

On en conviendra, c'est un sommet difficilement accessible et que l'on ne saurait exiger d'une société entière. Pour l'ordinaire de nos amours et de nos désirs, de ce dont nous ressentons en nous le besoin, et que nous satisfaisons avec les objets dont nous disposons, nous nous guidons sur un certain *goût* que les expériences antérieures ont déposé en notre âme, seul critère nous certifiant qu'en effet, c'est bien *cela* que nous aimons et que nous ne nous trompons pas sur le besoin que nous en avons.

Dans les domaines de notre vie la plus quotidienne, qu'il s'agisse du cadre de vie, de la décoration de nos intérieurs, d'habillement, d'attrait pour une ambiance déterminée, pour une musique, pour des couleurs, des lieux, des paysages, des amis, des activités, etc., nous cherchons toujours à retrouver le goût que la première expérience a éveillé et déposé dans notre âme, l'effet que cette première rencontre a produit en nous et qui nous a révélé, par la satisfaction éprouvée, ou la déception ressentie, que nous attendions cette rencontre sans le savoir.

On l'aura compris, ce dont nous venons de parler, c'est de l'éducation de l'âme, ou du moins de ce qui devrait être l'éducation de l'âme, et que l'on pourrait définir comme la formation du goût, puisque le goût est, pour l'âme, l'équivalent de ce qu'est la certitude pour l'intelligence.

Il n'est pas possible de développer tous les aspects de cette doctrine du goût, entendue au sens d'un état déterminé de jouissance – ou de souffrance – de l'âme, caractérisé par la perception intérieure d'une *saveur*. Cette doctrine porte exactement sur ce que l'hindouisme appelle *rasa*, notion fondamentale pour tout ce qui ressortit à la musique, à la danse, à la poésie, et même à l'alchimie. Si l'Inde, et toutes les doctrines traditionnelles, en particulier celle de Platon, accordent une telle importance à cette *formation du goût*, du *rasa*, c'est qu'en effet il y va du destin de l'âme entière, et donc aussi de celui de l'esprit qui est comme l'âme de l'âme, et sa fleur lumineuse.

Encore une fois l'âme n'a pas d'autre connaissance de ce qui lui convient que l'expérience du goût que les choses éveillent en elle. Or, toutes les rencontres que fait l'âme durant sa vie laissent en elle une trace. Cette trace ne doit pas être identifiée seulement au souvenir plus ou moins conscient du fait ponctuel de l'événement de la rencontre.

En réalité, le phénomène est double et présente deux faces, objective l'une, subjective l'autre. S'il y a « trace », « impression », « imprégnation » psychique – ce que l'Inde appelle *samskâra* et *vâsanâ*, termes presque synonymes – laissant dans l'âme un goût déterminé, c'est qu'il y a dans l'âme elle-même une attente déterminée de cette expérience, un besoin et un désir – c'est aussi un sens possible de *vâsanâ* – qui dessinent en creux cette expérience, à l'état « préformé », sans quoi l'expérience, le remplissement de l'attente, ne pourrait se produire.

Nous ne connaissons que ce que nous reconnaissons, qu'il s'agisse de la saveur d'une cerise, de celle de l'amour maternel, ou d'une *partita* de Bach. Il s'ensuit que la première imprégnation, la première information « vasanique » a une importance décisive. C'est elle, en effet, qui définit dans l'âme, ineffaçablement, la forme identificatrice de l'objet attendu et désiré, sa forme en quelque sorte prototypique – son *pattern,* diraient les psychologues – puisque c'est la première expérience qui révèle à l'âme le besoin qu'elle avait de cet objet : nous ne reconnaissons que ce que nous connaissons. La forme de mon désir, c'est la forme même de sa première satisfaction, étant donné qu'il n'y a aucun autre moyen de connaître cette forme que par et dans la satisfaction qu'elle nous apporte.

Or, il est bien évident qu'en réalité les expériences que nous faisons sont loin de répondre adéquatement à notre attente. Mais, parce que l'âme ne connaît la nature – ou essence – spécifique de son désir qu'au moyen de l'expérience de sa satisfaction, elle doit bien se contenter de ce qu'elle a expérimenté, fût-ce dans une grande déception : le désir, nécessairement, fait flèche de tout bois. L'âme cherchera donc à retrouver ce goût déposé en elle, seul guide d'identification dans la quête de son désir, car, de l'insatisfaction océanique qui accompagne cette quête et la déborde, elle ne saurait précisément dire le *nom* : le manque n'a pas de visage.

En résumé, c'est dans la mesure même où toutes les expériences de l'âme sont informantes qu'elles peuvent être aussi déformantes : l'éducation de l'âme, l'hygiène ou la diététique psychique devraient être le souci majeur d'une société. Nous sommes, on en conviendra, fort loin du compte, puisqu'au contraire la multiplication des expériences de toute sorte est un véritable mot d'ordre des sociétés modernes : *placet experiri*[26].

❧

Quels devraient donc être les principes d'une telle éducation ? Et comment les appliquer ?

Quant à la première question, on peut, croyons-nous, y répondre de la manière suivante. Toute éducation se propose de rectifier ce qui est dévié, de prévenir les risques de déviation, d'accomplir ce qui n'est qu'ébauché dans la nature humaine.

Quels sont donc les risques de déviation encourus par l'âme au cours de ces expériences formatrices, les plus formatrices se situant évidemment au cours de l'enfance et de la jeunesse ? Ils sont inhérents à ce qui fait la qualité première de toute expérience psychique : son caractère subjectif, alors qu'inversement le risque de l'expérience intellective est son objectivité même, qui porte le sujet à se contenter trop aisément d'une connaissance simplement abstraite.

La subjectivité de l'expérience psychique est l'expérience de l'envahissement du sujet par les effets en lui d'un objet qui, en tant que tel, dans son être propre, demeure extérieur à l'âme, alors que l'intelligence saisit son objet *en lui-même*. Toute expérience de l'âme est ainsi à la fois rencontre d'un objet unique et fini, un objet déterminé, et conscience affective d'un prolongement indéterminé et jamais fini des effets qu'il produit sur elle. Expérience ponctuelle, et même parfois expérience-choc, l'âme est affectée d'une part ; et d'autre part, expérience-écho, expérience-ambiance, expérience-océanique même, qui est relativement indéterminée parce que l'âme, par nature, n'a jamais fini de se déterminer à son objet.

---

[26] « Il est plaisant de faire des expériences ». Pour Thomas Mann, dans son roman *La montagne magique*, cette formule caractérise la dispersion de la culture européenne au XIXème siècle. C'est le thème de son roman.

Ainsi, toute expérience de l'âme – et même les expériences négatives – participent d'une certaine infinité. Par là même que l'âme est subjectivité et finitude, elle éprouve et vit son envahissement par l'objet désiré comme un élargissement, une illimitation d'elle-même. Toute satisfaction psychique emplit l'âme tout entière, et, par là même, efface momentanément les limites du sujet, ou, du moins, efface le sentiment de ces limites, limites dont, par ailleurs, l'âme fait précisément l'expérience dans la rencontre ponctuelle, en tant même qu'elle est *affectée* de l'extérieur. Ainsi la vie de l'âme se déroule entre ces deux pôles : crainte, voire souffrance dans l'expérience ponctuelle de l'objet – découvrir qu'il y a un non-moi, c'est un peu mourir à soi-même – et, d'autre part, joie, et même béatitude, dans l'expérience océanique d'une illimitation interne.

Toute la question consiste à savoir si l'effet illimitant que produit en nous la possession de l'objet désiré est participation véritable à l'infinitude de la Béatitude divine, ou si elle n'en est que la contrefaçon, savoir, une indéfinitude, par indétermination et débordement illusoire du fini.

À ne suivre que sa propre expérience, l'âme est encline à rechercher sans cesse cette sensation, cette saveur d'illimitation, d'infinitisation, dans laquelle elle s'imagine expérimenter, ou expérimente véritablement, un certain dépassement de la finitude créée, de ses limitations et de ses contradictions. En elle-même et par elle-même, nous l'avons assez dit, l'âme ne dispose pas d'un critère de discernement qui lui permettrait de distinguer entre les effets d'une ivresse trompeuse et ceux d'une participation déifiante.

Qu'on propose à l'âme – et c'est ce que fait le néo-spiritualisme – des perspectives nébuleuses, des thèmes confus et merveilleux, des techniques d'extases, des extensions quasi illimitées de ses états de conscience où s'effacent les oppositions des religions traditionnelles, aussitôt elle croit y reconnaître ses propres désirs, ses propres rêves, cet univers plus ou moins onirique qu'elle ressent comme son milieu originel et ravissant, et dont elle s'enchante et se déçoit, indéfiniment.

D'autant, et nous l'avons souligné aussi nettement que possible, que ce chant des sirènes s'exerce sur une âme à la fois assoiffée de nourriture infinisante – mais aujourd'hui soumise socialement à l'emprise de la pure nécessité rationnelle, à un monde dépouillé de toute forme qualitative, de tout mythe, de toute légende, de tout enchantement –, et, d'autre part, sur une âme pervertie par trois siècles de formes mensongères, abâtardies ou franchement sataniques.

Car le mensonge de la forme, c'est de prétendre réaliser l'informel sur son propre plan, par oblitération de ses limites et contours, ce qui la conduit à l'informe, alors que la forme doit et peut communiquer l'informel par la vérité intelligible de sa structure et par la participation de son contenu qualitatif aux archétypes métaphysiques qui se manifestent en elle.

La plupart des formes d'art qu'a expérimentées l'âme européenne depuis trois cents ans ont prétendu exprimer le faux infini par gonflement, destruction, dislocation, anéantissement de la finitude. Ces formes ont communiqué à l'âme la conviction que le profond, le vaste, l'océanique définissaient la vérité de sa nature et répondaient à son indétermination intrinsèque. Alors qu'une église romane, une cathédrale gothique, un chant grégorien, une icône ne délivrent le message d'infinitude qui les habite qu'au moyen de formes rigoureuses, mesurées, ordonnées, nombrées, des formes qui ne mentent ni aux matériaux dont elles sont faites, ni aux conditions du monde dans lequel elles se manifestent.

Voilà ce qui pouvait éduquer l'âme de l'homme traditionnel. Pendant près de deux mille ans, l'art religieux d'Occident a enseigné aux hommes la sobriété, la vérité, l'humilité, la cohérence des formes, en même temps que par son contenu divin et transcendant, il transmettait à l'âme la vibration déifiante du Verbe originel. Ascèse à l'extérieur. Jubilation à l'intérieur. Finitude de la forme, infinitude du message : le contraire de l'art moderne qui n'enseigne que la finitude humaine, ou même infra-humaine, moyennant l'effacement illusoire des limites formelles.

Dans cette contre-éducation de l'âme moderne, l'Église « post-conciliaire », il faut bien le reconnaître, a joué un rôle non négligeable. C'est ce dont nous devons dire un mot pour terminer.

La réforme liturgique fut entreprise à la demande du Concile Vatican II, mais elle est allée bien au-delà de ce que demandait le Concile, et, parfois même, contrevient à ce qui avait été clairement déclaré : ainsi du latin qui aurait dû demeurer l'usage normal dans les rites de l'Église latine (*Constitution sur la liturgie, XXXVI, 1*).

Cette réforme toutefois paraissait accomplir les promesses d'un mouvement plus ancien de restauration qui avait débuté avec Dom Guéranger, vers 1840, et qui s'est poursuivi, plus ou moins fidèlement, durant plus d'un siècle. Ce mouvement visait à retrouver, par une connaissance approfondie de l'histoire de la liturgie et de ses anciens monuments – surtout le Missel romain –, la vérité de l'action liturgique telle que la concevaient et la mettaient en œuvre les premiers siècles de l'Église. Il apparaissait, en particulier, que la messe n'avait pas alors pour fin première de « fabriquer des hosties consacrées », mais de réaliser sacramentellement le saint sacrifice du Corps et du Sang du Christ crucifié et ressuscité.

Sans doute la doctrine n'avait-elle à ce sujet jamais varié ; mais on ne pouvait nier que la piété, au moins en Occident, n'eût tendu progressivement à faire prévaloir l'aspect « chose sacrée » sur l'aspect « action liturgique », ou « célébration rituelle du mystère » – cela dit sans qu'il soit aucunement question de remettre en cause la dévotion au Saint-Sacrement.

Au terme de cette longue restauration, on attendait S. Jean Chrysostome, ce fut Luther qui arriva. Loin de mettre en valeur la dimension sacrale de l'action liturgique, la réforme, gauchie et pervertie, en limita les signes au minimum indispensable pour ne pas compromettre définitivement la validité du rite. On réduisit la ritualité de la liturgie eucharistique aux paroles de la consécration, seul élément immuable au milieu de célébrations toujours changeantes, ce qui risque de ramener la messe à n'être plus que la commémoration de la sainte Cène – Jeudi-Saint –, alors que la doctrine catholique y voit la réalisation sacramentelle, non seulement du Banquet sacré, mais aussi du Golgotha et de la Résurrection – Vendredi-Saint et Pâques.

Toutes ces innovations trahissent un affaiblissement, sinon un rejet, de la théologie du sacrifice eucharistique, et donc du mystère de la Rédemption. Et il faut bien reconnaître que cette théologie, sauf dans quelques instructions papales, est moins présente dans l'enseignement doctrinal, quoiqu'elle soit réaffirmée par le Concile (II, 47).

D'autre part, et en conséquence, les formes liturgiques destinées à signifier la vérité de ce qui est invisiblement accompli et à nous permettre d'y participer, ont été modifiées, ou supprimées. Tout geste, tout langage, tout vêtement, toute posture, toute musique, tout parfum, toute rubrique qui rendait manifeste la nature *sacrée* du rite, c'est-à-dire sa réalité non humaine, son inhabitation divine, ont été, autant que possible, écartés, révoqués, rejetés. Un millénaire et demi d'art liturgique a été anéanti en quelques mois. Des formes de prière grâce auxquelles, durant vingt siècles, des millions de catholiques avaient été éduqués et éveillés au sens de Dieu, de son inaccessible transcendance et de sa miséricordieuse immanence, particulièrement ce chant grégorien, *unique au monde*, d'une insurpassable beauté, en un instant, cessèrent d'exister.

Il n'y a, semble-t-il, dans l'histoire des civilisations connues, rien de comparable à ce qui fut ainsi accompli dans l'indifférence générale. Des cultures ont disparu lors de cataclysmes, des guerres, ou des pouvoirs politiques ont anéanti des chefs-d'œuvre ; mais ici, ce sont les gardiens du trésor, les serviteurs de la beauté qui, en toute inconscience, sûrs d'eux-mêmes et pleins d'enthousiasme, ont procédé au « nettoyage » du Temple. Ils ne doutaient pas un instant que ne floriraient, dans l'espace ainsi libéré des vieilleries antéconciliaires, les formes modernes d'une foi renouvelée, des formes pleines de sens, accordées à la sensibilité de l'homme d'aujourd'hui. Quelle redoutable naïveté !

Mais aussi, qui les avait prévenus des difficultés presque insurmontables de la tâche qu'ils osaient entreprendre ? Quel philosophe, quel théologien avait, au XXème siècle, réfléchi aux fondements métaphysiques d'une véritable *poétique sacrée*, c'est-à-dire aux conditions naturelles et *surnaturelles* qui règlent la production des œuvres liturgiques ? Ce magistère de l'intelligence, dont la fonction est pourtant indispensable dans l'économie d'une religion, qui l'exerçait ?

Sans doute ne manquaient pas les considérations sur l'esthétique religieuse, non plus que les analyses philosophiques du Beau, le plus méconnu des transcendantaux. Mais le Beau ne saurait être seulement l'objet d'une science contemplative, fût-elle à visée spirituelle. Il doit être aussi l'objet d'une science productive, d'une véritable *poiésis*, et c'est là, assurément, la plus ignorée des sciences sacrées. C'est d'ailleurs, notons-le en passant, dans la philosophie d'Aristote que s'est opéré le divorce de la *theoria* et de la *poiésis*.

En tout cas, s'imaginer qu'il suffit d'une grande chaleur de sentiment au service d'une doctrine correcte, pour produire des formes belles et liturgiquement efficaces est une dangereuse illusion : ici, les bonnes intentions sont toujours trahies. Quant à s'en remettre au miracle du génie, c'est s'abandonner aux caprices de l'improbable, et c'est en outre ignorer que les sublimités d'une messe de Mozart, et même de Bach, sont encore très loin d'atteindre à la vérité et à la profondeur spirituelle d'une simple mélodie grégorienne.

Quel est donc le lien mystérieux qui unit la vérité théologique à sa manifestation sensible ? Si le Beau est la splendeur du Vrai, d'où vient au Vrai le rayonnement de sa gloire ? De quelle secrète alchimie a donc surgi ce « blanc manteau d'églises » où s'entrelace la pureté paisible du roman à l'ordre jaillissant du gothique, et qui en quelques siècles a couvert le sol de la France ? De quelle nuée séraphique a coulé la calme et bondissante pluie du *planus cantus* – le plain-chant –, ruissellement d'amour et de contemplation, où l'esprit chante son cantique le plus intérieur ? Ne l'oublions jamais : il fut un temps où cela n'était pas, et pourtant Dieu fit que cela parut.

La réponse à ces questions ne fait aucun doute : seul l'Esprit-Saint peut être l'opérateur de cette alchimie, seul il est la force qui fait descendre la forme dans la matière et l'unit à elle, seul il est le révélateur du Vrai, celui qui, couvrant de son ombre puissante la pure substance mariale, y opère l'incarnation du Verbe, de la Forme des formes dans la maternelle *materia*, édifiant ainsi le Temple du Corps divin. C'est donc lui le rayonnement d'amour du Vrai, l'illumination de sa gloire, le flamboiement de son cœur ; et sans lui, toute langue est muette.

C'est donc à lui qu'il convenait d'en appeler, dans une prière inlassable, le silence et le jeûne, non aux suggestions des sciences de l'homme, ce « savoir ignorant », sans noblesse et sans espoir. Car lui seul peut étancher la soif de l'âme, la nourrir d'une nourriture savoureuse et secrète, et l'introduire dans son nouvel âge. Lui seul peut la charmer, l'attirer dans les rets de la Beauté divine et la détourner de succomber à la séduction des sirènes du *New Age*.

En supprimant le magnétisme divin des formes sacrées, les réformateurs, sans le savoir, livraient l'âme occidentale aux ivresses inférieures, aux fascinations des ténèbres cosmiques, au pouvoir de la dissolution. En abolissant les formes liturgiques de la tradition sacrée, du moins là où l'on est parvenu à le faire, on n'a pas seulement modifié un élément mineur de la société occidentale, on a aussi obscurci ce qui en était l'unique Soleil visible et le Cœur sanctifiant.

DEUXIÈME PARTIE

LA PHILOSOPHIE INTERROGE LES SCIENCES MODERNES

CHAPITRE VIII

De la fermeture épistémique du concept[27]

Je parle d'une fermeture épistémique, et non épistémologique, pour signifier que seule cette fermeture permet un traitement scientifique, c'est-à-dire physico-mathématique, de l'objet étudié. Par cette fermeture l'objet devient un objet de science (*épistémè* en grec). Cette révolution conceptuelle qui rend possible l'arraisonnement mathématique du monde physique, n'est pas, à proprement parler, une découverte. C'est plutôt une stratégie théoricienne : trouver le moyen par où le réel physique est mathématisable. Le mystère de l'objet étudié n'est pas résolu. Il s'agit seulement de le définir d'une manière légitimement exhaustive, en écartant toutes les données des phénomènes non quantifiables, pour n'en retenir que son fonctionnement mécanique, c'est-à-dire, au fond, géométrique. Cette stratégie de fermeture conceptuelle n'est possible qu'autant que le réel lui-même ne vient pas la contredire, ce qui est arrivé avec la physique quantique, appelée improprement « mécanique quantique ».

Un concept *ouvert*, c'est un concept que je ne peux refermer, achever, définir exhaustivement, donc un concept qui est inabouti, qui comporte de l'inconnu, de l'inconnaissable peut-être, qui est en attente de sa complétude, qui attend, de l'être qu'il tente de saisir – dans con-cept il y a *cum-capere* « prendre avec soi », *begreifen* en allemand – une révélation, bref une opération intellectuelle qui refuse

[27] Lettre au physicien Wolfgang Smith qui nous interrogeait sur notre théorie de la fermeture épistémique du concept. Cf. : *Histoire et théorie du symbole*, pp. 97-107.

de se clore sur elle-même, qui refuse de rompre sa relation « ombilicale » avec l'être, avec le réel qui la nourrit. Tel est le concept métaphysique, la saisie intellectuelle qui renonce consciemment à sa propre suffisance et qui accepte d'être dépossédée d'elle-même par *cela* même qu'elle pense, d'être dessaisie de sa saisie.

Mais un tel concept ne permet pas de faire de la science au sens de la science moderne, c'est-à-dire de devenir « *comme* maître et possesseur de la nature » (Descartes). « Comme » signifie non pas que nous sommes alors *réellement* maître et possesseur de la nature, mais que nous pouvons alors nous comporter, à l'égard de la nature, comme si nous l'étions.

En fait, toute connaissance – sensible, empirique, commune, etc. – en tant qu'elle se formule dans notre pensée, procède à une fermeture du concept : concevoir, penser, c'est tenter d'enclore le réel dans un concept. On pourrait qualifier cette fermeture de « pratique » en tant qu'elle est ordonnée à la vie pratique, celle de tous les jours.

C'est une fermeture en réalité imparfaite, provisoire, utilitaire, entièrement ordonnée au traitement scientifique de l'objet étudié. Elle consiste à réduire l'objet de la science à ce qui sera susceptible d'un traitement scientifique, c'est-à-dire, le plus souvent, mathématique. Le type « idéal » de cette fermeture – qui est spécifique du processus d'abstraction – est fourni par la notion de *nombre* : dans la réalité, aucun être n'est absolument identique à un autre, et donc la différence entre tel être et tel autre, est toujours *qualitative*[28] ; mais, pour compter, il faut, par un passage à la limite, faire comme si tel être et tel autre ne différaient que *solo numero* – par la seule quantité.

La science, au sens moderne du mot, ne fait que prolonger jusqu'à son terme, le processus d'abstraction de toute pensée, ou, plutôt, tente de trouver – provisoirement – le *moyen* de parvenir au terme du processus d'abstraction. Ce *moyen* varie d'une science à

---

[28] Ainsi que l'a montré Leibniz (Principe des indiscernables).

une autre, mais il est guidé par un seul souci : permettre un traitement rationnel du phénomène étudié. Il est évident que la réduction galiléenne d'un corps à un « point matériel » – le centre de gravité –, ou la réduction saussurienne du langage au système de la langue – les relations différentielles des unités signifiantes – ne sont pas de même sorte. Mais elles permettent toutes deux un traitement scientifique – objectif – de leur objet.

Au fond, la fermeture épistémique permet de construire l'« objet » scientifique, en éliminant tout ce qui, dans la chose étudiée, ne peut pas être objectivé. Évidemment, on ne peut gagner sur tous les tableaux, et la science perd quelque chose du réel ; mais elle gagne du côté de l'efficacité pratique.

Au fond, la fermeture épistémique du concept ne fait que poursuivre et achever le projet de la pensée en général. Tout concept est une réduction du réel.

Ce qui distingue le concept ordinaire, empirique, et le concept épistémique, c'est que le second a trouvé un moyen plausible – momentanément suffisant ou satisfaisant – de se clore, de se fermer, et donc de fournir *un instrument efficace d'analyse*, au lieu que le concept empirique est toujours en approximation, en devenir et en révision de lui-même.

Quant au concept métaphysique, il faut considérer deux choses.

D'une part, quant à sa formulation par le langage, il procède nécessairement lui aussi à une certaine réduction du réel, à l'aide des catégories de sa grammaire spéculative et, par là, il se présente comme une science.

Mais, d'autre part, et parce que cette science n'est pas ordonnée à l'action utilitaire, les concepts métaphysiques restent ouverts sur le mystère de leur contenu. Le métaphysicien garde la conscience, dans son effort de penser, que ce qu'il pense est plus grand que la pensée qu'il en a, ce qui est, d'une certaine manière, la définition même de la contemplation.

CHAPITRE IX

Darwin et le racisme biologique

À lire l'article qu'Atila Ozer a publié, dans *VALEURS ACTUELLES* du 2 avril 2009, on a l'impression que le pauvre Darwin est l'objet d'une haine féroce de la part des « théocrates obscurantistes », secte puissante et partout menaçante, particulièrement sous la forme du « créationnisme » et de la théorie du « dessein intelligent ». Qualifier une doctrine d'obscurantiste relève de la polémique et n'a rien à voir avec sa vérité ou sa fausseté. Quant à la personne de Darwin, l'observateur impartial a plutôt le sentiment qu'elle est très majoritairement célébrée. Cela dit, quelques remarques s'imposent.

Notons d'abord que si l'œuvre de Darwin est celle qui eut le plus fort retentissement, lorsque parut, en 1859, *L'Origine des espèces*, elle n'est pourtant pas la seule ni la première à avoir considéré que la vie a une histoire et que l'apparition d'une espèce nouvelle s'explique en continuité à partir des transformations d'une espèce antérieure. Le livre de Darwin est un grand livre, mais, outre qu'à son époque le naturaliste anglais Alfred Russel Wallace était parvenu à une théorie très voisine, comment oublier que le Français Lamarck, en 1809, dans sa *Physiologie zoologique* avait formulé la première théorie de l'évolution : à quand la célébration de son bicentenaire ?

Rappelons que, dans *l'Origine des espèces* – où d'ailleurs le mot « évolution » ne figure pas – il n'est question que des animaux et non de l'homme ; ce qui ne signifie pas que Darwin n'y pensait pas déjà, car la publication de ses Carnets, à partir de 1960, a montré que chez lui les préoccupations philosophiques étaient très fortes, aussi fortes que son goût pour la collection des faits.

On s'étonne d'autre part d'apprendre que le théisme, obstacle épistémologique majeur aux progrès des connaissances, serait né – le mot comme la chose – au moment où Descartes formulait les principes de la science moderne. Platon et Aristote n'étaient-ils pas « théistes », et Descartes lui-même n'en est-il pas le représentant le plus éminent ?

Quant à l'évolutionnisme – le terme ne se trouve pas chez Darwin – c'est assurément une théorie, comme le créationnisme. S'agit-il d'une théorie *scientifique* ?

Ce n'est pas l'avis de Karl Popper qui parle à son sujet de « tautologie », le dogme de la survivance des plus aptes n'étant pas « falsifiable »[29]. Par définition tout être vivant est apte à vivre et il n'y a aucun moyen de prédire si tel être fera partie des survivants. On ne peut donc, si l'on a souci de rigueur, déclarer que les faits confirment partout une théorie aussi générale. Comme l'a reconnu une fois Jean Rostand, la théorie évolutionniste est « un roman » ; mais, ajoutait-il, « c'est un beau roman ».

En réalité, il y a aussi une multitude de faits qui semblent la contredire. Ainsi, la mouche drosophile est une espèce particulièrement mutante : depuis l'ère tertiaire on lui connaît de multiples variations génétiques – nombre de pattes, d'ailes, etc. ; mais c'est toujours une mouche. Eût-on jamais constaté expérimentalement, le passage d'une espèce à une autre, le débat serait clos. C'était l'espoir du P. Leroy, disciple et ami de Teilhard de Chardin. Il dut, en véritable savant, y renoncer.

La vérité est que, paraphrasant le titre du livre de Michael Denton[30], on peut affirmer que l'« Évolution [est] une théorie en crise ». Popper y voyait un « programme de recherche métaphysique »[31]. L'évolutionnisme est-il d'ailleurs autre chose que l'idéologie *biologiste* du progrès ?

---

[29] C'est-à-dire ne constitue pas une hypothèse suffisamment précise pour qu'il soit possible d'en démontrer la fausseté éventuelle.

[30] *Évolution, une théorie en crise*, Champs, Flammarion, Paris, 1992.

[31] *La quête inachevée*, Calmann-Lévy, 1981.

S'agissant maintenant de son rapport aux théories racistes, à l'eugénisme et à la sociobiologie, les liens sont beaucoup plus étroits que ne l'admettent les darwiniens zélés. Il ne s'agit pas de condamner personnellement – ni d'innocenter – Darwin. Mais que le darwinisme ait partie liée, sous couvert de science, avec l'eugénisme et le rêve d'une « société pure », est un fait incontestable et d'une ampleur peu soupçonnée, comme le montre l'accablant dossier réuni par l'historien et épistémologue André Pichot[32].

Enfin, il est bien surprenant d'entendre invoquer le matérialisme comme l'incontestable vérité de la science la plus éclairée, alors que c'est exactement la conclusion contraire qu'impose aujourd'hui la physique quantique, comme le signalent beaucoup d'ouvrages scientifiques. Bohr, Heisenberg, Schrödinger et bien d'autres ont montré que c'est la notion même de matière qui se révèle hautement problématique, à quoi un certain fanatisme matérialiste ne pourra rien changer.

Dans cette perspective, nonobstant les excès du fondamentalisme, la théorie du dessein intelligent – et donc du finalisme – reprend tous ses droits et mérite considération. C'est ce que montre l'œuvre de Raymond Ruyer[33] l'un des plus grands philosophes français, et l'un des plus significativement méconnu : « quel dommage, disait-il un jour, que Monod s'en tienne à la molécule et ne descende pas au niveau atomique et subatomique ! Il verrait que sa biologie strictement mécaniciste est proprement inconcevable ».

---

[32] *La Société pure – De Darwin à Hitler*, Flammarion, 2000[32].

[33] *Néo-finalisme*, 1952.

CHAPITRE X

L'homme neuronal de Jean-Pierre Changeux[34]

J'ai eu le plaisir de lire votre article dans la Revue *Dharma*. Pour ma part, je serais plus sévère que vous à l'égard de J. P. Changeux, *L'homme neuronal*, non par réaction religieuse, mais parce que je trouve sa thèse scientifiquement et philosophiquement faible. Car qu'est-ce qu'*un* neurone ? Et *un* cerveau ? Et *un* J. P. Changeux ? Et si Changeux a raison, alors ce sont les neurones qui ont écrit son livre, la pensée est un pur fonctionnement entièrement déterminé par la structure fonctionnante, et avoir raison – ou tort – n'a aucun sens. Entre deux disques sur lesquels est enregistré un discours matérialiste et un discours spiritualiste, lequel a raison ? Aucun, évidemment. Ainsi J. P. Changeux ne sait pas ce qu'il dit. Et s'il le sait, alors il se contredit : il affirme implicitement ce qu'il nie explicitement. Car il est bien persuadé, pour sa part, de dire la vérité et donc d'être capable de la penser librement.

Je suis toujours frappé de voir combien Ruyer est absent de ces débats. Cependant *La conscience et le corps* me paraît l'un des ouvrages majeurs de XXème siècle. Et l'inconscience philosophique – et même scientifique – de Changeux a quelque chose d'effarant.

Il y a certes une contradiction entre le déterminisme – qu'il faut évidemment distinguer de la causalité, même « physique », laquelle est réalisation d'un thème transpatial : le rose se fait rose – et l'unité de la personne, mais cette contradiction est précisément révélatrice – négativement – de la transcendance de la personne. Ce n'est pas parce que je ne trouve pas de poil sur un œuf que le poil n'existe pas.

---

[34] Extrait d'une lettre au professeur Guy Bugault, 31.V.1990.

L'affirmation du moi est une illusion, entièrement d'accord. Mais il ne saurait y avoir d'illusion pure, sinon elle serait aussi vraie que la réalité, et donc le moi ne serait plus une illusion. Un mensonge ne saurait être parfait. Il n'est donc que l'image d'une réalité : bref le moi est le mensonge du Soi – et je ne suis pas « bouddhiste ». Du moins, en ce sens d'un nihilisme radical et métaphysique.

Mais je suis tout prêt à suivre – voire à précéder – un certain « bouddhisme », dans sa négativité méthodologique. Car après tout, vivre l'illusion du moi – « si le grain de blé ne meurt... » –, c'est vraiment « perdre son âme ». Quand il n'y a plus rien, il n'y a plus rien. Une formulation me convient parfaitement, celle de Lin-Tsi[35]:

a – « Parfois supprimer l'homme sans supprimer l'objet.
b – Parfois supprimer l'objet sans supprimer l'homme.
c – Parfois supprimer à la fois l'homme et l'objet.
d – Parfois ne supprimer ni l'homme ni l'objet ».

Selon ce que j'ai entrevu, le « dualisme » est la vraie compréhension du Non-dualisme, ou, plutôt : le Non-dualisme est la vraie compréhension du dualisme. Ou encore – axiome premier : *seul le Plus peut le moins.*

P. S. – Je voudrais encore ajouter quelques réflexions.

En ce qui concerne la contradiction que vous relevez entre l'application du principe de raison suffisante et l'affirmation du moi, il me semble qu'on pourrait faire valoir que, comme le dit Guénon dans *Les états multiples de l'être*, la conscience est une raison d'être pour la manifestation.

En ce qui concerne *L'homme neuronal*, je tiens expressément à souligner que mon refus est philosophique, je veux dire « rationnel ». Toute multiplicité est constituée d'unités : je ne peux pas compter le rouge ou le vent ou l'eau. Toute multiplicité implique donc l'affirmation de l'existence de ces unités. « *Ceci* conditionne *cela* », assurément.

---

[35] *Entretiens*, p.51.

Encore faut-il qu'il y ait des *ceci* et des *cela*. Il n'y a d'enchaînement karmique que s'il y a quelque chose à enchaîner. Et quelque chose, c'est quelque chose d'un. Sinon, l'enchaînement karmique dont je parle n'est lui-même qu'une illusion – relative –, une illusion statistique.

Ainsi on peut bien ramener l'unité de l'esprit à celle du cerveau – avec commisération pour le benêt spiritualiste –, puis celle du cerveau à la multiplicité des neurones. Trente milliards ou mille milliards, où est la différence et l'intérêt ? Je trouve, pour ma part, que ce neurone est encore bien métaphysique, et du reste n'existe pas plus que *le* cerveau ou *l'*esprit.

Pourquoi s'arrêter à la cellule, demandait Ruyer ? Du point de vue du matérialisme, c'est une colonie de molécules, et chaque molécule est faite d'atomes et chaque atome, de particules et ainsi de suite.

Alors, ou bien il n'y a nulle part d'unités, et donc on ne peut les compter, et donc il n'y a rien : ni atomes, ni molécules, ni cellules, ni cerveau ni Changeux, ni Borella, ni Bouddha, ni bouddhisme, ni textes pâli ou sanskrit, ni revue du *Dharma* et, n'existant pas, vous n'être pas en train de lire une lettre que je ne suis pas en train de vous écrire ; ou bien il y a des unités, mais qui ne peuvent pas être de nature matérielle : aucun atome n'est une structure matérielle stable, c'est une unité énergétique. Ce qui est ontologiquement premier, c'est le « champ », non l'individu physique. Et pourtant, il faut bien un « individu ».

C'est pourquoi, aujourd'hui les biologistes, fascinés par l'A.D.N. moléculaire s'imaginent avoir trouvé la raison physique de la vie et deviennent matérialistes, tandis que les physiciens qui, en physique, s'y connaissent mieux que Monod et Changeux, deviennent idéalistes et se demandent si le monde existe. Mais ils sont encore prisonniers du blocage matérialiste : ou le réel est matériel, ou il n'est pas ; or il n'est pas matériel ; *ergo*.

Il faut au contraire admettre qu'il existe « autre chose », et que les seules unités possibles sont nécessairement analogues à l'unité d'une conscience, par liaisons délocalisées et non de proche en proche, telle qu'une « étendue-vision », laquelle n'a pas encore besoin d'être vue et d'être parcourue pour se connaître et se savoir. Il n'y a d'unités – relatives – que non matérielles et cela vaut pour les atomes comme pour les vivants et, *a fortiori*, pour les « sens », les êtres sémantiques.

Mais, évidemment, il ne faut pas se représenter ces êtres sémantiques, à la manière d'unités matérielles transposées : les Idées sont aussi bien – et même essentiellement – des Relations transcendantales.

Ici-bas, dans le *samsâra*, ni les relations ne sont premières ni les êtres. Depuis Aristote on pose les relations comme découlant des êtres. À quoi on pourra répondre justement qu'on peut aussi bien considérer les êtres comme des nœuds de relations. L'ontologie de la substance individuelle a bloqué la métaphysique occidentale et se dégrade en matérialisme de *l'individu* corporel : l'atome. Il faut donc « déponctualiser » l'ontologie. Mais on ne peut pas non plus nier l'être au profit de la relation. Être et relation : les deux modes fondamentaux de manifestation du Réel.

Le matérialisme est faux parce qu'il est impossible ; le spiritualisme est seulement incomplet, unilatéral. La superstition, l'étroitesse d'esprit, l'aveuglement, l'obscurantisme, la mauvaise mythologie, le mentalisme sont du côté de J. P. Changeux. Son mérite est de nous donner une bonne description de l'anatomie cérébrale et une moins bonne de son fonctionnement, car bien des spécialistes affirment que Changeux, privilégiant les structures solides – les mailles du filet nerveux – méconnaît les observations les plus récentes qui privilégieraient plutôt le « cerveau mou » – substances humorales, etc. : bref, il n'y a pas que les neurones. C'est en tout cas le cerveau anatomique, « matériel », et l'ensemble de son réseau neuronal, qui sont une abstraction, je dirai même une fiction, et une fiction « impossible » parce que contradictoirement dotée d'une consistance unitaire purement matérielle. Je ne suis donc pas certain qu'il y ait quelque dommage à ne pas se sentir à l'aise avec l'homme neuronal, ce qui reviendrait à conférer au matérialisme débile de J. P. Changeux la valeur d'un critère ou d'une pierre de touche. C'est beaucoup d'honneur.

D'une manière plus générale, on ne saurait dire, comme je l'ai déjà souligné, qu'il n'y a que de l'enchaînement, du « ceci étant, cela est ». Il y a aussi du sens, de la réalisation, sens et réalisation parfaitement objectifs, réels, consistants ; il y a du « thématique ».

Si je filme une boule A heurtant une boule B et que je projette le film à l'envers, rien ne me choque ; impossible de savoir où est la cause et où l'effet. On est dans le pur enchaînement de l'ici-maintenant, les liaisons de proche en proche, le déterminisme pur, non vectoriel : le phénomène n'a pas de sens.

Mais si je filme la germination, la croissance et l'épanouissement d'une rose, et que je projette le film à l'envers, j'ai un violent sentiment d'absurdité : les phases se succèdent nécessairement, intelligiblement. Il y a un sens – à tous les sens du terme : les pétales ne peuvent pas exister avant le bourgeon. Ici un thème se réalise, un thème ou une forme transpatiale et transtemporelle qui unifie les « parties » corporelles et flèche les « parties » du temps. Cette forme, c'est elle qui est solide, consistante, indestructible, réelle.

Car telle rose a vécu ce que vivent les roses ; mais *la* rose est immortelle, la volonté qu'a le réel de se faire rose survit à tous les effeuillements. Et si la rose – telle rose –, cesse de se-faire-rose, elle se défait. La rose est rosification ou elle n'est pas. Son corps, tout corps, n'est pas une structure matérielle, solide en laquelle la vie descendrait et y habiterait. C'est la forme vivante, la rose rosifiante et, plus encore, l'essence de la rose, qui assure la solidité et la consistance – momentanée – de sa structure corporelle. Et de même pour la cellule, la molécule et l'atome.

Encore un mot. L'axiome premier et dernier, donc unique, de mon *tractatus logico-métaphysicus*, c'est, je l'ai dit : *seul le Plus peut le moins*.

Je gloserai : seul le Sur-Plus absolu *peut* le moins relatif. Autrement dit : le relatif n'est pas capable de lui-même. L'être même, ou même l'*Être*, ne se peut Lui-même, d'où sa contradiction par le néant. Tout est de trop, en tant qu'il est, et d'abord l'*Être* pur qui est l'Être en tant qu'Être, Affirmation et Détermination et autodétermination principielles et présupposées à toute affirmation et détermination subséquente et particulière.

Et donc l'Être premier présuppose, pour sa propre possibilité – ou non-contradiction – le Rien absolu, le Sur-Plus infini à partir duquel tout peut être, le Vide suprême qui seul *peut* « laisser être » toute chose, et l'Être même.

Mais il me semble que ce serait mécomprendre l'intuition métaphysique du supra-ontologique, du Rien suprême ou Surplus absolu – dans la mesure où l'on peut parler d'une telle intuition – que de voir dans ce Rien, dans ce Surplus – comme source infinie du « Trop » ontologique – la destruction et l'anéantissement de l'Être et des êtres.

La suprême Déité, le Fonds sans Fond, « laisse *être* ». Il est générosité pure, liberté pure, joie pure. En Lui tout a de la place pour être, tout peut jaillir, et jouer. Il est le non-jaillissement radical et absolu, par rapport auquel, donc, *il n'y a que du jaillissement*. Et c'est cela la Bonté divine. En Lui, *enfin*, la rose est sans pourquoi et fleurit dans son éternelle contingence.

CHAPITRE XI

Les sciences humaines au concile Vatican II

Notre siècle est celui des sciences humaines. Les deux penseurs qui ont eu le plus d'influence au XXème siècle, Marx et Freud, leur appartiennent entièrement : le premier, réputé fondateur de la science de l'homme collectif, c'est-à-dire de l'homme comme être économique et social ; le second réputé fondateur de la science du psychisme individuel, c'est-à-dire de l'homme comme être désirant et désiré. La portée de leur œuvre est immense. Les thèmes majeurs de leur pensée ont pénétré si profondément les mentalités qu'ils sont passés à l'état d'évidence et de réflexes spéculatifs : exemple somme toute assez rare dans l'histoire de l'esprit humain d'un empoisonnement idéologique presque total. C'est au point qu'un grand théologien[36] s'aventurait naguère à déclarer que la tâche essentielle de la théologie consistait aujourd'hui à intégrer les résultats de l'anthropologie contemporaine !

Mais, même lorsque le marxisme ou le freudisme sont éventuellement rejetés, au moins quant à leur contenu idéologique, ils engendrent une habitude mentale dont il est bien difficile de se départir : considérer l'homme comme *objet* de science et croire que sa connaissance véritable implique nécessairement qu'il soit traité comme tel. Cela signifie que seules les sciences humaines sont habilitées à nous parler de lui, que seules elles nous délivrent un savoir réel, que c'est à elles qu'il faut s'en remettre du soin de nous instruire, et qu'elles seules doivent guider notre action.

[36] Il s'agit du dominicain Yves Congar.

L'homme est pourtant un objet scientifique d'une nature tout à fait particulière : il parle et exprime la connaissance qu'il a de lui-même. Le peuple humain diffère en cela d'une colonie de rats ou de fourmis. Mais voilà : en vertu du postulat scientifique que c'est le savant qui parle, son objet doit se taire, et ce qu'il peut dire éventuellement de lui-même est sans valeur, ou n'est qu'un symptôme qu'il revient aux gens compétents d'interpréter.

Il ne sera pas inutile de rappeler brièvement comment cette attitude de recul, de mise à distance, de la part de l'homme de science, par rapport à son objet d'étude, est apparue et s'est imposée progressivement depuis plus d'un siècle en Europe. C'est qu'en effet la crise du catholicisme nous paraît exemplaire à cet égard, puisque les bouleversements d'une religion qui, après tout, est – ou était – celle du *peuple* chrétien, ont été voulus et imposés par des clercs imbus de leur savoir et qui adoptaient, à l'égard des besoins spirituels de leur peuple, la même attitude que celle des savants à l'égard des cultures populaires. Au reste, cette attitude cléricale est la conséquence de l'attitude scientifique, comme nous allons le montrer.

Que l'on ait toujours eu conscience en Occident de la différence des cultures, des civilisations et des mœurs, nul ne saurait le mettre en doute. Le Moyen Âge n'était pas très fort en géographie, mais il n'ignorait nullement l'existence d'autres peuples et d'autres manières de vivre, et les voyages d'exploration, de commerce ou d'évangélisation étaient plus fréquents qu'on ne le pense d'ordinaire.

Cependant quelles que fussent les différences, et si bizarres qu'apparussent les coutumes de l'Inde ou de la Chine, il ne venait pas à l'esprit de l'homme médiéval de les considérer comme des curiosités dignes d'un musée, ou relevant d'une sorte de zoologie humaine. Il y a différence, certes, et même étonnement, mais il n'y a pas de mise à distance. On ne se demande pas, comme le fera Montesquieu trois siècles plus tard : « comment peut-on être Persan ? » On constate seulement qu'il y a des Persans, et toutes les cultures, même les plus éloignées, même les plus singulières, sont regardées avec sérieux, comme étant humainement d'une *égale possibilité* ; il n'y a pas à s'étonner qu'il y ait des choses bien étonnantes de par le vaste monde.

C'est au cours des trois siècles suivants, du XVIème au XVIIIème siècle, que ce regard, à la fois naïf et noble, sur les autres hommes, va changer. Pour l'homme médiéval, c'est son rapport à Dieu et à la religion du Christ qui définit sa normalité. Autrement dit, ce qui définit la nature humaine, c'est d'être « image de Dieu ».

Mais lorsque cette relation au Principe divin disparaît, la nature humaine doit trouver sa définition en elle-même. C'est alors que la civilisation européenne élabore cette conception de l'homme qui prend pour modèle la raison et la sensibilité de l'Européen post-médiéval et qu'elle l'universalise en l'identifiant à l'homme en général : toute civilisation qui produit des hommes non conformes à ce modèle unique apparaît comme une anomalie. Ou bien, par un excès inverse, c'est le non-Européen, le « bon sauvage » qui devient le modèle accusateur de la dépravation de la civilisation « des lettres et des arts », comme c'est le cas chez Diderot et Rousseau. Mais qu'on ne s'y trompe pas, ce « bon sauvage » n'est en fait qu'un « Européen à l'état pur », débarrassé de toute adjonction et altération. Et ce n'est pas sa culture différente ou exotique que l'on aime – car elle est en fait ignorée ou méprisée –, c'est l'image, supposée, d'un civilisé à l'état de nature[37].

Le XIXème siècle, à beaucoup d'égards, n'est que le continuateur de thèmes élaborés par le XVIIIème, particulièrement pour ce qui est de la conception de l'homme.

Mais, en dégageant l'homme à l'état de pure nature de tout ce que l'histoire lui a surajouté, on isole aussi le vêtement culturel de son « porteur » humain, et l'on est donc amené à considérer cet ajout pour lui-même, comme une « défroque » vraiment étrange, et qui, pour cela précisément, exige une explication. C'est pourquoi

---

[37] Comme l'a montré Xavier Martin dans plusieurs de ses livres, publiés aux Éditions Dominique Martin-Morin.

naissent à cette époque (1860) l'ethnologie, l'anthropologie, l'anthropométrie et autres « sciences de l'homme » qui se proposent d'étudier l'être humain comme une espèce animale parmi d'autres espèces, ce qui conduira finalement le XXème siècle triomphant – Exposition universelle de 1937 – à lui consacrer un « musée ». Il y a bien des musées de botanique et de zoologie, pourquoi pas un musée de l'homme – espèce *homo* ?

Mais, de même qu'il ne saurait être question d'interroger un arbre ou un insecte pour leur demander les raisons de leurs comportements et des formes dont ils sont revêtus, de même il est hors de question qu'on puisse demander à un Cafre ou un Fuégien les raisons de leurs mœurs et de toutes les formes culturelles dont ils sont porteurs. Tout au contraire, la rigueur scientifique exige que l'on considère l'homme comme un « objet », à l'instar d'une chose ou d'un animal, que l'on introduise entre l'observateur et l'observé une distance infranchissable, tout au moins pour l'observé – qui n'a pas droit à la parole et qui, d'ailleurs, ne sait pas ce qu'il dit –, tandis qu'évidemment, l'observateur, en qui s'incarnent le savoir et la raison universelle, peut, lui – mais lui seul –, franchir cette distance, et comprendre beaucoup mieux l'homme sauvage qu'il ne se comprend lui-même.

Il est tout à fait certain que cette mise à distance de l'« objet humain » était grandement favorisée par l'extrême différence qui séparait le savant européen des cultures exotiques. On peut même dire qu'en réalité cette « distanciation scientifique » n'était qu'une conséquence du sentiment de supériorité écrasante qui animait les Européens à l'égard de tout ce qui n'était pas eux.

Cependant il était également inévitable que ces mêmes Européens songeassent un jour à traiter aussi scientifiquement leur propre société et leur propre culture. C'est ainsi qu'apparut la sociologie au début du XXème siècle[38]. Assurément, on était moins

---

[38] En tant que science *publiquement* reconnue. Le terme fut créé par Auguste Comte en 1833.

porté à mesurer l'angle facial ou l'écartement sourcilier du paysan lorrain que du Maori ou du Bororo. Mais enfin, il fallait bien que le sacro-saint principe de la distanciation fût conservé et que d'abord on ne tînt soigneusement aucun compte de tout ce que les hommes disaient d'eux-mêmes.

Comment donc était-il possible d'en agir avec les Français ou les Basques comme on faisait des Yakans et des Alakaloufs ? L'éloignement géographique ne pouvait plus jouer, l'observateur et l'observé étant du même pays, de la même culture, de la même mentalité.

La réponse est assez simple, et il nous semble même que Racine en avait déjà indiqué la substance, il est vrai dans un autre genre d'exercice, et à condition que l'on inversât sa proposition. « L'éloignement des pays répare en quelque sorte la trop grande proximité des temps » écrit-il dans la préface à *Bajazet*, tragédie contemporaine, mais qui se passe chez les Turcs. Or, « nous avons si peu de commerce avec les princes et les autres personnes qui vivent dans le sérail que nous les considérons, pour ainsi dire, comme des gens qui vivent dans un autre siècle que le nôtre. »

Eh bien ! Retournons la formule, et reconnaissons que l'éloignement des temps peut réparer la trop grande proximité des pays. Il est vrai, cependant, que Racine lui-même n'aurait pas bien vu comment il se pourrait que l'éloignement des temps jouât ici un rôle, puisqu'il s'agissait d'étudier non les mœurs d'autrefois, mais celles d'aujourd'hui.

L'ingéniosité de l'esprit moderne ne saurait être en défaut pour si peu. Il suffisait de considérer toute coutume sociale ou culturelle comme une survivance, un prolongement anachronique d'un passé révolu, une « pesanteur sociologique ». Ou plutôt, moins que d'ingéniosité, il s'agissait d'une sorte de nécessité, extrêmement peu évitable : en étudiant sociologiquement l'ethnie européenne, on se condamnait en même temps à ne voir en elle que ce qui ne mérite plus d'exister.

Quand l'ethnologue-sociologue se tourne vers sa propre société, il ne peut se mettre en attitude d'objectivité qu'à la condition de considérer les phénomènes étudiés comme des sédiments culturels, plus ou moins frappés de vétusté ; et, comme le regard sociologique se porte sur toute chose, l'apparition des sciences humaines dans l'aire culturelle européenne ne pouvait que contribuer au processus d'accélération historique qui caractérise notre « civilisation industrielle » finissante.

Au fond, l'accélération de l'histoire qui rend de plus en plus rapidement caducs tous les éléments et toutes les structures de notre société, est inséparable de l'apparition de ce qu'on appelle la conscience historique. C'est ce qui nous allons essayer d'établir.

Qu'est-ce que la conscience historique, en effet ? Sinon la conscience de la radicale hétérogénéité du passé par rapport au présent. On dit que la révolution était accoucheuse de l'histoire, parce que, introduisant un changement brutal dans la continuité du devenir humain, elle rompt cette continuité et transforme définitivement le passé en histoire, en détruisant ses prolongements dans le présent, c'est-à-dire en détruisant la tradition. Que cette destruction soit plus apparente que réelle, c'est évident. Il ne suffit pas de décréter une révolution pour qu'elle s'accomplisse dans les faits.

Mais elle s'accomplit dans les esprits, et c'est cela qui est important. La révolution est avant tout un thème idéologique qui s'empare des mentalités et persuade tout un peuple que le passé est aboli[39]. C'est ainsi que naît la conscience historique, ou conscience de la différence temporelle ; et il n'est pas du tout surprenant que la science historique apparaisse au XIXème siècle, c'est-à-dire comme la fille la plus légitime de la Révolution française[40].

---

[39] C'est pourquoi elle est contrainte de se signifier elle-même par des actes-symboles, dont la nécessité est purement idéologique : l'assassinat de Louis XVI est un véritable pacte qui lie les révolutionnaires par le contrat du sang, d'où son caractère parodique de sacrifice rituel.

[40] Cette analyse est reprise et développée dans *Marxisme et sens chrétien de l'histoire*, coll. Théôria, L'Harmattan, Paris, 2016.

On a dit que l'homme d'autrefois, médiéval ou antique, n'avait pas de conscience historique, et que toutes les générations humaines se considéraient comme contemporaines. Si l'on entend par là que S. Thomas d'Aquin ignorait qu'Aristote ou Cicéron vivaient plus de mille ans avant lui, c'est évidemment absurde. Mais si l'on veut signifier que l'esprit traditionnel instituait entre eux et lui une véritable *contemporanéité culturelle*, alors c'est incontestablement vrai.

L'apparition de la conscience historique détruit cette contemporanéité culturelle, en faisant prédominer la contingence des formes culturelles toujours particulières, sur le contenu universel et permanent de la vérité qu'elles expriment. On répète alors à l'envi que l'homme du Moyen Âge est totalement différent de l'homme antique, que l'homme moderne n'a plus rien à voir avec l'homme médiéval, et de différence en différence, on en arrive à couper les générations les unes des autres sur des périodes de temps de plus en plus courtes. L'homme est ainsi *isolé* dans son présent, temporellement déraciné, adulte perpétuellement renaissant, sans enfance et sans souvenir.

On voit par là comment sciences historiques et sociales se prêtent un mutuel appui et se conditionnent réciproquement ; ce qui implique également rivalités interminables, revendications de primauté et querelles de compétence.

Parce que le sociologue ne peut étudier que ce qui est revêtu de la qualité d'« objet », et que cette objectivité – ou plutôt « objectité[41] » – ne peut être obtenue qu'au prix d'une mise à distance temporelle, étudier un phénomène social quelconque et le considérer comme une survivance historique, constitue une seule et même opération à double face. Les preuves de notre thèse abondent, et c'est pourquoi il n'y a pas à s'étonner que chaque fois qu'un sociologue ou un psychologue « se penche » sur un problème, il conclut toujours en dénonçant la survivance oppressive – patriarcale, capitaliste,

[41] Le terme « objectité » caractérise ce qui a le statut d'objet, alors que le terme d'« objectivité » désigne l'angle sous lequel le sujet connaissant aborde cet objet.

fasciste, phallocratique, aliénante, religieuse, constantinienne, réactionnaire, etc. – de telle ou telle structure dans tel ou telle comportement ou institution. Et comme le champ de ces sciences s'étend à tous les domaines et à tous les aspects de la vie individuelle et sociale, il n'y a pas un seul point de l'existence humaine qui échappe à leur regard destructeur. Des activités sociales les plus collectives jusqu'aux relations humaines les plus intimes, tout est matière à révolution ou à bouleversement.

À raison de quoi, ces professionnels du bonheur humain, que sont les psychanalystes ou les socio-analystes, nous assurent que tout marchera mieux dès que seront levés les obstacles inconscients ou inaperçus qui s'opposaient séculairement à l'épanouissement total de l'être humain. Jamais promesses ne furent plus « scientifiquement » fondées, jamais non plus les résultats ne furent plus médiocres. Et même il faut bien le dire, loin d'améliorer le sort et les mœurs de la présente humanité, la destruction des séculaires équilibres que la tradition nous avait légués et qui comportaient assurément beaucoup d'imperfections, ne laisse place qu'à la confusion, au désordre et à l'affaissement profond des âmes déréglées.

Cependant, parmi toutes les institutions occidentales, il s'en rencontrait une qui, depuis deux mille ans, semblait n'avoir jamais changé. Immuable dans ses formes, elle présentait au déroulement multiple de l'histoire, le même visage et le même esprit. L'unité de sa doctrine et de ses rites paraissait échapper au branle universel. J'entends déjà les doctes se récrier, et nous rappeler que depuis le premier concile de Jérusalem jusqu'au premier concile du Vatican, innombrables sont, au contraire, les modifications et les développements que connut la religion chrétienne. Encore que la chose soit moins certaine qu'ils nous le donnent à entendre, je veux bien à la rigueur en convenir, à condition toutefois qu'on reconnaisse que ces changements se firent dans la continuité et non dans la rupture, autrement dit que l'esprit qui présidait à leur apparition était un esprit de tradition et non de révolution.

Car c'est l'esprit qui importe, et l'œuvre la plus mortifère d'une révolution s'exerce moins sur les choses qu'elle supprime que sur les mentalités qu'elle pervertit.

Mais enfin, quoi qu'il en soit, cette Église, étonnée de demeurer seule inchangée au milieu des bouleversements les plus généraux, décida de procéder à son tout à son *aggiornamento*. Ce faisant, elle entrait avec une belle inconscience dans un processus implacable dont elle ignorait les lois, en même temps qu'elle entraînait avec elle l'humanité chrétienne dans ce qu'il faut bien appeler l'ère post-conciliaire.

L'immense majorité des fidèles ignora, et sans doute ignorera toujours quel fut le véritable enjeu du concile Vatican II, du moins à vue humaine, car il faut réserver la part de l'Esprit, non seulement de ce qu'il opère, mais aussi de ce qu'il laisse faire – et « les voies de Dieu sont impénétrables ».

Historiquement et sociologiquement parlant donc, le Concile fut essentiellement – non point dans l'intention de ceux qui l'avaient décidé et préparé, mais dans son déroulement effectif – une affaire cléricale, très exactement un règlement de compte entre les évêques et la Curie romaine. La Curie, c'est-à-dire l'ensemble des cardinaux et des « ministères » qui à Rome dirige l'Église catholique se trouva « sociologiquement » opposée à la « classe » des évêques dont chacun souffrait depuis longtemps de lui devoir soumission en son lointain diocèse, mais qui, rassemblés en concile, découvraient soudain leur existence collégiale et la puissance de leur nombre. Entre les deux : un pape hésitant[42], plus porté aux déclarations « prophétiques » qu'à l'exigeant devoir de l'autorité suprême, tentait d'arbitrer. Tout autour, le monde entier, ou plutôt quelques journalistes aussi bavards qu'incompétents, mais armés d'une certitude élémentaire : tout ce qui est progressiste est bien, tout ce qui est conservateur est mal. Cette cour journalistique amplifiant à tous les échos les paroles épiscopales, quelques ténors de *l'aula* conciliaire

---

[42] Il s'agit de Paul VI.

découvrirent, avec assez de satisfaction, la délicieuse importance de leurs propos. Ce n'était pas l'auréole des saints, mais c'était celle – plus visible – des feux de l'actualité.

Au reste, si le combat se déroula bien entre Curie et Épiscopat, ce fut le peuple chrétien qui en constitua l'enjeu, ou le motif. Puisqu'il s'agissait en effet *d'aggiornamento*, c'était le monde moderne lui-même qui devait fournir les principes de cette mise à jour. Or, divine rencontre, il se trouvait justement que ce monde avait élaboré les techniques d'analyse des fameuses sciences humaines, qui devaient fournir des données scientifiquement établies, pour l'œuvre de rénovation et d'adaptation du « saint Concile ». Comment souhaiter situation plus heureuse ? D'un côté une Église sûre de sa foi, sans problème grave, mais qui avait juste besoin d'un ravalement de façade et d'un bon coup de peinture, de l'autre le peuple chrétien dans sa réalité de monde moderne ; entre les deux, les sciences humaines qui, dans leur objectivité, permettraient aux « Vénérables Pères » d'adapter à coup sûr le message éternel du Christ aux besoins présents des hommes. Ce n'est pas à dire que les Pères fussent informés de sociologie ou de psychologie. L'immense majorité n'en connaissait pas un traître mot. Mais il y avait les experts qui, par définition, étaient censés tenir compte des exigences de la science et qui savaient ce qu'il fallait dire ; ou bien encore les journalistes, ces hommes prodigieux qui parlent absolument de toutes choses avec la même et inconfusible assurance et qui, en tout cas, reflètent l'opinion publique : enfin, bref, il devait bien y avoir quelque part quelqu'un qui savait et qui possédait les résultats de ces merveilleuses sciences !

Bien sûr, on aurait pu concevoir une autre manière de procéder : par exemple, écouter ce que le peuple lui-même pensait et disait, quand on le laissait parler, ce que le peuple aimait et désirait et qu'il répétait dans ses chants, ses prières, ses processions et ses fêtes. Mais c'eût été à la fois trop simple et trop difficile, et surtout contraire aux usages. Comment voudrait-on qu'en un siècle éclairé comme le nôtre, le concile donnât l'exemple de l'obscurantisme médiéval, en méprisant le prodigieux outil que la science mettait entre ses mains ? Assurément, en tout cela, il ne s'agissait pas de science au véritable sens du terme, et l'on n'eut jamais affaire qu'à un ramassis d'idées convenues sur le monde moderne, qui traînaient dans toutes les gazettes des pays développés et conséquemment au fond de la plupart des cervelles épiscopales. Mais ce ramassis présentait toutes les garanties et toutes les vertus de la science véritable, sans exiger pour autant le long et difficile apprentissage que requièrent d'ordinaire les disciplines rigoureuses pour un résultat qu'elles savent incertain. C'était assez cependant pour qu'on se crût dispensé de toute autre information et qu'on fît taire les quelques voix qui prétendaient parler au nom d'une connaissance plus directe et fruit de l'expérience. C'est ainsi que, pris au piège de l'objectivité « scientifique », on fut amené progressivement à ne voir dans les formes traditionnelles de la religion que des occasions de changement, et à ne penser l'historique que sous le mode de l'anachronique.

De cette véritable maladie qui, depuis plus de cinquante ans, affecte ce qu'on appelle l'esprit conciliaire, il n'y pas d'exemple plus éclatant, et plus douloureux, que la réforme liturgique, tant celle du rite de la messe que celle du calendrier liturgique.

On aura une idée de l'importance vraiment extraordinaire de cet événement si l'on observe – ce que nul ne saurait contester – que l'histoire bimillénaire du christianisme n'*offre aucun exemple d'un bouleversement comparable.* Jamais, au cours de l'histoire, l'autorité ecclésiastique ne prit la décision d'un changement d'une telle ampleur. Et parce que cela ne s'était jamais fait, cela non plus ne devait pas se faire. Cette simple considération aurait dû suffire à interdire la promulgation du nouveau rite de la messe. Mais tout au contraire, pour l'esprit moderniste, c'était un motif supplémentaire, tant est puissant l'attrait des nouveautés radicales, pour cette raison qu'elles nous donnent l'illusion d'être des commencements.

Est-ce donc aux besoins réellement constatés du peuple chrétien qu'obéissaient les réformateurs ? Ils obéissaient plutôt à l'idée qu'ils se faisaient de ces besoins, et plus encore, à l'idée de ce que ces besoins *devaient* être. Semblables aux médecins de Molière qui voulaient que leur patient fût malade « selon les règles », et qui tenaient pour rien la réalité de ses plaintes, ils décrétèrent que le peuple ne supportait plus le latin, que les prières au bas de l'autel étaient ridicules, que l'offertoire était trop long, que le canon romain était mal composé, que le prêtre devait regarder les fidèles, que l'agenouillement à la communion était humiliant, les signes de croix trop nombreux, que la messe des morts était inutile, les processions triomphalistes, le culte du Saint-Sacrement idolâtre et superstitieux, la vénération des saints et le cycle de leurs fêtes radicalement païens, sinon magiques, bref que de ce temple liturgique qu'avaient bâti vingt siècles de foi chrétienne, il ne devait rester pierre sur pierre.

En vérité, c'était les clercs eux-mêmes qui étaient las de marmonner du latin, de porter la soutane et de confesser de vieilles dames bavardes. Propriétaires du sacré, en vertu de la nature même de notre religion, ils allaient d'abord se faire plaisir à eux-mêmes, puisqu'après tout, c'était eux qui, chaque jour, célébraient la messe et que, du reste, les laïcs en seraient enchantés. On allait voir ce qu'on allait voir. Et l'on vit en effet les églises se vider…

Il eût été simple, pourtant, de comprendre que la tradition, c'est la vie, et que rompre une tradition, ce n'est pas seulement dangereux, mais tout simplement mortel. La tradition est la vie parce que la vie est tradition. Interrompre l'une, c'est tuer l'autre. L'homme sans tradition, réduit à l'insularité temporelle du moment présent, est une branche tombée que déserte peu à peu la sève originelle. Prenons l'arbre du christianisme et suivons sa croissance multiséculaire depuis ses racines invisibles, enfouies dans le sol nourricier de la Révélation judéo-chrétienne, jusqu'à la plus haute pointe de son dernier bourgeon. Que de changements et de variétés : le tronc est bien différent des racines, et les branches du tronc, et les feuilles des branches ; que de formes bizarres et tordues, que de mousse et de lichens adjacents et surajoutés ! Et cependant, comment la dernière feuille peut-elle être en communication avec la première racine ? D'une seule et unique façon : en la continuant. Mais supposons maintenant que cette feuille, qui a beaucoup étudié et qui a fait beaucoup d'histoire, constatant l'énorme différence qu'il y a entre la branche sur laquelle elle pousse et le pied de l'arbre qui porte le tronc et les branches, décide un « retour aux origines » au nom d'une plus grande fidélité. Elle s'arrachera au support qui lui donnait la vie, elle se rapprochera de la racine d'où l'être lui venait, mais ce sera pour s'y dessécher et y mourir.

Le peuple chrétien vivait ainsi sa religion présente, en suivant le pli des siècles et des habitudes sans mémoire. Car la vie est savoir inné et nouveauté de l'immuable. Elle ne s'apprend jamais. Être, pour elle, c'est connaître depuis toujours les lois de sa propre croissance, c'est épouser l'ordre rigoureux de son devenir, comme si elle l'inventait à mesure qu'elle s'y soumet, ou plutôt comme si tout à coup elle s'en souvenait à chaque fois. La vie est réminiscence. Assurément, parmi ces formes immémoriales, que d'excroissances, de parasites, de concrétions inutiles d'un passé tout récent et qui n'est légendaire qu'aux vertus de l'oubli ! Mais qu'importe ? La vie n'a pas la pureté des reconstructions idéales. C'est la mort qui nous restitue le squelette des corps jadis triomphants. La vie, elle, charrie le diamant avec la boue. Une seule chose lui est nécessaire : savoir où elle va. Allez donc improviser perpétuellement les chemins de vos pas, les cris de votre cœur, les gestes de vos rites ! Après l'euphorie du premier moment de liberté où l'on s'agite en tous sens, vient la lassitude et le désenchantement : la nouveauté vieillit très vite.

Quoi ! Plus jamais ? Plus jamais d'*Ave Maria* sur nos sentiers de printemps et de pétales de roses aux mains des jeunes filles, plus jamais de chasubles d'or élevant l'ostensoir du Soleil de Dieu sur nos fronts courbés, plus jamais la beauté d'une phrase latine, plus longue et plus soutenue que le vol d'une alouette montant vers le ciel, plus jamais de ces mots millénaires où le cœur entendait la voix des anciens pères et qui gardaient pour nous le trésor mystérieux de la Foi aussi sûrement et saintement qu'un tabernacle ? Tout cela est donc bien mort ? Et morts avec eux ces millions de chrétiens qui nous ont précédés dans le Christ et qui avaient prononcé les mêmes paroles que les nôtres, prié de même façon, fêté les mêmes saints, tous ces morts nos frères qui vivaient encore en nous, cette immense chaîne de mains enserrées qui remontaient jusqu'aux mains transpercées du Christ, toutes ces mains tendues par-dessus le fleuve du temps et solidement tenues, et fermement accrochées les unes aux autres, toutes ces mains croyantes et priantes, il faut donc les lâcher et les rejeter et trancher dans notre cœur tout ce qui nous a donné la vie ?

CHAPITRE XII

Linguistique : sens et signification[43]

En ce qui concerne le tétralemme [44]et sa supériorité sur la logique binaire du dilemme, il me semble qu'en somme on nous demande de choisir entre les deux. C'est le dilemme ou le tétralemme ? Ce qui est quelque peu contradictoire. Comme me le disait un collègue, professeur de logique : lorsque Lukasiewicz corrigeait les devoirs de ses étudiants sur sa logique trivalente, il mettait dans la marge « vrai » ou « faux ». Vous le signalez en passant, mais sans plus. Il me semble pourtant que cela même prouve que la logique humaine obéit au principe de contradiction, tout le problème consistant à savoir si on a affaire à une vraie contradiction, car peut-être n'a-t-on affaire qu'à des contraires, lesquels peuvent être niés en même temps. C'est ce que dit Kant, qui ne nie nullement le principe de contradiction, mais soutient que les antinomies sont de simples contraires bien qu'elles aient l'apparence – « apparence transcendantale » – de contradictoires. Nagarjuna serait-il d'accord ? Il me semble que oui, comme vous le laissez entendre p. 280. Au fond la question est de savoir si les lois de la logique – qui sont les mêmes partout – s'appliquent, ou non. Mais cette application ne relève pas de la logique, elle relève de l'intuition du réel, comme toute application d'une règle, comme tout passage de la théorie à la pratique.

---

[43] Extrait d'une lettre à Guy Bugault (30.X.95) à propos de son livre *L'Inde pense-t-elle ?* P. U. F. 1994, et des logiques qui prétendent échapper au dilemme « Si… alors », « ou bien, ou bien ».

[44] Alors que le dilemme est l'opposition de deux thèses, le « tétralemme » est l'opposition de quatre thèses.

Page 266, vous rappelez la distinction du *fact-system* et du *symbol-system*, ou encore du *sens* et de la *signification*. Cette distinction est commode et même très utile en bien des cas, mais elle ne me satisfait pas. Car il n'y aurait pas non plus de signification si le *symbol-system* ne pouvait pas être référé à un quelque chose, à un possible, c'est-à-dire à ce que j'appelle le référent intelligible. Autrement dit, la signification n'est que l'effet lexical d'un sens possible. « L'actuel roi de France est chauve » n'a de signification qu'en fonction du sens possible de cet énoncé. Ce qui est primaire, ce n'est pas le fonctionnement lexical et syntaxique du *symbol-system*, lequel est au contraire secondaire, mais le sens possible de l'énoncé, c'est-à-dire sa référence à un réel possible. J'entends « possible » non au sens d'éventuel, mais au sens de possible en soi. Autrement dit : *le roi* peut-il exister ? Oui. *La France* ? Oui. *La calvitie* ? Oui. *Actuel* ? Oui – et « actuel » signifie proprement : qui répond aux conditions présentes du réel et donc, simplement, il signifie *la* référence. Mais : l'actuel roi de France ? cela a-t-il un *sens* ?

Ah ! Toute la question est là. Toute la force de l'argumentation est là. C'est le syntagme : « l'*actuel*-roi-de-France qui oblige à discriminer entre le sens et la signification, puisque, n'y ayant point actuellement de roi de France, ce syntagme a bien une signification, il n'a pas de sens. Mais si je disais : le roi de France est chauve, cette proposition ne me permettrait pas de faire prendre conscience de la différence qu'il y a entre *symbol-system* et *fact-system*. Ce serait un énoncé sans référent, donc un pur exemple d'une proposition quelconque.

Mais « actuel » – qui appartient au *symbol-system* – *signifie* que l'objet de l'énoncé – le *fact-system* – est contemporain de l'énoncé. Autrement dit, « actuel » a la *signification* de *sens*, ce qui contredit à la distinction *symbol*-system/*fact-system*. Si Russel avait vécu au XVIIème siècle, il n'aurait pas pu nous faire saisir la différence entre les deux systèmes à l'aide de cet exemple, qui donc, par lui-même, ne prouve rien. Sa valeur d'exemple dépend seulement de la présence, dans l'énoncé, d'un terme à valeur référentielle.

Or « actuel », dans le syntagme « l'actuel-roi-de-France » n'a de signification que parce qu'il a eu un *sens* possible. Ainsi, c'est le sens (possible) qui fonde la signification. Mais, quand le sens est absolument impossible, y-a-t-il encore signification ? J'en doute. Si je dis : « l'actuel intestin du paratonnerre est chauve », cela a-t-il une *signification* ? Je ne crois pas. En somme la *signification* n'apparaît en tant que telle que lorsque le sens s'avère impossible. Et comment cela s'avère-t-il ainsi ? Sinon grâce à l'expérience – ou l'intuition – que j'ai du réel.

Si j'applique ces considérations aux antinomies du bouddhisme, je me demanderai : comment la question du « il y a » pourrait-elle se poser, si, précisément, *il n'y avait pas* ? S'il n'y avait rien, la question du *il y a* ne se poserait pas.

En d'autres termes, l'opposition du *il y a* et du *il n'y a pas* ne saurait être seulement de signification. Elle ne relève pas seulement du *symbol-system*, elle implique un sens possible. La question n'est pas purement formelle, on ne peut éviter de la poser *modo ontologico.*

Mais cela n'entraîne pas pour moi le rejet des stances de Nagarjuna. Elles signifient simplement (!) que le *il y a* ou le *Soi* n'ont pas le sens que nous leur donnons ordinairement, c'est-à-dire en fonction de notre ontologie ordinaire de référence. Je me sens même d'accord en profondeur avec ce grand penseur. J'ai toujours pensé – ou presque toujours… – que la dualité, dans la mesure même où elle est *possible*, implique la Non-Dualité, ou, si l'on veut, n'est pas dualiste. La Non-Affirmation absolue rend seule possible la multiplicité réelle des affirmations relatives.

Je suis d'accord, en profondeur. En surface, je suis perplexe. Je crois que le problème fondamental de toute doctrine radicale – et celle de Nagarjuna l'est – est celui de sa propre possibilité comme doctrine, celui de sa propre existence.

Une doctrine qui dit tout s'exclut elle-même, en tant que telle, du tout qu'elle dit. Et donc ne dit pas tout. Ou encore, si tout est nécessaire et intelligible, si tout se réduit à sa raison suffisante, quelle est la nécessité intelligible de la doctrine, et même du livre dans lequel s'énonce cette universelle intelligibilité. Comment rendre compte de cette contingence qui fait que la doctrine de l'universelle intelligibilité est apparue à tel moment, pas à tel autre, énoncé par tel philosophe et non tel autre, et qu'elle se trouve exposée dans tel livre, que j'ai actuellement entre les mains ? Et comment peut-on « entrer » dans une telle doctrine ? Étant totale, elle n'a ni commencement ni fin. Englobant tout, elle m'englobe moi et le livre que je tiens et qui la « contient » !

Ou encore, si la dialectique nagarjunienne soupçonne tout et questionne tous les « il y a », à qui s'adresse-t-elle et qui parle en elle ? Pas à moi, puisqu'il n'y a pas de moi ; et ce n'est pas Nagarjuna qui parle puisque quelque chose de tel qu'« il y a quelque chose de tel que Nagarjuna » n'est pas donné, est « *irrelevant* » comme diraient les Anglo-Saxons (=non pertinent). Lorsque Guy Bugault écrit : « considérons maintenant... », « Imaginons... », « Nous voyons maintenant... », etc., qui parle ? Et à qui ? Où se situent ce moi parlant et ces mois allocutaires ? Dans l'ontologie aristotélicienne ? Elle est récusée. Dans la méontologie nagarjunienne ? Elle récuse précisément la substantialité des « moi », pure illusion, et pourchasse cette illusion jusque dans ses retraites les plus cachées. Y a-t-il donc un entre-deux, un espace spéculatif, parfaitement neutre, ni « aristotélicien », ni « nagarjunien » ? Mais la dialectique nagarjunienne n'a-t-elle pas pour fin de faire « apparaître » la non-pertinence de ce *no man's land* ?

Vous voyez, cher Guy, combien vous m'avez fait penser, ou plutôt repenser, car je crois que Platon dit tout cela dans le *Sophiste*, et le parricide de Parménide. Si seul l'Être est, qu'en est-il du *logos* qui énonce cette proposition ? Ne fait-il qu'un avec l'Être ? Mais alors, je ne peux énoncer que l'Être, et finalement l'Être est l'esclave du *logos* : ce que disent les sophistes. Et si le *logos* est autre que l'Être, alors il n'est pas, puisque seul l'Être est. La solution est plus évidente que formulable.

Je ne reviens pas sur J. P. Changeux. Je persiste à croire que c'est lui faire beaucoup d'honneur que de l'admettre au titre d'interlocuteur valable du *madhyamika*. Ce n'est pas au nom d'un spiritualisme rémanent que je conteste la dignité philosophique à ses thèses, c'est au nom de la vérité scientifique : qu'est-ce qu'une cellule ? Et une molécule ? Et un atome ? Et un électron ? Qu'est-ce qu'un cerveau ? Quelle est son unité ontologique ? etc. En réalité, le langage de Changeux est tout aussi mythologique que celui du spiritualisme le plus naïf, et je ne vois pas au nom de quoi il jouirait d'une sorte de position de supériorité épistémologique, d'un préjugé favorable, celui du matérialiste fort qui a au moins le mérite de dégonfler les baudruches spiritualistes. Je tiens même pour objectivement certain qu'il y a plus de vérité dans les naïvetés spiritualistes que dans les pseudo-lucidités de l'anthropologie neuronale, laquelle ressortit du dogmatisme le plus abstrait et le plus borné, le plus illusoire.

TROISIÈME PARTIE

LA PHILOSOPHIE INTERROGE LA LOGIQUE

CHAPITRE XIII

Sur la nature « luciférienne » de l'informatique[45]

J'ai bien reçu le chapitre de logique sur le théorème de Gödel, et je vous en remercie. J'ai donc lu ce chapitre, du moins ce que j'ai pu en comprendre, car je peine à suivre une démonstration formalisée. Je connaissais évidemment les théorèmes de Gödel et de Skolem. La présentation que vous en donnez me paraît excellente[46].

Cependant, je demeure sur mes positions. Voici pourquoi. Quand je dis que, dans son fond, la démarche de la logique moderne est luciférienne, je n'entends pas du tout l'accuser de manœuvres souterraines et ténébreuses. Je constate objectivement un fait. Ce fait est le suivant. La logique est formelle. Mais le formalisme de la logique aristotélicienne est plus apparent que réel, et cela pour deux raisons : intrinsèquement les concepts qu'utilise cette logique – sujet, prédicat, majeure, mineure, grand terme, etc. – sont imprégnés de métaphysique. Extrinsèquement, il s'en faut de beaucoup que la valeur déductive d'une telle logique dépende uniquement des règles du raisonnement. Bien au contraire, elle dépend de la valeur de vérité des termes mis en relation. Je sais que tel syllogisme est faux – ou ne conclut pas – plutôt – mais pas uniquement bien sûr – parce que je connais la nature des termes que parce que les règles n'auraient pas été respectées. Bref, au sein de ce formel, on retrouve tout un « matériel ». Le logicien est autant guidé par la connaissance –intuitive ou empirique – qu'il a des termes en présence – Socrate/homme/mortel –, que par le mécanisme rigoureux des règles logiques.

[45] Lettre à François Chenique (15.V.1973).

[46] Chapitre publié dans *Comprendre la logique moderne* : Dunod, 1974, 1, p. 237.

De même, en mathématique, le mathématicien classique se laisse autant guider par l'intuition de la nature des êtres mathématiques – figures ou nombres – que par le pur raisonnement. Dans un cas comme dans l'autre, il y a un donné – empirique ou intuitif.

La logique – et les mathématiques – moderne[s] a pris naissance – à commencer chez Leibniz – lorsqu'on s'est demandé : comment construire un mécanisme logique qui permettrait de conclure à coup sûr ? Les modernes ont résolu ce problème en le retournant : travailler sur des termes purement symboliques, c'est-à-dire dénués de toute signification, donc ne pouvant être l'objet d'aucune intuition. L'intuition ainsi éliminée, on est assuré que seules pourront jouer entre ces termes les pures relations logiques. Comme la signification d'un terme se ramène à sa valeur de vérité – c'est-à-dire rapport entre le terme et son objet dans la réalité –, éliminer la signification revient à définir des relations logiques valables indépendamment de la vérité ou de la fausseté des termes, donc à affecter les termes de la valeur VRAI et de la valeur FAUX, en vue d'éliminer les relations qui dépendraient de ces variations, et à conserver les autres. Lorsque, maintenant, un raisonnement quelconque – en philo, en math, en physique – peut être mis sous une telle forme, ou encore peut être ainsi formalisé – tautologie chez Carnap –, on possède un critère décisif de la pure cohérence rationnelle.

Voilà ce que j'ai compris à la logique moderne. J'en conclus : qu'elle est beaucoup plus rigoureuse – formellement parlant – que la logique d'Aristote. Je ne nie absolument pas tous les « progrès » qu'elle a ainsi pu réaliser ni ses applications.

Je sais que de toute manière, cette entreprise ne peut pas aboutir parfaitement, qu'on ne peut entièrement formaliser un texte logique et que, même, Skolem et Gödel – et d'autres – ont démontré cette impossibilité. Donc, il demeure des oasis d'intuition : par exemple, en mathématiques, l'intuition que nous avons de la continuité de l'espace – son indéfinie divisibilité –, ou bien la notion de nombre premier qui est inconstructible.

Mais j'en conclus aussi que cette entreprise consiste à éliminer l'intuition, c'est-à-dire le donné. Or le donné, c'est le don, et le don c'est la grâce. Le refus de la grâce définit très exactement l'attitude luciférienne. J'entends bien qu'il s'agit d'une grâce « naturelle ». Le donné intuitif – sensible, mental, intellectif – représente la grâce dans l'ordre de la connaissance naturelle. Il est évident que l'entreprise de formalisation radicale ne peut aboutir, parce qu'elle équivaudrait à la réalisation effective de Lucifer – sur le plan de la connaissance. Or cette réalisation – de ce qui en soi est non réel – est une contradiction. Lucifer ne peut être qu'une tendance vers le néant. Mais reconnaître que la tendance luciférienne ne peut aboutir ne change rien à son *sens*. Il résulte de tout cela, non pas que les logiciens modernes ou les mathématiciens sont des Lucifer, non pas que la logique moderne soit fausse, non pas que faire de la logique moderne soit se livrer à une activité satanique, mais que, en toute objectivité, on est bien obligé d'admettre que la tendance animatrice de la logique moderne est luciférienne.

Pour échapper à ce jugement, il ne suffit pas que la logique reconnaisse elle-même ses propres limites. C'est même d'une certaine manière un alibi. Que la logique fasse sa critique, c'est bien. Cela n'empêche qu'à l'intérieur de son domaine ainsi délimité, elle manifeste une tendance proprement luciférienne. Cette tendance est inhérente à toute entreprise humaine. Dans les siècles traditionnels elle est en partie contrebalancée par une tendance opposée : les imperfections – formelles – d'Aristote constituent un avantage – du point de vue métaphysique. Rien ni personne ne peut empêcher l'esprit animateur de l'entreprise logique de se répandre à l'extérieur. Un exemple indubitable est offert par l'utilisation de plus en plus massive des ordinateurs. L'ordinateur n'est qu'un instrument, oui. Mais, pour que cet instrument soit utile – et utilisable – il faut transformer l'information pour qu'elle soit traitable par ordinateur. Transformer l'information exige souvent qu'on transforme non seulement la matière de l'information, mais aussi les services qui fournissent l'information non transformée.

Cette transformation des services à l'intérieur d'une entreprise s'accompagne d'une transformation de toutes les entreprises entre elles. Les ordinateurs étant de plus en plus intégrés, l'économie, l'industrie, les plans, etc., étant de plus en plus traités par ordinateurs, c'est en définitive la société tout entière qui doit *s'adapter* à l'ordinateur. Le moyen transforme son utilisateur.

Tout cela est évident pour le métaphysicien. Qu'un polytechnicien se moque quand un philosophe nébuleux parle du luciférianisme de la logique moderne, c'est normal. Mais je me permettrai de penser qu'il n'a rigoureusement rien compris à cette affirmation. « Abruti » par 10 ans de mathématiques modernes, il est tout juste capable de comprendre Astérix ou Éric Ségal.

Je connais des logiciens. Ce sont de « doux fanatiques ». Ils font 10 heures de logique par jour, depuis des années. Ils protesteraient violemment sans doute en lisant cette lettre. Mais tout cela ne change rien à la nature des choses.

CHAPITRE XIV

Variations philosophiques sur la notion de possible[47]

1. – L'*exposé logique* que vous donnez sur la question du possible est excellent, et je suis à peu près d'accord avec ce que vous dites[48]. Cependant, là où nous divergeons considérablement, c'est précisément à propos de la fonction que vous accordez à la logique et que je ne lui reconnais nullement. Il y va même de toute la métaphysique. Ordonner des concepts les uns par rapport aux autres, préciser le vocabulaire et les relations que les termes soutiennent entre eux est assurément important.

Mais croire qu'alors le travail est terminé et qu'il suffit d'appliquer les règles fixées pour avoir le droit de faire de la métaphysique est une erreur complète. En métaphysique, il n'y a pas de règle, d'assurance, de protection. On pense réellement ou au contraire on récite une grammaire et on manque l'essentiel. Penser réellement, c'est viser l'intellection d'une essence, et c'est *toujours risqué*, car on peut se tromper. Aucune fonction logique, aucun fonctionnement ou application d'une grammaire spéculative quelconque, ne peut se substituer à cet acte *sui generis* qui s'appelle penser. Qui n'a pas compris cela, n'a pas encore accompli le moindre pas dans la philosophie. Il peut manier des règles autant qu'il voudra, il n'aura jamais accès à la moindre pensée véritable, sans même parler de métaphysique.

---

[47] Lettre à François Chenique, 5. VI. 1984.

[48] *Éléments de logique classique*, Dunod, 1975.

De ce point de vue, le premier adversaire de la métaphysique, c'est la logique, parce qu'elle crée l'illusion qu'il y a des règles *formelles* du vrai et du faux, qu'il suffirait d'observer pour penser avec assurance.

C'est pourquoi Aristote est le premier « anti-métaphysicien » qui ait paru en Occident, non seulement parce qu'il a refusé la doctrine des Idées – qu'il n'a pas comprise, semble-t-il –, mais surtout parce qu'il a déclaré qu'il fallait commencer par l'analytique, ce qui revient à affirmer la juridiction de la logique sur la métaphysique.

Évidemment, je ne vise ici que la logique comme technique formalisée du discours légitime et non la logique en soi, c'est-à-dire la cohérence normative de la pensée avec elle-même. Fort heureusement, d'ailleurs, Aristote est aussi un philosophe, et sa pensée vivante et interrogeante transgresse perpétuellement les cadres de l'analytique. On peut même dire que, chez lui, la problématique philosophique naît, presque toujours, de l'inadéquation constatée entre la logique des concepts de l'analytique et la réalité des objets de connaissance. Il y aurait beaucoup à dire à cet égard, mais je n'en ai pas le temps[49].

Il résulte en tout cas des considérations précédentes, concernant notre sujet, qu'il ne suffit pas d'enregistrer les diverses définitions du possible, mais qu'il faut encore se demander : un possible, qu'est-ce que c'est ? Se le demander *soi-même*, et s'efforcer d'y répondre. Bref, il faut en découvrir le sens – ou l'essence –, car la question philosophique est celle du sens.

2. – La recherche de ce sens peut s'effectuer d'une manière purement réflexive, ou bien s'aider de l'histoire des idées, car l'idée de possible a une histoire. La logique ne vient qu'après pour formaliser et systématiser des usages (travail qui peut d'ailleurs mettre à jour des contradictions inaperçues).

---

[49] J'ajoute que les travaux récents, depuis une vingtaine d'années, sont en train de modifier l'image classique de l'aristotélisme.

Il me semble que, pour la simple réflexion, la possibilité signifie la capacité d'être ou d'agir, quel que soit cet être et cette capacité, sinon on ne voit pas pourquoi on parlerait de « possible ». Et, comme on l'a souvent remarqué, cette capacité prend son sens de l'impossibilité. Autrement dit, si je regarde les choses telles qu'elles sont, je n'y vois que de l'existence, ce qui ne suffit pas à me donner l'idée de possibilité. Mais je fais aussi l'expérience du devenir : il y a des choses qui arrivent. Avons-nous là l'idée du possible ? Non, point encore, car je peux seulement dire : il y a, il y a, etc., chacun de ces « il y a » étant un événement unique, un existant.

Mais l'idée du possible surgit lorsque je m'aperçois qu'*il n'y a pas* ou que je ne peux pas n'importe quoi, qu'ainsi des milliers d'événements sont impossibles, ne se produisent jamais, et *donc* seulement que certains sont possibles, ce qui signifie : il n'est pas *impossible* qu'ils se produisent. Le possible apparaît donc lorsque j'établis une relation entre deux réalités successives – ou entre deux états successifs – telles qu'il n'est pas impossible que l'une succède à l'autre. La réalité ou l'état « succédant » pourra être dit « possible », c'est-à-dire non impossible.

Cependant, par une réflexion supplémentaire, je reconnais que cette impossibilité, qui constitue ce à partir de quoi le possible prend sens, peut revêtir deux formes, l'une positive, l'autre négative, toutes deux exclusives du possible : « impossible que cela soit », « impossible que cela ne soit pas ». De là vient l'idée de nécessité. Le possible se contre-distingue ainsi doublement.

Mais s'agit-il de la même opposition, dans l'un et l'autre cas ? Là est toute la question, que la logique résout, d'une certaine façon, en distinguant contradictoire et contraire – mais il faut comprendre ce que cela signifie.

Convenons d'abord d'appeler *nécessité* l'impossibilité positive : impossible que cela ne soit pas, et *impossibilité* négative : impossible que cela soit. On voit alors que l'impossibilité s'oppose plus radicalement à la possibilité que ne le fait la nécessité. Car si un succédant est impossible, il n'est ni possible ni nécessaire. Il en résulte : d'une part que ce n'est pas à partir de la notion de possibilité – comme vous le soutenez – que peuvent s'exprimer tous les modes des propositions, mais à partir de celle d'impossibilité. D'autre part, je découvre que le possible qui s'oppose à l'impossibilité n'est pas tout à fait le même que celui qui s'oppose à la nécessité, et cette distinction demande à être approfondie.

Ce qui est possible, relativement à l'impossible, c'est ce qui peut être. Mais, disant cela, je ne dis pas exactement la même chose qu'en affirmant que ce qui n'est pas nécessaire est néanmoins possible.

Examinons d'abord le 2ème cas. Ce qui n'est pas nécessaire, c'est ce qui pourrait ne pas être : l'intention, ici, pointe vers l'éventualité d'une existence, c'est-à-dire de son « arrivée » dans l'espace-temps ; elle désigne donc sa *contingence*, que l'on formule ordinairement : ce qui peut être ou ne pas être. Dans cette formule, il faudrait souligner, non le « peut », mais le *« être-ou-ne-pas-être »*. La possibilité-contingence exprime simplement la non-incompatibilité entre tel existant et tel cadre existentiel, ce que René Guénon appelle un degré ou un domaine d'existence défini par un certain nombre de conditions. C'est la possibilité relative ou extrinsèque ou conditionnelle.

Cette possibilité conditionnelle me met évidemment sur la voie d'une autre possibilité, la possibilité absolue ou intrinsèque ou inconditionnelle. Faisant retour en effet sur l'idée de non-impossibilité pure et simple, me demandant ce que je pense quand je pense cela, je m'aperçois qu'ici l'intention pointe vers la non-contradiction d'une nature ou essence. Ce qui est absolument impossible, c'est ce qui implique contradiction ; et donc, ce qui n'est pas impossible, absolument, c'est ce qui « n'implique pas » – comme disent les logiciens = sous-entendu ce qui n'implique pas contradiction –, c'est ce qui *peut* véritablement être. Dans cette formule, il faut souligner le *peut*.

Or, cette idée est étonnante, difficile. Si en effet le possible c'est seulement ce qui « peut-être », quelle est donc sa réalité ? Comment ce qui n'est pas encore posséderait-il un pouvoir quelconque ?

Que dit-on quand on dit cela ? Qu'est-ce qu'une *capacité d'être* ? Une telle expression a-t-elle un sens ?

Assurément, elle en a un, puisque je la pense, et même que je ne peux pas penser autrement. Ainsi, qu'on me demande si demain je rencontrerai un chat ou s'il pleuvra, je répondrai que je n'en sais rien, que cela est bien possible, c'est-à-dire contingent, contingence qui, d'ailleurs, ne concerne pas seulement le futur, mais aussi le présent, dans la mesure même où tout ce qui est fut une éventualité par rapport aux conditions générales d'existence. Mais si l'on me demande : « rencontrerez-vous un bouc-cerf, un lapin à cornes, un cercle-carré ? », je réponds, sans hésiter : « non, cela est impossible, je le sais d'avance ». Cela ne dépend d'aucune condition d'existence, d'aucune éventualité.

Sans doute, objectera-t-on, mais penser l'impossibilité du cercle-carré, ou du vertébré gazeux, est-ce penser aussi la possibilité du cercle, ou du carré, ou du vertébré osseux ? Autrement dit, l'idée d'une possibilité en soi a-t-elle un sens ? La possibilité absolue ne se réduit-elle pas à la non-impossibilité ? Puis-je penser la possibilité du cercle indépendamment du cercle ? Ne se réduit-elle pas à la pensée du cercle ? Certainement. Mais alors, qu'y a-t-il de « possible » dans cette pensée ? À quoi bon maintenir cette notion, et pourquoi ne pas parler simplement du concept ou de l'essence du cercle ? Que disons-nous de plus quand nous considérons cette essence comme un « possible » ?

3. – Il ne me paraît pas souhaitable de poursuivre cette réflexion sans l'aide de l'histoire de la philosophie, car elle nous renseigne de manière significative. Et le philosophe ne s'instruit pas seulement en réfléchissant sur sa propre expérience mentale, mais aussi en prenant connaissance de la manière dont les plus grands esprits ont réfléchi sur la leur.

Rappelons d'abord la conclusion du paragraphe précédent : le possible n'a de sens que par opposition à une double impossibilité :

impossibilité négative, contre quoi se définit la possibilité-non contradiction, et impossibilité positive – ou nécessité –, par rapport à quoi se définit la possibilité-contingence.

Or, si l'on voit aisément pourquoi la contingence peut être appelée possibilité, il est plus difficile de l'admettre pour la non-contradiction.

Pour déclarer le cercle possible, il faudrait que je parte de son éventuelle impossibilité, et que j'en démontre la possibilité. Mais cela n'a aucun sens. Je constate l'existence idéelle – ou essence – du cercle.

La possibilité du cercle, c'est seulement la possibilité pour moi de le penser ; ce n'est donc pas la sienne propre, mais la mienne relativement à lui. Le possible, en ce sens, c'est « l'intelligeable », c'est-à-dire ce qui peut être objet d'intellection, le concevable. La capacité d'être pensé n'est pas dans le cercle, mais en moi. Le cercle, lui, est en acte et se pense en moi. C'est donc seulement par rapport à sa réalisation mentale que l'essence du cercle peut être dite possible ; mais cette essence en soi *est*, éternellement.

La notion du possible n'est ainsi pas séparable de celle du « réalisable », et l'on voit que le possible-non contradiction est toujours associé au possible-contingence, car, après tout, que le cercle se réalise dans ma pensée ou sur du papier – ou dans une matière quelconque –, c'est toujours une réalisation.

Autrement dit la possibilité se présente comme tension dialectique entre deux pôles – un pôle essence, un pôle existence – sans que l'un soit jamais isolé de l'autre : la possibilité-essence n'est pas sans rapport à une certaine contingence[50]. Ou encore : la possibilité est toujours relative, et c'est pourquoi il est difficile de parler d'une possibilité absolue, ou pure.

Mais l'inverse est également vrai : la possibilité-contingence implique la possibilité-non-contradiction dans la mesure où ne peut

[50] Ce qui n'est pas sans rapport avec la thèse cartésienne de la création des vérités éternelles

se réaliser que ce qui est réalisable, c'est-à-dire ce qui est intrinsèquement possible. Et la possibilité-essence commande la possibilité-contingence. La possibilité-essence est donc nécessaire par rapport à la possibilité-contingence : ne peut arriver ou se produire que ce qui est possible en soi. Et, du reste, une telle possibilité ne concerne pas seulement l'être-possible envisagé en lui-même, mais aussi sa réalisation dans un domaine déterminé, car dès lors que telle chose peut se produire et n'est pas contingemment impossible, c'est bien en vertu, également, d'une non-contradiction entre l'être et les conditions d'existence définissant le domaine en question. De ce point de vue, ne pourrait-on pas réduire tout simplement la possibilité-contingence à la possibilité-non-contradiction ?

Cette remarque nous oblige à approfondir notre notion de la contingence. Car, à la suivre jusqu'à son terme, elle aboutit à sa disparition. C'est d'ailleurs, semble-t-il, la pensée d'Aristote.

Tout ce qui est possible doit arriver, sinon, si un possible ne peut pas arriver, c'est qu'il est impossible. « Il est impossible qu'une chose corruptible – qui a la possibilité de corruption – ne soit pas détruite à un moment donné »[51]. Comme le fait remarquer Aubenque « Aristote ignore le mystère des possibles qui n'arriveront jamais »[52]. S. Thomas d'Aquin n'en juge pas autrement, du moins pour ce qui regarde l'ordre naturel – le seul que nous ayons jusqu'ici pris en considération ; par exemple, il écrit : « il appartient à la nature même des choses que les êtres qui ont la possibilité de défaillir défaillent quelquefois »[53]. Ce que Sertillanges commente ainsi : « Une chose qui pourrait soi-disant se produire et qui ne se produirait jamais, ne pourrait pas, en réalité, se produire, si l'on parle d'un pouvoir réel, objectif, fondé en nature »[54]. Il suffit d'attendre *assez longtemps*.

---

[51] *Du Ciel*, I, 12, 283 à 24.

[52] *Le problème de l'Être chez Aristote*, p. 91.

[53] *S. Th.* I, q. 48, a. 2.

[54] S. Thomas *La création*, p. 218.

Mais alors la notion de contingence disparaît et se transforme en nécessité. Nous voyions tout à l'heure la possibilité-non-contradiction se réduire à la possibilité-contingence, nous voyons maintenant l'inverse se produire. Mais un possible sans contingence n'est pas un possible. C'est un actuel intemporel.

C'est pourquoi on ne saurait rendre compte de tout ce qu'implique la notion de possible sans faire intervenir celle de création, et de création *ex nihilo*.

Elle seule donne à la notion d'être sa pleine signification positive : l'être, c'est le « hors néant », le « hors du rien », *l'ex nihilo* – en même temps qu'elle éclaire la notion guénonienne de « possibilité de non-manifestation », notion curieuse et même contradictoire, puisque possible signifie « ce qui peut être ».

Au demeurant, quelle différence y a-t-il entre « possibilité de non-manifestation » et « impossibilité de manifestation ? »

Mais cette notion difficile devient intelligible si l'on se réfère à la notion de création. S. Thomas d'Aquin fait remarquer que la création est nécessairement finie, alors que le Créateur, Dieu, est infini. Il y a donc une infinité de possibles qui ne seront jamais créés. Enfin, le fait de la création donne sens à cette idée de la *contingence suprême* que j'ai tenté de faire entendre, en mettant à la racine ontologique de tous les êtres le mystère insondable de la liberté divine.

[5. VI. 84 et 5. VIII. 2019]

CHAPITRE XV

Du principe de non-contradiction (I)[55]

Ce physicien contemporain, jugeant que la physique quantique montre que la matière n'obéit pas au principe de contradiction – A ne peut être non-A –, propose d'en tirer la conséquence en logique[56]. Il faut renoncer aux principes d'identité, de contradiction et du tiers exclu. Ce passage de la microphysique à la logique nous paraît indu.

Il faut distinguer plusieurs niveaux du problème.

Il y a d'abord le niveau du savoir en sciences. Certains résultats de la physique, de la biologie et de la cybernétique doivent être connus pour comprendre de quoi il s'agit. Je renvoie ici à ce que je dis dans *Amour et Vérité* [57] sur le second principe de la thermo-dynamique et l'entropie croissante (Carnot – Clausius). 4 étapes dans cette histoire :

1. – le principe d'entropie ;

2. – la théorie cinétique des gaz (Maxwell) qui montre que tout gaz tend vers un état d'équilibre ;

3. – Boltzmann réunit les deux et l'exprime en langage probabiliste : l'état le plus probable est l'état entropique (S = k logP) ou encore : il est équivalent de parler d'entropie ou d'état le plus probable ;

[55] Deux réponses à Stéphane Lupasco.

[56] *Le principe d'antagonisme et la logique de l'énergie*, Hermann éditeur.

[57] *Amour et Vérité*, coll. Théôria, L'Harmattan, 2011, pp. 31-33.

4. – enfin Wiener, Von Neumann, Brillouin montrent qu'on peut exprimer cette loi en termes d'information : entropie = probabilité de l'information. Exemple grossier :

• Année 0 : un bac contenant :

à droite poudre noire / à gauche poudre blanche : je distingue 2 poudres → quantité d'information prélevable: 2

• Année + (infini) : le même bac. Les 2 poudres se sont mélangées, et jamais le phénomène inverse ne se produira.

– Je ne vois plus qu'une poudre grise ;

– quantité d'information prélevable: 1 ou même zéro, car le bac lui-même finira par disparaître et ne plus se distinguer du reste du monde.

La relation d'incertitude de Heisenberg signifie qu'en *microphysique* l'incertitude sur la position de la particule est reliée à l'incertitude sur la vitesse par une relation inverse : autrement dit : ou bien je connais la position et j'ignore la vitesse, ou bien l'inverse. Cette relation s'exprime aussi en langage probabiliste, mais je ne puis en dire plus.

En *biologie* : tous les systèmes fonctionnent en *feed-back*, c'est-à-dire qu'ils sont homéostatiques – types = la chaleur du corps, etc. – et donc tendent à réaliser un équilibre homéostatique, tout à fait différent de l'équilibre entropique qui est l'équilibre du nivellement, tandis que l'homéostase est l'équilibre des tensions.

La *cybernétique* imite mécaniquement les systèmes à bio-feed-back. Il faut lire le livre de Ruyer : *La cybernétique et l'origine de l'information.* Un thermostat de chaudière à charbon est un bon exemple. En tout cela, Lupasco a raison. Mais…

Il y a le niveau de la *logique.* Que vient-elle faire ici ? Je crois que Lupasco se trompe. Pourquoi ?

En réalité, il ne s'agit pas de logique au *sens formel* du terme. Le langage symbolisé et vaguement formalisé dans lequel il exprime sa thèse n'est pas une nouvelle logique qui s'opposerait à la logique classique, parce que ce n'est pas du tout une logique. Le mot ici devrait être pris en un sens plutôt métaphorique, comme lorsqu'on parle de la logique d'un comportement. Il s'agit simplement d'exprimer les thèses essentielles du « système » lupasquien à leur niveau le plus abstrait et le plus général, et non pas d'élaborer les bases d'une nouvelle règle de la déduction, ou d'un nouveau calcul des propositions. D'ailleurs ces règles formelles – celles de Lupasco – régissent les choses, et non les lois du raisonnement comme la logique classique.

On pourrait objecter que les unes s'identifient aux autres, que les lois de l'être sont aussi celles de la raison, particulièrement pour ce qui est des principes d'identité, de non-contradiction, du tiers-exclu. Assurément. Mais autre chose est l'usage *philosophique* des principes, autre chose leur usage *logique*. Lupasco fait de la philosophie.

Au demeurant – et pour répondre à une 2ème objection – on ne voit pas très bien en quoi son système s'oppose à la logique classique, en quoi il contredit l'identité, ou la non-contradiction. Il ne la contredit pas, puisqu'il en fait le ressort de sa dialectique. Mais personne n'a jamais dit le contraire. Nul n'a prétendu que la contradiction, *in re*, était pure impossibilité. Bien au contraire.

Au reste, s'agit-il bien alors de contradiction au sens logique du terme ? Certainement pas : il s'agit plutôt d'antithèses que de négations totales. Il faudrait savoir si par exemple *non a* signifie : le contraire de *a*, son opposé, ou bien l'absence de *a*. Ce qui est tout différent. Le second cas seul est celui de la contradiction au sens propre ; or, on ne voit pas, dans le système de Lupasco, que la non-contradiction qui implique que *a* ne peut pas être en même temps *non a* soit niée. Au contraire : la potentialisation n'est pas l'actualisation.

Puisqu'il est favorable – à juste titre – à l'hétérogène, il devrait dire que l'hétérogène implique la non-identité des contradictoires. C'est en effet seulement si *a* était identique à *non a* qu'il y aurait homogénéité et indistinction.

Toutefois, il est vrai que la logique, si on veut la situer par rapport à une métaphysique, peut être considérée comme une *limite*, comme un volume réduit à sa surface d'enveloppement.

5. – Le niveau *métaphysique*. C'est ce qui manque ici. Il faudrait relire le *Parménide* ; tout y est déjà énoncé.
Logique : L'être n'est pas le non-être.
Métaphysique : le non-être ne laisse pas d'être d'une certaine manière. Cf. L'Un et le multiple, etc. Et surtout Lupasco ne voit pas que sa définition du système, à tous les niveaux – physique, biologique, social, etc. –, manque d'une condition préalable, c'est que le système existe, soit donné : la chaudière à thermostat existe d'abord comme un *tout* dans la tête de l'ingénieur *qui survole synthétiquement la tension dialectique des contraires*. C'est l'idée qui tient les éléments opposés ensemble. La régulation homéostatique n'est pas un *résultat immanent*. Elle préexiste nécessairement à ses éléments et de même pour tous les autres systèmes. Tout cela est symbolisé dans le *Yin-Yang*.

6. – *Conclusion*

On peut être un peintre célèbre, un physicien réputé… et vouloir démolir la logique d'Aristote à l'aide de la logique d'Aristote, car si Georges Mathieu et Stéphane Lupasco n'utilisaient pas cette logique pour écrire ou parler, personne ne comprendrait rien à ce qu'ils disent ! Aucun informaticien ne pourrait ainsi se mettre en contradiction avec lui-même, car ses programmes ne marcheraient jamais !

CHAPITRE XVI

Du principe de non-contradiction (II)

1. – Quant à la logique

La logique est la science du raisonnement correct. Elle est nécessairement *formelle*, elle n'a égard qu'à la forme du raisonnement et non à son contenu ou sa matière. La conformité des propositions avec la réalité ne la concerne pas directement.

La *formalisation* est un moyen de radicaliser le caractère formel de la logique, puisqu'en remplaçant partout les termes et les relations dont traite la logique par des « symboles » dépourvus de signification, on est assuré, d'une manière quasi automatique, de ne faire intervenir dans cette science que des exigences de nature purement déductive. Si j'ignore tout de S et de P – ou de P et Q –, il est clair que les relations qui s'établissent entre eux sont uniquement fonction d'exigences rationnelles, et non point du *savoir* – expérimental ou intuitif – que je peux posséder sur P et Q. La formalisation est donc *l'épreuve* décisive de la correction du discours logique.

2. – La « logique » de Lupasco

La définition que nous avons rappelée est la seule qui soit acceptée par les logiciens – à quelques nuances près, mais qui ne changent rien à l'essentiel.

Ce n'est pas en ce sens que Lupasco parle de la logique de la micro-physique, ou le Dr Schnetzler[58] de la logique du rêve.

[58] Jean-Pierre Schnetzler (1929-2009) fut l'un des pionniers de l'introduction du bouddhisme en France. Médecin psychiatre et psychanalyste, écrivain, philosophe, pratiquant bouddhiste et enseignant de la méditation, il fut également le fondateur du Centre d'Études Tibétaines de Montchardon, dans le Vercors. [NdE]

Leur « logique » n'est pas une science du raisonnement correct. Elle est une *description* plus ou moins bien formalisée du *fonctionnement* d'un système déterminé – système micro-physique, ou système du rêve. Par elle-même une telle « logique » ne prouve rien, ni pour, ni contre la logique aristotélicienne. En effet, elle procède à l'inverse de la logique véritable.

Elle formalise ce qu'on appelle maintenant logique – d'une manière d'ailleurs souvent contestable, et pour des raisons qui tiennent au prestige de la vraie logique moderne, réputée science pure des termes et des relations qu'ils soutiennent –, en partant de ce qui se passe *in concreto*, dans la réalité des choses expérimentées. Ils vont du concret à la formalisation abstraite, alors que la logique part de la formalisation abstraite pour aller éventuellement au concret. En fait, d'ailleurs, la science de la logique ne s'applique pas directement au concret ; elle ne s'applique qu'à tel discours scientifique sur le concret, discours par rapport auquel elle joue le rôle de critère normatif de rationalité. Autrement dit : si tel discours scientifique peut être mis en rapport avec – et finalement même réduit à – une proposition du discours logique, c'est-à-dire à une proposition déjà formulée, et résultant uniquement du développement de ce discours logique, alors la rationalité de ce discours scientifique peut être établie. Rappelons que, pour Aristote, la logique n'est pas une science mais un *instrument*, car la science connaît les êtres et les choses réelles, la logique porte sur des abstractions.

3. – Le principe de non-contradiction

Parmi les lois les plus fondamentales du discours logique, chez Aristote, la plus importante et la première, est le principe de non-contradiction « qui est le plus ferme de tous », dit Aristote, et qu'il énonce ainsi : « *Il est impossible que le même attribut appartienne et n'appartienne pas en même temps, au même sujet, et sous le même rapport* »[59], car il est évidemment possible de dire de Pierre qu'il est animal et non animal, animal selon le genre prochain, non animal

[59] Méta., I, 3, 1005 b.

(= raisonnable) selon la différence spécifique, « pourvu que l'on accorde que l'homme est animal et non animal »[60], mais pas sous le même rapport.

Cette loi du discours logique vaut également du point de vue ontologique et c'est même parce qu'elle est vraie ontologiquement qu'elle est vraie logiquement. Ce principe est perçu intuitivement et ne peut être démontré. Il n'y a donc pas de science – démonstrative – du principe de non-contradiction. On peut seulement réfuter sa négation. Exemple : soit la proposition « le principe de non-contradiction est faux » ; s'il est faux, alors le vrai n'étant plus contradictoire du faux, on peut aussi bien affirmer qu'il est vrai ; la négation du principe de non-contradiction équivaut, en vertu même de cette négation, à son affirmation. Donc il est vrai – ou bien aucune proposition n'a de sens, mais non plus celles de Lupasco et du Dr Schnetzler. Il n'est donc au pouvoir d'aucun discours au monde de se contredire, c'est-à-dire d'affirmer et nier un même prédicat du même sujet, en même temps et sous le même rapport.

Cette impossibilité découle de la nature des choses. Ou bien je parle pour dire quelque chose, ou bien je parle pour ne rien dire. Ne rien dire équivaut à ne pas parler du tout. Donc toute parole véritable s'efforce de se conformer à la réalité. Quelle est donc l'exigence ontologique qu'exprime pour le discours, le principe de non-contradiction ?

Celle-ci : dans le cas où l'on a affaire à un être véritable et à un attribut véritable, le principe de non-contradiction vaut, c'est-à-dire exprime une exigence même de l'être en question. Ou encore, et très simplement : pour parler vraiment, il faut parler de quelque chose ; pour parler de quelque chose, il faut que ce quelque-chose existe ; pour qu'il existe, il faut qu'il soit un, car, comme le dit Leibniz : « un être qui n'est pas *un* être, n'est pas non plus un *être* ».

[60] *Anal. Post.* I, 11, 77 a.

Là est le nœud de la question. Avant d'en dire un mot, et de résoudre ainsi certaines difficultés, nous voudrions énoncer la conclusion qui se dégage de ce paragraphe : *la validité du principe de non-contradiction est universelle.*

4. – Résolution philosophique des difficultés soulevées par la micro-physique (Lupasco) ou par le rêve (Dr Schnetzler), et même, éventuellement, par le bouddhisme

Le caractère ontologique du principe de non-contradiction implique-t-il une négation de toute hétérogénéité réelle, comme le dit Lupasco ? La logique d'Aristote conduit-elle à un univers d'où toute contradiction est bannie ? Absolument pas. Il y a évidemment des oppositions contradictoires dans la nature, en particulier pour certains processus de changements : « le changement selon la génération et le changement selon la corruption ne sont pas des mouvements, mais des changements de contradictoire à contradictoire, c'est-à-dire de non-sujet à sujet, et de sujet à non-sujet »[61]. Ainsi la contradiction règne dans tout ce qui est soumis à la génération et à la corruption, c'est-à-dire dans le monde du *devenir*. Le principe de non-contradiction exprime une exigence de l'*être* quant à la science, au sens véritable du terme, *id est* (c'est-à-dire) la science métaphysique, qui est connaissance de ce qui est.

Il résulte de cette double observation concernant l'être et le devenir que la contradiction que l'on constate dans la nature ne saurait être absolue. Elle est vraie à un certain niveau, mais elle ne l'est pas à tous les niveaux de réalité. Une contradiction absolument absolue équivaudrait en effet à l'absence de contradiction.

On peut maintenant se demander : les découvertes de la micro-physique ou de la « logique » onirique excluent-elles la logique aristotélicienne ? On peut déjà objecter qu'elles ne l'excluent que si elles la contredisent, et donc que cette exclusion implique la validité du principe de non-contradiction.

Ensuite il faut se poser les questions suivantes :

---

[61] Méta., K, II, 1068 a 1.

• *À propos de la microphysique* : la corrélation dialectique de deux états opposés de la « matière » est peut-être contradictoire ; mais implique-t-elle une logique admettant la contradiction ? Non, puisque ce n'est pas en même temps et sous le même rapport qu'on peut attribuer ces deux états opposés de la même « matière ».

• *À propos du rêve* : l'ignorance – ou la violation – du principe de non-contradiction dans le rêve implique-t-elle que vaut pour lui une logique non-aristotélicienne ? Non, car ce n'est pas à un même sujet, au sens véritable du terme, que sont attribués des prédicats opposés ; le rêve ne constitue pas un cas véritable de violation du principe.

On le voit, les deux cas sont comme l'inverse l'un de l'autre, le premier concernant plutôt les prédicats, le second plutôt le sujet. Autrement dit : les deux états de la matière constituent-ils des prédicats véritables, c'est-à-dire définissant l'essence de la matière ? Non, et le caractère contradictoire de ces prédicats conduit le cosmologiste à rechercher leur unité à un niveau supérieur, unité qui doit bien exister, sinon il n'y aurait rien qui tienne en équilibre ces états antagonistes ; or, leur corrélation dialectique implique précisément qu'ils soient dépendants l'un de l'autre. C'est donc au niveau de cette dépendance, c'est-à-dire de la relation réelle qui la rend possible, qu'il faut chercher le véritable prédicat qu'on peut attribuer à la matière, c'est-à-dire ce qu'on peut dire véritablement de sa nature. Et il faut bien remarquer que cette recherche d'une unité synthétique sous-jacente, qui rende compte de la dualité d'aspects opposés que revêt la « matière », s'effectue sous la pression du principe de non-contradiction.

5. – Remarque marginale

On dit « principe de non-contradiction » ou « principe de contradiction », pour désigner, de manière apparemment contradictoire, le même principe ! En général, dans les anciens traités, on parle du principe de contradiction ; dans les nouveaux, du principe de non-contradiction.

L'une et l'autre appellation se justifient, car qui dit : « contradiction », dit : « impossible que les contradictoires coexistent – *simul secundum idem :* simultanément sous le même rapport –, c'est-à-dire, au fond, « impossible que le réel soit impossible », et donc le principe de contradiction affirme bien une non-contradiction.

Cette signification de négation active incluse dans le mot de contradiction a peut-être été perdue de vue, à la suite de la philosophie hégélienne qui a fait un usage abondant du concept de contradiction dans un sens positif, et sans nier d'ailleurs la validité du principe – puisque la contradiction doit être dépassée –, mais en envisageant la synthèse seulement dans le devenir lui-même.

Hegel veut penser la contradiction « en elle-même », Aristote ne la pense que relativement à « ce qui est ». Chez Hegel, c'est la logique qui devient la métaphysique comme telle, chez Aristote, au contraire, c'est la métaphysique qui s'exprime dans la logique et la gouverne. Hegel réduit l'être à la raison dialectique, Aristote ramène la raison dialectique aux lois de l'être.

En ce qui concerne l'exemple du rêve, maintenant, il ne faut pas raisonner sur les prédicats, mais sur les sujets. En effet, ce qui distingue le rêve de la veille – et il faut bien qu'ils se distinguent l'un de l'autre –, c'est qu'il n'y a pas d'affirmation du sujet dans le rêve. Ou encore, et inversement, le propre de l'état de veille, c'est le jugement d'existence concernant telle ou telle réalité, qui est ainsi posée en elle-même comme immédiatement distincte de celui qui la pose ; ou encore, en d'autres termes, la caractéristique de l'état de veille, c'est la conscience de l'existence d'un monde *objectif.*

Si donc on constate, dans le rêve, des attributions contradictoires à un même sujet, sans provoquer l'étonnement de la conscience endormie, c'est que précisément la conscience est endormie lorsqu'elle cesse de se poser véritablement elle-même et donc de poser corrélativement de véritables autres êtres. Dans l'état de rêve, la conscience du dormeur est fascinée, captivée et captée par le spectacle onirique, dont elle ne peut plus activement se distinguer, et qui donc ne peut plus non plus se distinguer véritablement d'elle.

On peut parler alors, éventuellement, d'associations libres – et inacceptables pour l'état de veille –, mais ces associations libres *ne signifient rien* en ce qui concerne la logique du principe d'identité ou de non-contradiction. Elles peuvent éventuellement *révéler* des préoccupations inconscientes de l'âme, parce qu'il faut bien qu'elles aient une signification. Et cette exigence de la signification est encore une conséquence du principe de non-contradiction puisqu'au fond toute la psychanalyse se propose de rendre compte de ces illogismes – apparents – de la conscience endormie, en mettant à jour leur *raison d'être* : les contradictions du rêve ne peuvent être que des contradictions apparentes, c'est-à-dire des effets, parce qu'il ne peut y avoir de contradiction véritable et totale dans la réalité.

6. – Conclusion

Faut-il conclure qu'Aristote a toujours raison ? Non. Ce qui a toujours raison, c'est le principe de non-contradiction. Mais, comme nous l'avons dit, ce principe vaut à deux conditions : que l'on ait affaire à un être véritable, et qu'il s'agisse d'une attribution véritable. Or ces conditions, rien n'indique d'une manière certaine qu'elles *sont remplies dans tel cas déterminé*. Autrement dit, rien n'indique que nous ayons affaire à un être véritablement être. Autrement dit encore, l'application légitime du principe dépend de la conception que l'on a de l'être. Si bien qu'un philosophe peut l'appliquer à un domaine déterminé correspondant à tel degré de l'être, alors qu'un autre philosophe y verra seulement une opposition dialectique – et donc admettant coexistence des opposés.

C'est ici que nous touchons au problème véritablement métaphysique que pose, non le principe en lui-même, mais sa formulation.

On sait en effet que la formulation logique que nous avons rappelée au départ est souvent remplacée par cette autre : l'être n'est pas le non-être – *ens non est non ens*. S'agit-il ici de la formulation la plus haute du principe telle qu'elle s'identifie à son contenu, c'est-à-dire à son essence ?

Si oui, alors on pourra lui opposer des propositions bouddhiques, vedântines ou même platoniciennes : tout le *Parménide* porte au fond sur ce problème de la Réalité première et de l'attribution – n'est-il pas contradictoire d'attribuer l'être à l'Un, puisqu'alors on détruit une unité en y ajoutant quelque chose d'autre ?

C'est que, dans ces perspectives, l'être est envisagé comme une affirmation, ou encore une détermination, la première de toutes. Dès lors, cette détermination implique nécessairement son propre contraire qu'elle laisse en dehors d'elle, et, par conséquent, n'est pas véritablement justiciable du principe de non-contradiction.

Autrement dit, ce que l'ontologie aristotélicienne prend pour une contradiction : ou l'être ou le néant, ne l'est pas véritablement. Et d'ailleurs ne peut pas l'être, car nous voyons bien que ce qui n'est pas l'être « ne laisse pas d'être d'une certaine manière », ainsi le mal et toutes les limitations du créé, et même cette limitation primordiale qu'est l'être même, qui s'identifierait ainsi, d'une certaine manière, au néant.

Or précisément parce qu'une telle identification serait contradictoire, il faut bien « chercher » la non-contradiction absolue au niveau même du sur-ontologique. Ce n'est qu'à ce niveau que s'applique véritablement le principe de non-contradiction parce qu'il s'identifie à ce à quoi il s'applique, c'est-à-dire à la non-contradiction absolue du Principe

Les scolastiques ne vont pas tous jusque-là. Mais ils ont une conscience claire que la validité du principe, universelle en droit, est fonction, en fait, du domaine auquel il s'applique.

« Le principe de non-contradiction, écrit H. Gardeil[62], a sa racine dans la notion d'être, considérée en elle-même et sans rien de restrictif [...] mais que l'on y prenne garde, les êtres qui nous sont donnés, multiples et changeants ne sont pas pleinement être [...].

[62] *La métaphysique de S. Thomas*, p. 67.

Le principe de non-contradiction ne s'applique donc à eux qu'à certains points de vue et dans certaines limites [...] il ne vaut de façon absolue que pour l'être absolu, pour Dieu ».

Ceci est tout à fait exact, d'autant plus que la limitation ontologique de l'aristotélico-thomisme n'a pas la netteté que certains lui attribuent un peu hâtivement.

L'*esse* thomiste, en tout cas, est infini et, à proprement parler, n'a pas d'essence qui le déterminerait à être de telle ou telle manière. De Lui seul on peut dire ce qu'Aristote dit de la substance : « elle n'a pas de contraire ».

Cette validité réellement universelle du principe de non-contradiction, principe logique s'il en est, prouve que le point de vue de la connaissance « dépasse » celui de l'être.

[1 et 2 novembre 1979]

Note additionnelle. Le point de vue d'un professeur de logique

Résumé de la réponse de M. Louis Vax, professeur de logique à l'université de Nancy II.

• À propos de Lupasco : « Je n'ai pas lu ses œuvres ». Ne paraît pas toujours sérieux.
• À propos du principe de non-contradiction :

1. – La plupart de ceux qui en parlent n'ont pas fait de logique et donc n'y connaissent rien ; la raison essentielle étant que les livres de logique se lisent très péniblement, au moins au début, et que l'effort à faire est considérable.

2. – On confond souvent conflit et contradiction. Par exemple, lorsque Marx parle des contradictions du capitalisme, ou Freud, des contradictions de l'inconscient. Ces conflits existent et la logique ne les a jamais niés. Mais ils n'ont aucun rapport avec la contradiction logique.

3. – Certains logiciens ont étudié des logiques qui ne fonctionnent pas selon le principe du tiers exclu, c'est-à-dire qui admettent

qu'une proposition peut n'être ni vraie ni fausse. En particulier, Lukasciewiesz. Ces logiques concernent surtout les problèmes d'infini. Par exemple : la suite des nombres premiers jumeaux est-elle infinie ? On n'en sait rien. Mais ces cas sont très rares.

4. – Du point de vue de la métalogique. Supposons qu'un étudiant ait à répondre à la question : toute proposition est-elle vraie ou fausse ? Même s'il répond : non, toute proposition n'est pas vraie ou fausse – réponse qui appartient au niveau métalogique, puisqu'elle parle *sur* la logique –, le professeur qui corrige l'exercice – correction qui se situe au niveau méta-métalogique puisqu'elle parle *sur* la métalogique – fonctionne, lui, selon la logique du tiers exclu : la réponse du candidat est vraie ou fausse. Donc, en dernier ressort, la logique fonctionne toujours selon le principe de non-contradiction.

Au demeurant, si l'on « coince » Lupasco en lui demandant si sa thèse est vraie ou fausse, il répondra évidemment qu'elle est vraie. Donc selon la logique du tiers exclu.

5. – Conclusion

La logique ne sert à rien. Ou bien, elle est élémentaire, et alors on peut l'appliquer, mais ce qu'elle dit est tellement évident qu'il est inutile de le faire, ou bien elle est extrêmement subtile et il est alors presqu'impossible de l'appliquer à une question.

QUATRIÈME PARTIE

L'ASSOMPTION MÉTAPHYSIQUE DE L'ÊTRE

Pourquoi ce titre ?

Il m'est apparu que ce titre exprimait le mouvement constant de la pensée philosophique, tout au moins celui de ma pensée. Penser, en effet, c'est toujours s'efforcer de s'approprier un objet ; pour la raison que ce qui m'apparaît comme un objet c'est d'abord ce qui est vu comme n'étant pas moi, ce qui est un *non-moi*, ce qui m'est donné comme ce qui m'échappe dans sa radicalité d'être. D'où le désir de le posséder, de le saisir, qui est la pensée même, qui est le mode humain de réponse à la question implicite que lui pose l'être de l'objet. Toute pensée de l'être – l'être *est* question – est un effort d'appropriation, de captage, ainsi que l'exprime le mot concept – en allemand *Begrif*, de *begreifen*, « saisir » – qui dérive du verbe latin *cum-capere*, « prendre avec soi ».

Mais ce mouvement intellectuel de saisie qu'est la pensée ne se réalise pas par une prise effective de possession – laquelle est en vérité impossible. Étant intellectuelle, la pensée vise toujours une intelligibilité, c'est-à-dire une justification, ou encore un « comprendre ».

« Prendre avec soi », pour la pensée, ce n'est pas assujettir l'être, le réduire, effacer sa « différence », afin qu'il cesse d'être « de trop », c'est *l'assumer* ; la tâche originelle de la pensée, c'est l'assomption de l'être.

Ce n'est ni sa négation, ni sa réduction – idéaliste ou matérialiste – à l'homogénéité du rien. C'est la contemplation, et donc la réception métaphysique de l'être dans la virginité d'une intelligence.

Ainsi s'achève et s'accomplit mon parcours philosophique sous le signe de l'assomption. Suscitée en 1950 par la proclamation du dernier dogme de l'Église catholique, je retrouve, sans l'avoir prévu ni préparé, la vérité métaphysique de ce dogme, l'ultime message que le Ciel a adressé à notre pensée humaine.

4 juin 2019

CHAPITRE XVII

Dieu du monde, Dieu de la personne

1. – Sens et synthèse

Ayant constaté que les orties poussaient souvent sur des ruines, je me suis dit : pourquoi ne pas supposer que les résidus psychiques attachés à ces ruines – mânes ou *prêtas* chez les Hindous – ont suscité la protection de cette plante urticante ?

Explication très anthropomorphique, ou encore explication « sémantique » : je lis une signification, une intention, dans un processus qui peut apparaître comme purement physique.

Admettons cependant, qu'au prix d'une étude analytique quasi indéfinie, on puisse établir une suite continue de liaisons purement physiques entre des orties et des lieux anciennement habités. Après tout, pourquoi pas ?

Toutefois, il s'agira toujours de liens entre des « éléments » eux-mêmes décomposables, et qui ne sont éléments d'une *concaténation* – succession – qu'en fonction d'une décision du physicien de s'arrêter à telle échelle de réalité. Analytiquement, la réalité est indéfiniment décomposable, donc indéfiniment évanouissante, donc indéfiniment « irréelle ».

Inversement, la lecture selon la causalité sémantique, non seulement me fait faire l'économie d'un détour indéfini, mais encore est la seule possible, parce que seule conforme à l'ordre de la réalité.

En effet, dire « réalité », c'est dire « synthèse », et dire « synthèse » c'est dire « sens ».

La première équivalence peut se démontrer par l'absurde : le purement analytique est indéfiniment irréel, ou encore, plus simplement, est *indéfini* – *apeiron* en grec.

Dans l'idée de réalité il y a l'idée d'un tout synthétique *donné*. Ce tout subsume, c'est-à-dire enveloppe, une indéfinité potentielle de parties, et c'est même l'une de ses fonctions essentielles, il n'est le tout que d'une indéfinité potentielle. La fonction essentielle du tout, c'est d'être plus que la somme de ses parties. Sinon il se présenterait comme leur produit, leur résultat : il ne serait pas *donné*, il ne serait pas un être. Leibniz a parfaitement raison et son affirmation doit être regardée comme une vérité philosophique axiomatique, savoir : un être qui n'est pas *un* être n'est pas non plus un *être*.

Quant à la deuxième équivalence, l'équivalence entre réalité et sens, elle semble prendre en considération l'être humain. Pour l'homme, dira-t-on, le synthétique c'est le « sémantique ». On use alors du mythe, c'est-à-dire de la parole fabulaire. Cette démarche expliquera ainsi par la référence aux *mânes* la présence des orties dans les ruines : c'est alors le *sens* qui rend compte des signes.

En effet, à poursuivre l'analyse au seul niveau des signifiants, jamais on n'obtiendra du sens. Les éléments sémiotiques qu'isole le structuralisme ne sont élémentaires qu'en fonction de la décision du linguiste ou du phonologue de s'y arrêter : décision *motivée*, mais décision quand même.

Au contraire, le sens de la phrase transcende les éléments qui la composent, il en constitue à la fois la synthèse et la raison d'être : le sens fait l'unité des éléments, parce qu'il *est* cette « unité même » préexistante – fonction synthétique – et d'autre part, il rend leur existence *intelligible* – fonction sémantique : *après tout*, c'est en fonction de telle intention de signifier que s'explique la présence de tel ou tel signe.

Nous disons : *après tout*, c'est-à-dire après qu'on a reconnu toute la vérité des thèses structuralistes qui soutiennent que ce n'est pas moi qui parle, mais le langage : ce qui est vrai, relativement, mais faux dans l'absolu. La preuve : le discours du structuraliste lui-même veut signifier quelque chose, ce qui est impossible s'il n'est lui-même que le produit d'un déterminisme structural.

Nous disons donc que le sens est non seulement unité des éléments, mais encore intelligibilité des éléments, il constitue leur raison suffisante. Passer du synthétique au sémantique, c'est donc passer d'une unité de fait à une unité de droit, d'un donné irréductible à un donné qui rend compte de lui-même. C'est donc accomplir véritablement la synthèse.

Oui, car la synthèse n'est encore qu'un appel de sens, tandis que le sens, c'est la synthèse justifiée, c'est l'unité de l'être et de la raison.

Que la synthèse appelle le sens, on le comprend mieux si l'on considère qu'une synthèse dénuée d'intelligibilité ne réalise qu'une unité formelle ou extrinsèque. Les éléments ne sont pas véritablement unis, ils sont plutôt associés, juxtaposés.

Or la pensée du monde requiert un sens, car il n'y a d'unité que de sens qui transcende la multiplicité des éléments qu'il unifie. Et cela vaut non seulement du monde de la culture et des signes, mais aussi du cosmos lui-même. Le monde n'est pensable que doté d'un sens.

2. – SÉMANTISME DU COSMOS

L'idée d'une réalité quelconque, c'est l'idée d'un être sémantique, d'un *sens* qui est un *être* et d'un *être* qui est un *sens.*

Toutefois, l'autoconsistance des êtres sémantiques – une fleur, un cochon, un lac, une étoile, etc. – ne saurait les fermer les uns sur les autres. Tout être est pris dans un réseau de relations causales en même temps qu'il constitue lui-même une unité hiérarchique. Les relations causales sont aussi nécessaires à la constitution de l'unité des êtres que l'est la nature *hiérarchique* de cette unité.

Les relations causales s'entrecroisent dans chaque être, lequel unifie en lui-même une indéfinité d'éléments secondaires sous-jacents, avant d'être inséré, comme éléments d'une unité supérieure. Il se constitue ainsi des degrés d'unités hiérarchiquement subordonnés. Le degré supérieur n'est pas celui qui subsume une plus grande quantité d'éléments – conception d'un synthétique quantitatif –, mais celui qui réalise une unité plus parfaite. Il y a plus d'unité dans un tissu – la peau par exemple – que dans une cellule, et dans un organisme que dans un tissu. Il s'agit donc d'une échelle de perfections progressives dans l'unité.

Toutefois, si chaque unité est seulement relative par rapport à l'unité supérieure, par rapport à elle-même, elle est *relativement absolue*, sans quoi elle ne serait pas. Il en va ainsi précisément parce que cette unité *est* un sens. Seule la conception d'une *ontologie sémantique* peut résoudre cette difficulté.

Supposons en effet qu'on rende compte de la hiérarchie des organisations sans égard à la réalité propre des éléments, aussitôt il n'y a plus de tissu en soi, de cellule en soi, d'organisme en soi, mais seulement des « prises de vue » qui découpent la réalité en fonction de l'échelle d'observation. Pour un observateur électronique, dira-t-on, il n'y aurait même pas de cellule, ni de molécule, ni d'atome.

Cela ne manque pas d'une certaine vérité, mais ce pur relativisme se détruit lui-même, parce qu'il ruine l'idée d'une réalité objective : si on le généralise, comme lui-même s'en donne le droit par rapport à la conscience accusée de croire « naïvement » à la consistance des choses, il n'y a jamais *quelque chose* à observer, mais c'est l'observateur qui invente la chose observée. Cet observateur constitue ainsi lui-même « une exception parfaitement incompatible avec le relativisme ». La vérité du relativisme de l'échelle d'observation, c'est que la conception d'une ontologie matérialiste le rend en effet inévitable. Si la réalité est de l'étendue matérielle plus ou moins découpable, il n'y a pas de réalité.

Mais au contraire, dans la perspective d'une ontologie sémantique, il peut y avoir coexistence de l'absolu et du relatif. Car un sens, si pauvre ou élémentaire soit-il, est déjà une unité en elle-même, indivisible, trans-spatiale – voir Raymond Ruyer –, et donc relativement absolue. Ici encore le langage est le meilleur modèle, mais pas dans le sens structuraliste. Un texte est une hiérarchie de sens dont chacun est intelligible en lui-même, et cependant tous ne le sont pas au même degré. Cette hiérarchie de sens, d'ailleurs, n'est pas figurée ou reproduite par la hiérarchie des signes. Le texte des signes s'étale horizontalement, ou en surface. Chaque phrase n'est qu'une phrase parmi les autres. Mais l'architecture des sens s'étage en profondeur et fait la réalité du texte.

Ainsi de l'univers. Qu'est-ce qu'un cercle ou un triangle ? ce n'est pas qu'un amas de points – sauf d'un certain point de vue, cf. la théorie des ensembles –, mais un « sens » que l'on saisit intuitivement. Précisons encore un « sens *de* l'espace », un mode selon lequel l'espace se signifie, si l'on veut une structure sémantique. En tout cas, son *unité*, c'est-à-dire sa réalité ne saurait être ailleurs.

Mais, de ce texte de l'univers, nous ne pouvons lire ni le commencement, ni la fin, puisque nous y sommes compris. Nous ne pouvons donc en saisir ni le sens premier, ni le sens dernier. En conséquence nous ne saisissons que des sens relatifs, mais hiérarchiques ; car, qui dit sens, dit sens hiérarchiquement ordonnés, puisque, s'il n'en était pas ainsi, les sens existeraient indépendamment les uns des autres, ce qui équivaudrait à un non-sens universel, et derechef la réalité s'évanouirait. Ne croyons pas non plus qu'ils pourraient s'enchaîner linéairement. Car, précisément, un enchaînement linéaire implique un sens hiérarchiquement sur-ordonné qui rend possible l'enchaînement. En résumé, la réalité est architecture sémantique, ou elle n'est pas.

3. – LA CONSCIENCE NOÉTIQUE, LECTRICE UNIVERSELLE[63]

L'homme connaissant, être du monde, est le moyen par lequel le monde réalise la connaissance de lui-même. Il y a de la connaissance dans le monde, de même qu'il y a de la chlorophylle. L'architecture

---

[63] Cette formulation est celle de Raymond Ruyer dans la plupart de ses livres. ***Noétique*** (terme dérivé de noèse, du grec νόησις / *nóēsis*) est un adjectif utilisé en phénoménologie pour désigner ce qui concerne l'acte de la pensée, la noèse. La noétique est une branche de la philosophie métaphysique et de la philosophie de l'esprit concernant l'intellect et la pensée. C'est l'étude ou la théorie de la connaissance, de la pensée (*source* : Wikipedia). [NdE]

sémantique du monde se lit elle-même noétiquement. Il n'y a pas lieu de se demander pourquoi l'homme est doué d'un pareil privilège, car c'est précisément cette fonction qui le constitue comme tel. Autrement dit, se demander pourquoi l'homme est une conscience, donc finalement couper l'homme du texte-univers, (le *Liber mundi*), comme un spectateur du spectacle, est aussi peu intelligible que de se demander pourquoi c'est la chlorophylle qui réalise la photosynthèse, et pourquoi c'est l'estomac qui digère. L'univers envisagé ainsi sous son aspect de nature, réalise la photosynthèse par la chlorophylle, de même qu'il réalise la conscience de son architecture sémantique par l'homme. De ce point de vue, la conscience humaine est une propriété de l'univers.

Nous disons que cette conscience noétique est ainsi l'un des modes d'autostructure de l'architecture sémantique du Texte-univers. Il faut maintenant essayer de préciser lequel. C'est là une difficile question. Il s'agit de comprendre quelle est la nature de la conscience noétique, quelle est sa fonction, et peut-être même, quelle est sa raison d'être. Quant à sa nature, nous décrirons la conscience noétique comme lectrice universelle ; quant à sa fonction, nous la décrirons comme instauratrice de l'ordre de l'objectivité. Quant à sa raison d'être, nous reportons la réponse à plus tard, car, nous ne pourrions maintenant en saisir la portée.

Analogiquement parlant, les choses sont bien également des « consciences », c'est-à-dire des domaines unitaires dont l'unité, comme on l'a dit, est d'ordre sémantique, et non d'agrégation. Elles sont des consciences par elles-mêmes et pour elles-mêmes, car « exister », c'est exister pour soi, être fermé sur soi-même. Mais ce soi ne désigne pas un « sujet » distinct de ce dont il est le sujet. Cette conscience est immédiateté. Elle est bien, d'une certaine manière, lectrice de sa propre signification, mais lecteur et texte ici ne font qu'un : lire un sens et être un sens lu, ne sont que les deux faces d'un seul et même *acte* d'exister. C'est en se lisant lui-même qu'un être quelconque, un arbre, une hirondelle, un rubis, est lui-même, est un arbre, une hirondelle, un rubis. L'être sémantique est l'acte commun du signe et du lecteur, lesquels, dans cet acte, ne font qu'un. Il en résulte que l'être sémantique ne peut lire autre chose que l'acte qu'il est.

Au contraire, la conscience noétique est lectrice universelle. L'homme en effet, est un lecteur universel, au moins *potentiellement,* parce que sa conscience n'est aucune des significations qu'elle lit, ou encore disons qu'elle les est toutes : la conscience, regard *de* l'univers. Il s'ensuit d'ailleurs que l'homme est le seul animal pour lequel il y ait *un monde*, et non seulement un environnement, ou un milieu. Ainsi envisagée, il est clair que la conscience noétique ne peut être la conscience-unité d'un être. La conscience-unité de l'homme comme être naturel ne diffère pas de celle des autres êtres. Mais avec l'homme apparaît un nouveau mode du réel, la conscience noétique, dont le propre est de percevoir l'unité de tous les sens grâce à la nature « objectale » – non subjectale – de la connaissance, d'où son universalité.

Dès lors, ce qui était sémantisme implicite dans les choses est posé explicitement dans sa propre nature. Par la conscience humaine, l'univers accomplit sa propre perfection. Si nous éprouvons tant de difficultés à regarder les choses ainsi, si nous n'y voyons que finalisme anthropomorphique, cela provient de ce que nous ne percevons pas la vraie nature de la connaissance. Nous séparons l'homme du monde et regardons la connaissance comme une prise de possession par un acte qui ne change rien à l'univers. Il faut renverser la perspective. C'est le monde qui vient à l'homme pour être connu, comme le sang afflue au cœur. Ainsi, l'être des choses qui n'existait que sous la seule modalité de la présence à soi, participe à une autre modalité d'existence, intelligible et impersonnelle. C'est pourquoi Guénon a pu dire : « la conscience est une raison d'être pour la manifestation ».

4. – La personne est transcendante au sémantisme du cosmos

La conscience du monde se connaît comme un regard *mondain* sur le monde. Elle est, en tant que telle, un point de vue, mais un point qui n'est *vu* – ou connu – que négativement. Elle est « percée » en son cœur par un point aveugle qui s'identifie, pour la pensée, à sa racine ontologique. Ce point, c'est la personne. La conscience noétique réalise bien l'unité du cosmos, mais une unité qui n'est pas close sur elle-même. Elle s'ouvre en effet dans la personne, percée supra-cosmique, vers l'Un de l'unité divine. L'universalité de la lecture humaine du monde implique une sorte de transcosmisme de cette conscience. L'univers réalise ainsi par le ministère spirituel de la connaissance son propre dépassement. L'homme en tant qu'esprit, constitue un « trou », une ouverture dans la plénitude de l'architecture sémantique du monde. On quitte alors la philosophie ruyérienne, qui ne voit dans la personne qu'une image intériorisée du corps, dont l'unicité spatiale rendrait compte de l'illusion d'unicité de la personne.

Mais c'est l'inverse qui est vrai. L'espace et le temps ne nous fournissent *par eux-mêmes* aucun *ici-maintenant*. C'est la présence de la personne qui les détermine comme *son ici-maintenant*. Il n'y a d'ici et de maintenant que pour la personne qui les identifie comme tels par sa présence dans l'espace et le temps. Ruyer voit les champs de conscience, mais semble ignorer leur ponctualité.

Il y a ainsi, dans le monde, un être qui par sa personne est hors du monde. Autrement dit, la personne n'étant point une « nature » n'appartient pas entièrement à l'ordre de la nature. On trouvera peut-être qu'il y a du paradoxe à saisir la transcendance de la personne, donc son extra-mondanité, en soulignant son intra-mondanité.

Mais ce paradoxe est celui de la personne elle-même. Tout être sémantique, avons-nous dit, est une unité ontologique, unité relative cependant parce que prise dans une architecture de sens hiérarchisée. Dans la conscience-miroir du monde, l'univers sensible accède à l'unité architecturale elle-même, mais cette unité n'est pas ontologique, ou sinon il faudrait concevoir la conscience humaine comme conscience primaire et ontologique du monde, immanente au monde, et finalement unique : l'âme du monde.

Or cela n'est pas. Ce qui s'y oppose, outre le fait de la pluralité des consciences humaines, c'est que, s'il en était ainsi, la conscience humaine serait exactement du même ordre que les consciences-états que sont les différents êtres naturels, mais elle ne serait pas lectrice universelle : elle serait lectrice d'un seul être du monde.

Mais précisément, être lectrice universelle, implique pour elle l'impossibilité d'être conscience-état, en tant que conscience universelle, d'une unité sémantique individuelle. Il s'ensuit, qu'en droit, la conscience se connaît à la fois comme intra-mondaine et extra-mondaine.

Dire que pour elle il y a un monde, ne signifie pas qu'elle pose devant elle une totalité fermée dont, du même coup, elle s'exclurait. Dire qu'il y a un monde, c'est dire que les unités particulières *existent* comme ensemble organisé en architecture sémantique douée de consistance. Y a-t-il un monde pour une tortue qui tantôt, quand elle a faim, se dirige vers la feuille de salade et tantôt marche sur elle comme si elle n'existait pas ? On ne peut sans doute répondre uniformément pour tous les animaux, et faut-il supposer des gradations dans le comportement animal par rapport à *l'Univers* dont les animaux ne semblent pas toujours se distinguer.

Tandis que *parler du monde* c'est, non pas voir le monde, que nul n'a jamais vu, c'est penser le réel dans sa permanence ontologique, et c'est donc penser l'universalité de l'être.

Cette permanence dans l'être, nous l'attribuons aux choses que nous estimons juger objectivement, c'est-à-dire qui pour nous existent sans nous. La conscience d'objectivité est donc implicitement – ou explicitement par réflexion – conscience de son extra-mondanité. Le principe ontologique de cette non-mondanité c'est la personne.

La conscience philosophique découvre donc que la personne, le principe ontologique de son acte, n'est pas « intégralement » mondaine, n'est pas une simple propriété du tissu cosmique, car ce principe n'est pas une nature. La personne, en elle-même, n'est ni corporelle, ni psychique, ni même intellectuelle. Sa non-mondanité, ne se révèle et ne s'accuse que par la prise en compte de son existence mondaine. Elle n'est pas une propriété du tissu cosmique dans la mesure où elle existe comme un *trou* dans ce tissu, grâce à quoi précisément il y a pour elle un monde.

Assurément, elle se présente à notre pensée comme une ponctualité, ainsi que nous l'avons noté à propos de Ruyer qui n'y voit, et précisément pour cela, qu'une illusion. Ponctualité qui vaut d'ailleurs pour tous les êtres : chaque être est *un* être qui se repère comme un point dans l'univers.

Mais ce qui vaut à certains égards ne vaut pas pour la personne, sauf à l'identifier simplement à sa présence spatiale. Or, dans sa ponctualité même, la personne n'est pas une *présence* spatiale, mais une *absence spatiale*. À parcourir l'ordre de la nature, on ne la trouvera pas, d'où l'on conclura qu'elle n'existe pas. Et, en effet, elle n'est pas une chose parmi les choses, elle est un *passage*. Elle est un processus de personnalisation, un chemin vers l'unité et plus encore vers l'Un. Certes, notre discours, celui que nous tenons en ce moment, ne peut se tenir qu'en substituant et en chosifiant la personne.

Mais la personne, précisément, n'est personne, ainsi que nous le fait entendre Ulysse. Si elle était visible et empiriquement repérable, elle ne pourrait pas fonder l'unité de l'être, ou, si l'on préfère, son identité, quoiqu'elle signifie généralement cela. Étant vue, elle appartiendrait nécessairement à celui qui la voit et perdrait son unicité.

Il faut donc qu'elle soit constituée par un regard unique et absolu qui échappe même au regard de la conscience intellectuelle de l'être humain qu'elle « personnalise », et de tout être créé, fût-ce un ange. Elle ne peut être que *figurée* par le point que la perpendiculaire détermine sur l'horizontale qu'elle croise. Ce point appartient-il à l'horizontale ou à la perpendiculaire ? À la fois au deux, mais c'est la perpendiculaire qui le détermine et le fait exister.

Ainsi la personne résulte de la rencontre du rayon divin avec cette créature adamique qu'est l'homme dans l'horizontalité paradisiaque de son ordre naturel. Elle fleurit au point de leur rencontre.

Et de même que le Christ reviendra comme il est venu, de même l'homme « remontera » le long de la verticale créatrice qui l'a posé dans l'existence. Le rayon créateur, c'est aussi le rayon salvateur. C'est le rayon divin qui fonde l'unité et l'unicité de la personne. Et c'est selon ce rayon que la personne se réalise elle-même et devient progressivement ce qu'elle est. Ainsi le Dieu de la personne accomplit la vérité du Dieu du Monde.

Ce mystère n'est réalisé que par la grâce de la Croix où le Fils de l'homme est exalté, et par où il attire toute chose. Sans cet accomplissement effectif que réalise la crucifixion du verbe incarné, la croix demeure un schéma intellectuel.

C'est précisément le cas du *Symbolisme de la croix*, de René Guénon, semblable à une parole qui ne serait jamais prononcée. Bien des considérations de notre méditation s'inspirent de la doctrine admirable à bien des égards de ce livre fondamental.

Mais il ignore volontairement que cette croix fut l'instrument du sacrifice du Christ, comme si la signification métaphysique de son symbolisme rendait superflue la crucifixion du corps sanglant de l'Homme-Dieu, ou du moins sa prise en compte, alors que c'est elle qui accomplit la *vérité* de sa signification.

Daniélou objecte, se croyant réaliste, que la croix c'est d'abord deux morceaux de bois entrecroisés. Mais ces morceaux de bois sont, dans leur consistance réelle et corporelle, des entités sémantiques et non des amas fortuits de cellules. Le matérialisme est fondamentalement idéaliste.

Quant au croisement de ces deux morceaux de bois, il s'identifie, en mode spatial, à l'archétype universel de la rencontre de la transcendance et de l'immanence, de l'Incréé et de la création, du Ciel et de la terre, du divin et de l'humain.

Supposer, à la manière de beaucoup de théologiens et de croyants, que l'« enclouage » du Verbe éternel sur une croix de bois ne relève que d'une contingence physique et historique – la crucifixion est un supplice *romain* –, en sorte que le Christ aurait pu être pendu ou décapité, c'est au fond nier la nature divine de Jésus.

C'est méconnaître que le corps du Christ est celui du *Logos*, c'est-à-dire de l'absolument signifiant, du Prince divin de toute Lumière, de toute *raison d'être*.

Tout en Lui est Signe, et, au premier chef, la croix du Calvaire, qui est le Signe du Christ et du christianisme tout entier ; car c'est en lui et par lui, par le Signe suprême et unique, que s'accomplit charnellement la vérité de l'incarnation, la descente du Verbe dans le cœur transpercé d'où jaillit le sang de l'Église.

[1970 – 1er avril 2019]

CHAPITRE XVIII

De l'être et du mystère trinitaire[64]

La *materia prima* pure est insaisissable. *Prakriti*, qui la symbolise dans le panthéon hindou, est non manifestée. Et dans le non-manifesté, elle est indiscernable de *Purusha* – l'esprit en acte –, tous deux unis dans l'Être – causal. Ils se distinguent seulement *en fonction* de la manifestation. Dans la manifestation, elle est également insaisissable. *Buddhi* – ou *Mahat* – est sa première production. *Buddhi* c'est l'intellect humain, *Mahat* – le « grand » – l'intellect cosmique.

Qu'en est-il maintenant en Dieu même, si j'ose dire – et je mesure le ridicule d'une telle question –, mais c'est aussi l'honneur de l'intelligence humaine ?

Il faut bien qu'il y ait un prototype divin de la création, et cela, je dirai, de deux points de vue : du point de vue de la création, et du point de vue de Dieu. Ou encore : la création a son propre modèle en Dieu, elle est contenue tout entière en Dieu – les Essences incréées *de* la création –, d'une part ; et d'autre part, il y a en Dieu « quelque chose » qui concerne Dieu seul et qui n'a aucun rapport à la création, mais qui rend possible la création elle-même.

Si l'on veut, on peut dire également que la distinction Créateur-créature, doit être préfigurée en Dieu. Ces deux « niveaux » du Divin considérés ensemble, constituent ce que la Kabbale nomme « *Atsilut* » ou monde de l'émanation : c'est l'ensemble des *Sephirot* ou vêtements divins, ou Faces de Dieu. Considérés séparément, ils correspondent aux sept *sephirot* de la construction, d'une part, et aux trois *sephirot* suprêmes, d'autre part.

---

[64] Extrait d'une lettre à une amie catholique, savante guénonienne.

En christianisme, on dit : « Dieu-Père Se connaît (Dieu Verbe) en Lui-même (Dieu-Esprit) ». On parlera, à ce sujet, d'une irradiation intrinsèque de Dieu, et donc on utilisera l'image du rayon.

Mais, ici, les significations des symboles sont ambiguës et déficientes. Pour rendre compte de toutes les images employées – ou de tous les concepts –, il faudrait un volume. On peut figurer, en particulier, le déploiement cognitif de l'Absolu par des rayons, et l'Auto-immanence de ce déploiement cognitif par l'espace sous-jacent à ce déploiement, le « en Lui-même ».

Cette Réceptivité suprême et infinie de l'absolu correspond à certains égards à ce que Guénon a nommé la Possibilité universelle – et aussi, en Kabbale, à *Binah*)[65]. Elle est, non pas la *materia prima* ou *Prakriti,* mais « son » archétype suprême, sa Possibilité absolue.

Ou, disons, pour tenter – sans espoir – d'harmoniser les points de vue, que cette Réceptivité absolument infinie correspond à l'aspect « réceptivité » ou « possibilité » envisagé en tant que tel, indépendamment de tout « contenu ». Ce contenu est l'Absolu Lui-même en tant que Réalité plénière et absolument parfaite.

Cela signifie que, en vertu même de son Absoluité, la Déité est à Elle-même son propre « au-delà ». Elle n'est parfaitement Elle-même que là où Elle n'a pas d'Elle-même. La Déité sur-essentielle « sort » essentiellement et absolument d'Elle-même.

Et, parce que cette sortie est comme une dimension intrinsèquement nécessaire de son Absoluité, ce qu'elle projette – ou « découvre » – dans cette sortie, c'est sa propre Identité ou Essence. Il n'y a ni affirmation, ni négation. « On » est (!) au-delà de l'être. C'est là aussi, me semble-t-il, l'interprétation la plus haute de la Trinité chrétienne.

---

[65] Ou à *Hochma,* suivant les cas.

Mais la Possibilité universelle ou sur-déterminée, implique la possibilité de la Détermination ou la contient, l'enveloppe. Au « niveau » suprême, la Déité n'est Elle-même qu'en n'étant pas « Elle-même ».

Au niveau relativement non-suprême, qui est impliqué dans l'infinitude de l'Absolu, Dieu « se nie Lui-même », en se posant comme Lui-même. Dieu n'est pas Lui-même – la sur-détermination absolue – en étant « Lui-même », la Détermination ontologique principielle du Buisson ardent.

Ou encore : qui peut le plus peut le moins ; ou plutôt : seul le Plus – Absolu et sur-ontologique – peut le moins et ne peut pas ne pas le pouvoir, précisément parce qu'Il est le Plus.

Cet Être principiel, causal, est la cristallisation synthétique de tout ce qui est cristallisable – déterminable – dans l'océan sans rivage de la Déité suressentielle. En même temps que Dieu s'affirme, Il affirme tout ce qui en Lui est affirmable. C'est la *source* de la création *in divinis* : « *dans* le Principe, Dieu créa… ».

À ce – premier – degré ontologique on peut évidemment parler aussi d'une réceptivité propre de l'Être causal et des rayons qui Le déterminent : ces rayons sont les Essences increées, c'est-à-dire les aspects innombrables sous lesquels Dieu Se connaît déterminativement ; on peut aussi les désigner synthétiquement comme *Logos*, ou Intellect divin.

Quant à la réceptivité ontologique, ce n'est pas encore la *materia prima*, *Prakriti* ; du moins, il me semble. Je dirais plutôt qu'elle correspond à l'Unité de l'Être – alors que la Réceptivité sur-ontologique correspond à la Non-Dualité de la Déité.

La *materia* non-manifestée n'« apparaît », *in divinis*, que si l'on envisage l'opération par laquelle l'Être créateur se sépare en quelque sorte de Sa propre réceptivité, qui cesse de ne faire qu'un avec Lui-même, qui se vide – *tsim-tsum* en hébreu – de ses propres déterminations increées. Dans cette opération, la réceptivité ontologique se révèle dans sa vacuité, comme *materia prima* divine, et les déterminations ontologiques, les essences, sont posées comme telles dans leur autonomie – relative. L'Unité de l'Être est comme rompue, et le *Logos* prêt à Se disperser – sacrifice du *Purusha.*

Et pourquoi cette opération a-t-elle lieu ? Pourquoi l'Être « passe-t-il » d'une conscience unitive de Lui-même – *Sat-Chi-Ananda,* qui peut aussi être transposée au-delà de l'Être –, à une conscience distinctive, si nous osons dire ?

La réponse est simple et résulte de la nature même de l'Être comme Détermination principielle ou Principe de toutes les déterminations : l'Être « affirme » le Sur-Être et, par là même, le « nie ». En conséquence, le « contenu » de l'Être, *Ce que* l'Être connaît de Lui-même se révèle comme « autre » que l'Être – puisque ce « contenu » ou *Logos,* est l'image de l'image du Sur-Être – et donc, d'une certaine manière, se pose en dehors de l'Être.

D'où la création du monde, l'Existence universelle, qui par son moindre-être reflète – et prouve implicitement – le Plus-qu'être : seul le Plus peut le moins.

Qui dit Être dit Sur-Être et par conséquent Existence. C'est l'Être qui dit – Verbe – le Sur-Être et donc l'Existence. C'est aussi pourquoi le *Logos* ou Intellect divin peut être transposé au-delà de l'Être, ou encore pourquoi l'*intelligere* « dépasse » l'*esse,* bien qu'il en procède.

Sans doute le *Logos* affirme-t-il l'Être, c'est-à-dire ce qu'il y a d'affirmable du Sur-Être, mais cette affirmation qui est donc en quelque sorte une « réduction », une ponctualisation, n'est possible que parce que le Sur-Être contient en Lui sa propre négation – seul le plus peut *être* moins. Et donc l'affirmation explicite de l'Être comme *Logos* affirme-t-elle implicitement plus que l'Être.

Ou encore il n'y aurait pas de connaissance de l'Être par Lui-même (*Logos*), l'Être ne produirait pas Sa propre image, s'Il n'était déjà Lui-même image du Sur-Être : en « disant » l'Être, et parce qu'Il le dit, le Verbe dit – implicitement – le Sur-Être.

En tant que telle, la Parole – ou synthèse des Déterminations ontologiques, Forme des formes intelligibles – se pose d'une certaine manière « en dehors » de l'Être, d'où l'« ex-istanciation » des possibilités de création.

Les rayons déterminatifs du Logos jaillissent hors de la sphère ontologique et se projettent vers le néant, qui n'est en vérité, que le reflet de la Réceptivité suprême et sur-ontologique.

L'en-deçà de l'Être n'est en-deçà de l'Être que du point de vue de l'Être. En soi, il est au-delà. À nous d'en prendre conscience.

Toutes ces considérations ne sont que des approximations provisoires. L'essentiel est ce que je ne peux pas dire.

Au fond, cette construction mentale est un montage métaphysique destiné à nous faire comprendre que Dieu est partout et que tout est en Dieu ; si on veut, qu'il n'y a ni haut ni bas. Et encore ! Avec tous les risques d'erreur que comporte une pareille entreprise.

Sans doute mon discours part-il d'une certaine vision intellectuelle ; mais je ne sais pas moi-même tout ce que voit mon intellect, d'une part, et d'autre part je ne suis pas certain non plus d'avoir su toujours l'exprimer. Et Dieu est – infiniment – plus savant.

C'est pourquoi c'est la foi qui sauve, et le Sang du Christ. Le Sang du Christ, c'est la vertu opérative du *Logos*, c'est le Saint-Esprit répandu et communiqué, c'est le mystère de l'intériorité de la substance mariale.

Au niveau existentiel : mystère d'unification ; au niveau ontologique, mystère d'unité ; au niveau sur-ontologique, mystère de non-altérité.

Le sacrifice rédempteur du Christ révèle et accomplit le sacrifice existenciateur de *Purusha*, car Dieu n'a créé le monde que pour pouvoir être connu de Lui.

P. S. : Relisant ma lettre, je m'aperçois que j'ai l'air d'attribuer à S. Thomas une doctrine confuse : l'intellect agent serait le Verbe divin ; l'intellect agent serait l'âme immortelle de l'homme.

Mais j'ai voulu aller vite. La première identification est augustinienne. La deuxième, thomiste, ne répond pas à la même problématique. Thomas a surtout le souci de défendre l'unité de l'intellect humain contre les averroïstes.

Mais cet intellect agent humain – et non cosmique – qui abstrait les intelligibles du sensible et les exprime comme tels pour l'intellect patient, est également illuminé par le Verbe divin. En ce sens S. Thomas accepte qu'on parle d'un intellect agent séparé, à condition qu'on l'identifie au Verbe[66]. Ma formulation est elliptique, non pas fautive.

---

[66] I, q. 79, a. 4.

CHAPITRE XIX

Connaissance et réalisation

(À la mémoire de Georges Vallin, 1921 – 1983)

1. – « L'ILLUSION MÉTAPHYSIQUE »

Sauf erreur, l'expression de réalisation spirituelle, ou encore de réalisation métaphysique est d'origine guénonienne. Elle apparaît pour la première fois dans *l'Introduction générale à l'étude des doctrines hindoues*, publiée en 1921[67].

Elle signifie d'abord que la véritable connaissance, celle dont parlent les grandes traditions sacrées d'Orient ou d'Occident, y compris la tradition platonicienne, n'est pas d'ordre purement théorique, mais qu'elle implique, pour être complète, une réalisation correspondante, par laquelle le connaissant, c'est-à-dire le gnostique, s'unit, et même à la limite, s'identifie à ce qu'il connaît, la connaissance étant alors, au sens plein de ce terme, l'acte commun du connaissant et du connu.

Et, puisque l'Objet connu est ici de nature purement métaphysique dans la mesure où il dépasse toute nature déterminée, et même la première de toutes, qui est l'Être en tant que détermination ontologique primordiale – symbolisée par le point noir sur la page blanche et vide – la réalisation correspondant à un tel « Objet » peut être dite justement méta-physique, c'est-à-dire supra-naturelle, ou

---

[67] Cet article constitue le volet métaphysique d'une étude sur le Non-Être, dont un précédent article (*Du Non-Être et du Séraphin de l'âme*, Connaissance des Religions. I./1) avait repéré quelques expressions traditionnelles. Se reporter au chapitre XXII du présent livre.

encore spirituelle en tant que l'esprit désigne en effet tout ce qui transcende l'ordre des déterminations de la nature.

On est spontanément enclin à considérer une telle réalisation comme concernant essentiellement le sujet connaissant. C'est lui qui se *réalise*, c'est-à-dire qui devient ce qu'il est réellement, grâce à l'utilisation de moyens appropriés, techniques de concentration, exercices de méditation, récitations de formules sacrées et de prières, qui produisent dans l'homme certaines transformations profondes de son être, et, par la grâce desquels il s'éveille progressivement à une réalité dont il n'avait jusque-là aucune conscience véritable.

Toutes les doctrines spirituelles parlent à ce propos d'une nouvelle naissance, de l'ouverture d'un nouvel œil, l'œil du cœur. Mais la nouveauté n'est évidemment que du côté du pèlerin spirituel ; le processus de transformation ontologique que désigne le mot même de *réalisation* ne concerne que le sujet connaissant, étant bien entendu que l'Objet métaphysique, quant à Lui, subsiste dans sa permanente actualité, et préexiste à toute connaissance effective que l'on prend de Lui.

Cette vue n'est certainement pas fausse, et cependant elle implique une sorte d'illusion. Si elle veut aller jusqu'au bout de sa rigueur, la doctrine métaphysique doit mettre en question ce schéma provisoire, que la critique philosophique, et singulièrement le fondateur même du criticisme philosophique, Emmanuel Kant, n'a pas manqué de dénoncer.

Le métaphysicien, nous dit-on, semble jouir d'un privilège exorbitant. Il est à la fois dans la Caverne et hors de la Caverne : dans la Caverne puisqu'il affirme clairement la nécessité d'une réalisation, c'est-à-dire d'une transformation radicale de notre être et de notre connaissance en vue d'accéder à la véritable Réalité : cela implique évidemment une sortie spéculative et virtuelle hors de la Caverne de notre état présent, et donc signifie aussi contradictoirement que nous nous y trouvons.

Mais il faut bien qu'il soit en même temps hors de la Caverne, puisque le même philosophe prétend parler du véritablement Réel, comme s'il en avait quelque connaissance, comme s'il était Dieu Lui-même se racontant à nous, et nous assure à son propos toutes sortes de précisions dont la connaissance, par définition platonicienne, ne saurait pourtant que nous échapper.

C'est un fait que le discours métaphysique a lieu *dans* la Caverne, qu'il s'exprime à l'aide de mots humains qu'après tout nous sommes capables de comprendre, mais c'est pour nous dire que, si nous voulons comprendre de quoi il s'agit, il nous faut justement quitter la scène de ce monde pour aller « là-haut ». Si Platon avait raison, nous ne devrions pas l'entendre, et puisque nous l'entendons, c'est qu'il a tort.

Tout le travail de la critique philosophique consistera alors à rendre compte, de diverses manières, de cette singulière illusion. La critique de la raison pure se ramène ainsi à une « herméneutique » du discours métaphysique.

Victime d'une illusion constitutive, ce discours, en effet, ne sait pas ce qu'il dit. Inutile d'argumenter contre lui. Il faut seulement l'interpréter afin de lui montrer la vérité de ses paroles et lui apprendre qu'en croyant connaître l'Être divin, la raison humaine ne fait qu'hypostasier son exigence d'absolu[68].

2. – Le blocage ontologique

Il existe pourtant une autre critique de la raison métaphysicienne qui semble avoir totalement échappé à l'attention de Kant et des maîtres du soupçon, une critique mise en œuvre par Platon lui-même, du *Parménide* au *Sophiste*, et dont nous voudrions montrer qu'elle est seule à la mesure de son objet.

À vrai dire, aucun métaphysicien digne de ce nom ne l'a ignorée, et c'est ce dont témoigne, aujourd'hui encore, à sa manière, la notion guénonienne de réalisation métaphysique.

---

[68] Si Kant est un a-gnostique, il n'est pas un athée : « Je devais donc supprimer le *savoir*, pour trouver une place pour la *foi* » (Préface à la 2ème édition de la *Critique de la raison pure*).

Cette critique consiste à dénoncer le caractère généralement chosiste de la métaphysique en tant précisément qu'elle pose son objet comme un objet – *Gegenstand* en allemand –, c'est-à-dire comme quelque chose qui appartient à l'ordre des choses ; conception qui, en d'autres termes, n'envisage le mode de réalité de ce dont elle parle que d'après celui de l'existence des objets dont elle fait ordinairement l'expérience. Or, c'est assurément là l'erreur métaphysique fondamentale, celle que nous pourrions appeler le « blocage ontologique ».

Cette erreur, c'est déjà semble-t-il, celle d'Aristote à l'égard des formes intelligibles auxquelles il refuse l'existence propre parce qu'il ne conçoit cette existence qu'à la manière de « choses », ou de substances individuelles, se rangeant ainsi sans le vouloir parmi ces « amis des formes » que critique si férocement le *Sophiste*, c'est-à-dire parmi les platoniciens exotériques, les véritables auteurs de ce qu'on appelle communément le « platonisme ».

C'est aussi, croyons-nous, l'erreur de Kant dénonçant ce qu'il appelle l'illusion transcendantale, laquelle ne saurait avoir de sens que si la métaphysique véritable était irrémédiablement condamnée au regard objectivant. Que ce soit en effet le cas pour une grande partie de ce qui est ainsi nommé métaphysique en Occident, c'est ce dont on ne saurait douter.

De ce point de vue, on pourra opposer une philosophie naïvement dogmatique à une philosophie consciemment critique, et la seconde n'aura pas tort de dénoncer les illusions de la première.

Mais que cette illusion soit historiquement inévitée, comme l'affirme Kant, c'est ce que nous ne saurions admettre, puisque quelques textes de métaphysiciens prouvent le contraire par leur seule existence. Comment soutenir qu'il ignore l'illusion transcendantale, tel maître hindou contemporain qui déclare que le moi, le monde et Dieu sont trois « illusions » corrélatives, ou le maître plus ancien, Platon, qui a accompli le « *parricide de Parménide* », c'est-à-dire qui s'est délivré, en lui-même, par une véritable « logo-analyse », de l'« illusion » ontologique, laquelle est bien notre « père » puisqu'elle nous engendre comme ses fils à la conscience de notre réalité individuelle et séparée ?

« Illusion » qui a aussi sa vérité et son utilité relatives, sur le plan physique, car nous sommes aussi des individus, et l'Être en lui-même est tel qu'il répugne de soi au « non-être » et s'en écarte. Ainsi, la métaphysique dogmatique, d'Aristote à Leibniz n'est, pour le moins, pas dénuée de signification.

Mais « illusion » toutefois eu égard aux exigences véritablement universelles de l'ordre métaphysique pur qui veut une non-contradiction absolue.

Or la forme proprement ontologique du principe de non-contradiction – l'être est : le non-être n'est pas – ne nous fait nullement accéder à la non-contradiction absolue, dont pourtant le *logos* philosophique ressent en lui la nécessité. Tout au contraire, cette formulation se maintient au niveau même de la contradiction, et, plus précisément encore, elle constitue la contradiction en tant que telle, c'est-à-dire comme contradiction active, ou encore comme contradiction en acte : l'Être, c'est ce qui s'oppose au non-être comme le jour refoule l'obscurité et ne saurait tout simplement coexister avec elle. Mais la réciproque n'est pas moins vraie : l'obscurité chasse la lumière. Ainsi, comme le dit Parménide, « jamais l'un ne rencontrera l'autre ».

Cependant, et c'est là la contradiction de la contradiction ontologique, la formulation parménidienne affirme ce qu'elle nie. Elle *pose* le non-être comme ce que l'Être contredit et ce qui contredit l'Être. Bref, y aurait-il contradiction de l'Être et du non-être, s'il n'y avait dualité ? À supposer que le non-être soit tout simplement ce qui d'aucune manière n'a de réalité, alors n'étant absolument pas, il ne saurait non plus contredire l'Être. Mais l'Être n'ayant plus de contradicteur volatilise sa plénitude dans le vide illimité d'un néant infiniment absent, et perd toute signification propre. Car il n'y a d'Être que de sa victoire sur le néant toujours possible ; c'est dans les ténèbres que luit la lumière.

La non-contradiction absolue, qui est bien le principe essentiel du *logos*, nous oblige donc à dépasser sa formulation proprement ontologique et à l'envisager sur-ontologiquement ; en d'autres termes, il faut passer du principe de contradiction au principe de non-contradiction. Du point de vue sur-ontologique, qui n'est pas un point de vue, seule la Suprême Réalité, qui est aussi la Toute Réalité est absolument non-contradictoire, parce qu'étant au-delà de toute affirmation, elle est aussi au-delà de toute négation.

Or, être « au-delà » de toute affirmation, c'est être au-delà de l'Être qui est la première de toutes et qui les rend toutes possibles. Toutes les affirmations, en effet, affirment d'abord l'Être, qui est ainsi leur contenu premier et ultime, étant lui-même auto-affirmation ou auto-détermination principielle[69]. C'est là le sens premier et nécessaire de l'Être, sens que reconnaît implicitement ou explicitement toute intelligence.

Le confirme ce que René Guénon a appelé l'ontologie du Buisson ardent, c'est-à-dire la réponse du Seigneur-Dieu à Moïse : *Eheieh asher Eheieh*. « Je suis qui Je suis », ou encore, puisque *Eheieh* est considéré ici comme un nom, « l'Être est l'Être ». Et en effet, cet énoncé proprement onto-théologique, parmi tous les sens dont il est susceptible, a incontestablement et formellement celui d'une auto-affirmation. Nom premier de Dieu, en tant qu'il peut être encore ultimement nommé, mais qui ne dit rien d'autre que Lui-même : mon Nom dit mon Nom.

Mais l'affirmation comme telle n'épuise pas son sens dans sa propre affirmation. Elle présuppose silencieusement ce qui la rend *possible*, savoir, la non-affirmation radicale et absolue, le Fond sans fond sur le fond duquel seulement prend forme et s'enlève la Forme des formes.

---

[69] Mais ces affirmations de l'Être n'étant point l'Être comme tel ne peuvent l'affirmer que selon un certain mode qui différencie chacune de ces affirmations de toutes les autres. C'est la raison d'être de la multiplicité non quantitative des essences ou archétypes qui sont autant de modes possibles d'affirmation de l'Être.

Ainsi, d'un côté, l'affirmation ontologique suscite son opposé, le néant, comme son ombre négative – *ouk on* en grec –, ce que formule le principe de contradiction ; de l'autre, elle implique une condition sur-ontologique de possibilité : la Non-affirmation suprême – *mè on* en grec[70].

De même le point noir sur la page blanche. Pure affirmation de lui-même, symbole d'unité, il suscite, par son affirmation même, l'extériorité multiple, limitative et négatrice, de toutes les parties de l'espace qui s'opposent relativement à lui, mais aussi il rend en quelque sorte manifeste le vide non-manifesté et non-déterminé de l'espace infini et sous-jacent.

3. – La pensée de l'Être

Il est donc clair qu'on ne saurait souscrire totalement à la définition de Kant qui déclare en 1763, dans *L'unique fondement possible d'une démonstration de l'existence de Dieu* : « Le concept de *position* est entièrement simple et ne fait qu'un avec celui d'être en général ». Que, d'une certaine façon, le concept d'Être en général s'identifie à celui de *position*, et, plus encore, d'auto-position, c'est exactement ce que nous voulons dire, et c'est d'ailleurs très exactement ce que déclarent les métaphysiques orientales et platoniciennes depuis toujours.

Mais ce concept n'est pas « entièrement simple ». D'une part, il suscite la contradiction relative du néant, d'autre part il implique, comme condition de sa propre possibilité, la non-contradiction absolue du Sur-Être.

Et certes, ce ne sont point là des rêveries de la raison métaphysique, mais tout simplement les exigences que l'intelligence découvre en elle-même lorsqu'elle s'interroge sur son intuition de l'Être, c'est-à-dire sur ce qu'elle pense effectivement de l'Être.

Au reste, il est bien remarquable que nous ayons usé du même symbole pour désigner la contradiction relative du néant et la non-contradiction absolue du Sur-Être, savoir, l'espace vide et illimité.

---

[70] *Ouk on* désigne en grec ce qui n'est absolument pas. *Mè on* signifie ce qui, relativement, n'est pas.

Car, en vérité, l'un et l'autre ne font qu'un, puisqu'il n'y a de parfaitement réel que la Réalité parfaite et absolue.

L'espace post-ontologique, c'est l'espace pré-ontologique, mais marqué, autant que cela est possible, par la détermination ontologique. C'est bien au sein de l'infini Sur-Être que se produit l'autoposition de l'Être pur. Mais le même Sur-Être, envisagé à partir de l'Être, devient le « moindre-être » dont la limite inaccessible est le néant[71]. Autrement dit, l'en-deçà de l'Être est l'analogue inverse de l'au-delà de l'Être, et le démontre.

Tout se passe comme si le Point ontologique, en s'affirmant comme forme première du Réel, était en quelque sorte condamné à assumer la Réalité infinie de l'espace au sein duquel il s'affirme, ce qui ne serait évidemment possible que par son propre effacement absolu, et qui donc, à partir de l'Être ne peut que se monnayer en un effacement relatif et indéfini.

Le Principe ontologique suscite donc la multiplicité indéfinie des autres que Lui, c'est-à-dire des êtres relatifs, qui sont, en vérité, des relations d'être perpétuellement jaillissantes et rayonnantes en direction des ténèbres extérieures, selon une dégradation hiérarchique où s'épuise indéfiniment[72] la possibilité de l'Être.

4. – Seul le Plus « peut » le moins

Ainsi, bien sûr, est rendue intelligible la coexistence non-contradictoire de l'Être pur et des êtres relatifs, ou encore, selon une autre formulation, du Créateur et des créatures, de Celui qui est et de celles qui ne sont pas.

Coexistence nécessairement non-contradictoire, puisque, de toute façon, c'est la Non-contradiction absolue qui a le dernier mot, et que, sans elle, la contradiction relative ne serait même pas possible.

---

[71] Cf. Vallin, « Essai sur le Non-Être et le néant », *Revue de Métaphysique et de morale*, 1950.

[72] Indéfiniment, c'est-à-dire qui n'est jamais atteint.

C'est précisément grâce à la Non-contradiction absolue que le relatif et l'altérité peuvent réellement contredire l'identité de l'Être pur, qu'il peut réellement exister un réellement autre que Dieu, qui seul pourtant est.

D'une manière générale, pour toute intelligence, la contradiction absolue est tout simplement impossible et la formulation parménidienne ne fait qu'exprimer cette impossibilité.

Mais, pour l'exprimer, il faut bien, qu'elle soit possible d'une certaine manière, et elle l'est assurément, sous la forme d'une contradiction relative et néanmoins réelle, parce que la Non-contradiction absolue est véritablement hors de portée et au-delà de toutes les contradictions possibles, mais que, par là même, ne s'y opposant point, Elle les rend infiniment possibles.

On dit souvent : qui peut le plus peut le moins. Nous aimerions ériger cette sentence en axiome métaphysique fondamental sous la forme radicale suivante : *seul le Plus peut le moins.* Seul le Sur-Plus absolu de l'infini Sur-Être « peut » le moins ontologique que constitue l'être relatif. Seul il offre à sa manifestation un espace assez « grand » pour qu'elle *puisse* coexister avec l'Être pur, dans une contradiction relative et, sur son propre plan, irréductible.

Le réceptacle cosmique où s'effectue l'irradiation créatrice du Point ontologique, c'est donc l'infinitude même de la Réalité sur-ontologique, mais en tant qu'elle est vue à partir de l'Être, commencement premier et fin ultime, point de départ de tous les départs et terme de tous les termes. Et vue à partir de la fin première et dernière de toute chose, l'Infinitude sur-ontologique ne peut apparaître que comme indéfinité infra-ontologique, que comme limitation indéfinie de l'Être.

C'est aussi ce qu'enseigne l'Épiphanie du Buisson ardent. La voix qui parle à Moïse et qui fait entendre le Verbe de Dieu, parle dans un buisson qui brûle sans se consumer. L'exégèse patristique a toujours considéré ce buisson comme un symbole de la Vierge Marie, qui, comme lui, a porté le Verbe divin et l'a fait entendre au monde.

Or, Marie peut être envisagée comme *Theotokos*, Mère de Dieu Lui-même, c'est-à-dire Matrice, support, fond sans fond dans lequel prend forme la Forme des formes, la détermination principielle de l'Être.

Mais elle est aussi l'image de la substance primordiale, du réceptacle cosmique, de la *materia prima* qui s'offre passivement à l'information du Verbe créateur et, par là même, le limite[73].

De même, la *Bhagavad-Gîta* nous présente tantôt le *Brahma nirguna* – non-qualifié – comme la matrice universelle dont Lui-même peut naître comme *Brahma* qualifié – *saguna* – c'est-à-dire comme détermination ontologique : « Je nais de ma propre *Maya* », déclare Krishna au 6ème verset du chapitre IV ; et tantôt Il est lui-même la *materia prima*, la *Prakriti*, la matrice cosmique où se diversifie et se fragmente l'unique Réalité causale.

Et par là, nous comprenons précisément, autant qu'il est possible, comment la *materia* est puissance indéfinie de limitation, dans la mesure même où, comme en-deçà de l'Être, en-deçà qui témoigne de son Au-delà, elle offre son illusoire altérité, sa trompeuse indéfinité, à sa manifestation ou expansion cosmique. Ici l'Être est partout contredit, c'est-à-dire limité, fini, épuisé.

Comme l'a dit Guénon, de ce point de vue négatif –, la Manifestation universelle n'est que la somme de toutes les limitations possibles de la Réalité ontologique.

Mais, bien sûr, elle en est aussi l'affirmation – puisqu'aucune limitation ne saurait exister en tant que telle et qu'elle n'a d'être que de ce qu'elle limite. Toutefois, elle s'affirme selon le seul mode affirmatoire possible, en s'anéantissant dans son affirmation même, en sorte que l'affirmation de l'Être ne saurait le doubler inutilement et d'ailleurs contradictoirement.

Si nous reprenons ici, pour plus de clarté, l'image célèbre que Nicolas de Cues tira du *Livre des XXIV philosophes*, nous dirons que

---

[73] Nous avons développé cette doctrine dans *Amour et Vérité,* coll. Théôria, L'Harmattan, 2011, pp. 297-300.

la Non-contradiction absolue du Sur-Être est figurée par le cercle infini dont le centre est partout, la circonférence nulle part ; la contradiction de l'Être et du néant est figurée par le cercle fini dont le centre est déterminé par sa distinction d'avec la circonférence ; quant à la sous-contradiction de l'infra-ontologique, elle sera figurée par un cercle indéfini dont la circonférence est partout et le centre nulle part.

5. – La pax metaphysica acquiesce à l'onto-théologie

De ce point de vue, il est clair que nous avons atteint la *pax metaphysica* ; nous voulons dire : du point de vue de la Non-contradiction suprême.

Ce conflit de la raison avec elle-même en lequel se réduisait pour Kant toute l'histoire de la philosophie, et auquel il se félicitait d'avoir mis fin – mais à quel prix ! – ne procède en fait que de l'oubli de la perspective supra-ontologique, celle-là même qui se formulait implicitement dans la révélation de *l'Exode*, au cœur du Buisson ardent, puisqu'en Se « définissant » comme l'Être, Dieu s'en distingue silencieusement et le transcende ; celle aussi qui s'énonce mystérieusement dans la Théarchie suressentielle de la Trinité, et encore sous la figure de Marie, *Theotokos* et Reine de la paix ; mais nous la retrouvons également, quelques siècles plus tard et sous d'autres cieux, dans l'enseignement du maître des sciences métaphysiques, Shankara, dont le nom signifie précisément : *kara* « celui qui fait », *shan* « la paix » ; Shankarâchârya, le « Maître Pacificateur ». Et c'est enfin, croyons-nous, le sens de ce curieux dialogue qu'est le *Sophiste*.

Qu'on veuille bien en effet considérer cette étrangeté : d'un dialogue consacré au sophiste, le grand absent, c'est le sophiste lui-même : ni Gorgias, ni Protagoras, ni aucun nom d'aucun sophiste n'y apparaît.

La raison en est, comme tout à l'heure pour Parménide, que le sophiste vit et parle en chaque philosophe. Plus encore, il n'y a de philosophie que de sophistique surmontée. Ce qui travaille le philosophe de l'intérieur, comme le levain la pâte, c'est l'irrécusable sophistique du discours sur l'Être, qui, par son existence même, témoigne d'un autre que l'Être : dans la mesure même où le *logos* prétend ne viser que l'Être, il s'affirme comme cet en-deçà de l'Être à partir duquel seulement il peut y avoir visée de l'Être.

Le sophiste est donc l'ombre portée de l'ontologie parménidienne. Il s'installe au cœur de la contradiction dont il n'est rien d'autre que l'actuation, et que, par là même, il occulte en quelque sorte. Il est la contradiction inexplicablement réalisée ; il ne vit que du conflit de la raison avec elle-même. Il est l'antinomique de la raison pure.

Mais la philosophie n'est rien d'autre, nous l'avons dit, que la sophistique surmontée. En d'autres termes, il n'y a pas de philosophie, au sens positif d'un discours ordonné et systématique sur l'Être ; il y a seulement une philosophie négative, au sens où l'on parle d'une théologie négative.

La philosophie, c'est l'anti-sophistique, comme on dit : l'antimatière. Et c'est pourquoi Platon n'avait nul besoin d'écrire le dialogue pourtant annoncé du *Philosophe* : à nous de comprendre que ce dialogue, nous venons précisément de le lire de la seule manière dont il peut être écrit :

« Par Zeus, nous dit l'Étranger[74] (en 253), sommes-nous donc tombés à notre insu dans la science des hommes libres, et se peut-il qu'en cherchant d'abord le sophiste, nous ayons trouvé le philosophe ! »

Tel est le platonisme véritable, non le platonisme exotérique des « amis des Idées » que le Maître dénonce et refuse. Ainsi est établie la *pax metaphysica*, non seulement dans l'histoire de la philosophie – ce qui, après tout, n'a qu'un intérêt secondaire –, mais en nous-même, dans notre propre cœur, au centre du *logos* qui doit résoudre la contradiction qui le constitue comme *logos*.

[74] On sait que dans le dialogue du *Sophiste*, le maître doctrinal n'est pas Socrate, comme généralement chez Platon, mais « l'Étranger d'Élée ».

Qui *doit*, c'est-à-dire qui ne peut pas ne pas résoudre cette contradiction, puisque son intention la plus essentielle est celle même de l'intelligibilité et du sens, intention qui s'exprime nécessairement, quoiqu'imparfaitement, dans le principe parménidien de la contradiction ontologique.

Mais que veut dire : résoudre la contradiction ?

Écoutons le Maître qui nous donne ici son enseignement peut-être le plus important. Nous sommes en 249 c-d. L'Étranger vient de montrer que, le voudrait-elle, l'intelligence philosophique ne peut abolir intelligiblement toute intelligibilité. Que faire alors devant les doctrines antinomiques, par exemple celle des immobilistes, Éléates ou Platoniciens exotériques, et celle des mobilistes « qui meuvent l'être en tous sens » ?

D'une part, l'intelligence ne peut renoncer à sa propre nature, qui est d'« intelliger » ; et d'autre part la voici contrainte de se prononcer entre deux thèses opposées, mais également plausibles. On imagine la réponse du dogmatisme exotérique : il faut choisir l'un ou l'autre, et s'y tenir ; ou bien la réponse du criticisme antidogmatique : il ne faut choisir ni l'un ni l'autre, puisque nous ne savons ce qu'est l'Être.

Mais voici la réponse de Platon : « il faut devenir semblable aux petits enfants qui désirent les deux à la fois ». Le philosophe veut tout, il veut le Tout et même ce qui paraît le plus contradictoire. Vouloir « les deux à la fois », quels que soient ces « deux », telle est l'intention philosophique la plus profonde. La philosophie veut la dualité en tant que telle. Non point une dualité *réduite* à l'un de ses termes, non point une dualité *réduite* à l'unité sous-jacente et synthétique de ses deux termes, mais « les deux à la fois ».

Elle *veut*, c'est-à-dire qu'elle accepte, qu'elle consent à la dualité, ou encore à l'altérité, elle la désire et l'aime de son cœur le plus libre et le plus essentiel. Mais comment est-il possible à l'intelligence de se rendre effectivement accueillante à l'Être *et* à ce qui n'est pas ? Où trouver le fondement assez ample à partir duquel on pourra embrasser à la fois l'un et l'autre, sans les confondre, sans les réduire, sans les supprimer, mais au contraire en leur permettant de coexister *librement* ?

La réponse est le secret même de la Non-Dualité ou Non-contradiction suprême. Secret, car le dire c'est le nier. On le voit, la Non-Contradiction, la Non-Dualité, ce n'est pas l'homogénéité définitive et infiniment absorbante. La *pire* des erreurs ce serait, après avoir accompli le « parricide parménidien »[75] – et seul en effet, nous l'avons dit, Parménide est notre « père »[76] de transposer simplement, au niveau du Sur-Être, l'homogénéité massive de la sphère ontologique.

La *pax metaphysica* n'est pas celle du cimetière des philosophies mortes ; elle n'est pas celle non plus de la retraite kantienne où l'intelligence, à l'abri derrière les formes *a priori* de sa connaissance, a définitivement renoncé à courir le risque ontologique.

Elle est, en vérité, paix active, « pleine de bruits et de fureur », paix de la jeunesse, acquiescement à toute joie de l'être ; elle tressaille d'allégresse avec la multiplicité innombrable des créatures, elle sait qu'il n'est pas de conflit, de négation, d'exclusion, de limitation, que ne rende précisément possibles l'infinitude de l'absolument Réel, le Sans-Mesure et le Sans-Fond.

On assiste aujourd'hui à la rencontre peu évitable d'un apophatisme courtement pensé et d'un heideggerisme singulièrement unilatéral ; ce qui conduit à la nouvelle hérésie anti-ontologique : « l'Être, voilà l'ennemi », à moins que ce ne soient les étants ; comme si le Sur-Être exigeait la suppression de l'Être et de sa création multiple !

---

[75] C'est-à-dire : après avoir dépassé le monisme de l'Être que Parménide, Père de la philosophie, a enseigné. L'expression : « parricide de Parménide » se trouve chez Platon (*Sophiste* 241 d).

[76] Nous ne sommes fils que relativement au Père qui nous a engendrés, c'est-à-dire à l'Être créateur. La doctrine de Parménide étant prise ici comme le symbole de toute doctrine limitant le réel à l'Être, dépasser cette doctrine, c'est dépasser la racine ontologique de toute paternité. C'est donc, symboliquement ou apparemment, un « parricide ».

Quelle profondeur d'incompréhension ! Car il ne suffit pas de déplacer des prépositions pour dépasser toute « position », et la première qui est l'Être même. L'idolâtrie réifiante par laquelle déjà on ne voyait dans l'Être que l'étant, voilà maintenant qu'on la transporte au niveau même de la Non-Dualité.

Bientôt, nous le prévoyons, rien ne sera plus courant que le méta-ontologique ; toutes les boutiques philosophiques en tiendront l'article ; et l'on n'aura que mépris pour tous ceux qui se sont rendus coupables de cet impardonnable péché contre l'intelligence qu'est l'onto-théologie.

La véritable métaphysique, tout au contraire, ignore un tel mépris, puisqu'elle se connaît comme seule capable précisément de rendre compte intelligiblement de l'onto-théologie qui, sans elle, ne peut pas ne pas engendrer toutes les contradictions auxquelles l'histoire montre qu'elle a effectivement donné lieu et dont la principale est l'athéisme lui-même.

Nous disons onto-théologie parce que, de fait, les contempteurs du Dieu personnel rejoignent les contempteurs de l'Être, comme si la lumière universelle devait nier la ponctualité du foyer solaire, et comme s'il n'était pas évident que c'est seulement par le soleil que nous vient la lumière ; et c'est pourquoi rien n'est plus métaphysiquement justifié que de se prosterner devant la transcendance de la Personne divine et de L'adorer.

La métaphysique de la Non-Dualité n'est pas un « truc » pour intellectuel malin. Elle exige plutôt une naïveté rare et une humilité naturelle. Sans doute le métaphysicien ne peut-il cacher qu'un certain onto-théologisme exotérique, par sa propre agressivité et son étroitesse dogmatisante, contraint en quelque sorte le philosophe à la sévérité critique. Car les droits de la vérité sont imprescriptibles.

Mais il ne saurait non plus opposer simplement ce que Georges Vallin a si judicieusement appelé la « perspective métaphysique » aux limitations des théologies exotériques, et à combattre les unes par l'autre. Car le métaphysicien, en tant que tel, ne combat pas ; il sait que ces limitations sont inévitables, et donc nécessaires, non seulement pour la masse des hommes, mais aussi pour lui-même, en tant précisément qu'il est individuellement l'un d'entre eux.

La grâce du *Vedânta* non-dualiste peut bien illuminer son intelligence – et pourquoi faudrait-il qu'il le niât ? –, il ne peut ignorer cependant que son être individuel demeure en quelque sorte *onto-tropique*, c'est-à-dire orienté vers l'Être comme vers le Donateur de cette réalité dont il éprouve en soi la très mortelle absence. On ne prie pas l'Absolu sur-ontologique et « supra-personnel » : on ne parle à Dieu que parce qu'Il peut nous entendre et nous aimer. Le vrai philosophe ne tombera pas dans un puits pour avoir trop regardé les étoiles : il sait, mieux que d'autres peut-être, qu'il s'y trouve déjà, et qu'il n'est pas aisé d'en sortir, à moins d'un secours d'En-Haut.

6. – DIEU SE « RÉALISE » ÉTERNELLEMENT[77]

Nous pouvons maintenant revenir à la question dont nous sommes parti, et qui est celle de la réalisation métaphysique.

Nous venons de montrer que la doctrine purement métaphysique de la Non-Contradiction absolue n'est au fond rien d'autre qu'une herméneutique de la raison ontologique. Nous avons recueilli cet enseignement auprès de Shankara comme auprès de Platon.

S'il est vrai que le philosophe ne cherche que le non-sophiste, cela signifie qu'au fond la doctrine suprême n'a pas de contenu propre. Elle est, dans l'ordre même des formulations langagières, constituée essentiellement par le dépassement de l'objet même de tout discours. Plus encore, elle est la *compréhension* du discours sur l'Être.

Assurément, d'une certaine manière, le *logos* ne parle que de l'Être. Mais la métaphysique comme herméneutique nous enseigne justement ce que parler veut dire ; et elle ne peut le faire qu'à la condition de « comprendre » l'Être et le discours, c'est-à-dire de les embrasser à partir de ce qui les dépasse et les fonde.

---

[77] Ou encore, dit Aristote, « Dieu se pense Lui-même ». Il est « pensée de la pensée ».

Elle apparaît ainsi comme une méta-critique de la raison ontologique : elle définit les conditions transcendantales de toute ontologie possible. Aux yeux de la méta-critique non-dualiste, le criticisme kantien entre dans une contradiction vraiment épiménidienne[78], dans la mesure où il nie qu'il y ait un *logos* de l'être, car s'il n'y en a pas, il ne peut pas non plus le savoir. Il est vrai que les limitations du point de vue ontologique se reflètent en contradictions sur le plan des réalités naturelles et empiriques.

Mais justement, ces limitations ne sont perceptibles qu'à partir de ce qui dépasse ce point de vue. Pour celui qui demeure sur le seul plan empirique, l'Être est perçu comme Réalité pure et parfaite, indépassable et fondatrice, en vertu même de l'onto-tropisme constitutif de tout regard intellectuel. Et donc il apparaît aussi comme cela en quoi toutes les contradictions naturelles trouvent leur effacement, et non comme ce dont on ne peut pas parler. Au demeurant, il devrait être clair que toute interdiction de parole vient toujours trop tard.

Et si la méta-critique non-dualiste est compréhension de l'Être et donc perçoit ses limites, ou plutôt, et pour parler d'une manière infiniment plus appropriée – car l'Être en soi est infini –, le perçoit comme cause directe de toutes les déterminations positives, et comme racine indirecte de toutes les limitations, elle ne serait pas non plus compréhension de l'Être si elle ne le fondait, en quelque sorte, dans son infinie plénitude, c'est-à-dire si elle n'en montrait la *possibilité*.

Ce qui signifie simplement ceci : l'Être comme tel n'est pleinement intelligible qu'en tant qu'Il est regardé comme l'Affirmation ou la Position principielle. Mais Il ne peut être regardé ainsi qu'à partir de la Non-Affirmation ou Non-Position suprême.

Sinon, si on ne va pas jusque là – et il n'est pas toujours nécessaire de le faire –, l'Être pur est le terme indépassable et premier, Il

---

[78] Epiménide est ce Crétois qui disait que tous les Crétois étaient menteurs. Voir *La crise du symbolisme religieux*, 2ème édition revue, corrigée et mise à jour, coll. Théôria, L'Harmattan, Paris, 2008, pp. 227-338.

fait donc fonction de Réalité absolue, Il équivaut au degré sur-ontologique et Le révèle ou Le représente.

De même, pour l'habitant terrestre, le Soleil est source unique de la lumière et équivaut implicitement à l'essence de la lumière universelle. Du moins est-ce là l'enseignement que nous donne le jour. Autrement dit, le Soleil ontologique suffit à rendre compte de l'expérience diurne de la connaissance, laquelle nous révèle tous les contenus positifs des réalités naturelles.

Mais il y a aussi une expérience nocturne et cette expérience est double : lunaire et stellaire.

Lunairement, c'est encore le soleil de l'Être qui suffit à rendre compte des aspects négatifs ou limitatifs des réalités naturelles, puisque la Lune ne fait que refléter sa lumière : lumière morte qui éteint les couleurs – les qualités positives – et accuse les contours et les ombres – les finitudes et les limitations.

Stellairement, d'autre part, la nuit nous fait découvrir, mais seulement par négation ou indirectement, l'existence d'une autre lumière, pour nous sans puissance illuminatrice, la lumière pure et universelle dont le Soleil est comme la concrétion rayonnante et victorieuse.

Or, la métaphysique ou méta-critique des conditions transcendantales de toute ontologie ne concerne pas seulement l'Être comme terme unique du regard intellectuel. Elle concerne aussi cet intellect lui-même dans son acte cognitif. Si elle doit nous enseigner ce que parler veut dire, relativement à l'Être comme objet de la parole, elle doit aussi le faire relativement à l'homme comme sujet de la parole.

La formulation de cette exigence sera très simple : que signifie pour le philosophe de parler de ce qui dépasse le monde de l'expérience commune ? Il faut nécessairement que la rigueur de la méta-critique non-dualiste pénètre aussi à l'intérieur de l'acte cognitif et le transforme suffisamment pour le rendre adéquat à sa tâche.

Or le propre d'une telle méta-critique, c'est précisément de nous révéler l'ontologisme inconscient ou implicite de tous nos actes cognitifs, dans la mesure où elle met en évidence cet onto-tropisme positif où fulgure l'irréductible réalité. Mais, évidemment, avec des modalités extrêmement diverses selon la diversité des espèces d'êtres.

Tout en bas de l'échelle, l'être atomique ou sub-atomique s'identifie presque totalement à son connaître dans une actualité quasiment instantanée.

Au contraire, pour l'homme, qui déborde par la pensée la ligne de la réalité suturante – penser, c'est être absent –, son connaître excède de beaucoup son être : il connaît, c'est-à-dire il anticipe le sens du mouvement de suturation, ce qui signifie qu'il pose de l'être et des degrés d'être dont il n'a pas une conscience effective, autrement dit, des degrés d'être qui ne sont pas véritablement réels au sens que nous avons donné à ce terme.

À cet objet de la connaissance anticipative convient essentiellement l'attribut de la possibilité. Non que cet objet connu théoriquement soit possible relativement à sa propre actualisation, mais au sens où il n'est pas actuellement réel pour la connaissance qui le conçoit, c'est-à-dire au sens où il n'est effectivement et immédiatement pas connu.

La distinction du possible et du réel, selon la perspective qu'ici nous retraçons, et qui est celle que Guénon définit aux chapitres XV et XVI des *États multiples de l'être*, ne repose donc pas sur leur opposition, mais, au contraire, sur leur identité métaphysique.

Éternellement, « au niveau » du Principe suprême et absolu, est réalisée la parfaite suturation de l'être et du connaître, tout étant accompli au-delà de tout mode déterminé, fût-ce le premier d'entre eux, le mode ontologique. Dieu est la Réalité pure parce qu'Il Se connaît infiniment Lui-même et S'identifie parfaitement à cette connaissance.

Mais cet absolument Réel n'est pour nous concevable et énonçable que comme Possibilité universelle et infinie, c'est-à-dire comme Non-Contradiction suprême, puisque, très précisément, le possible s'énonce en logique comme ce qui n'implique pas contradiction : la Non-Contradiction totale, c'est donc la Possibilité totale[79]. Assurément, la Possibilité universelle n'est essentiellement pas distincte de l'absolument Réel.

C'est pourquoi elle sera figurée dans l'hindouisme comme la *Shakti*, l'Épouse-Énergie du suprême *Brahma*. Mais elle n'est pas non plus un « pur point de vue », ce qui d'ailleurs n'aurait aucun sens.

Elle est le Principe suprême en tant qu'Il « regarde » toutes les déterminations ontologiques et la première de toutes, leur synthèse causale, l'Être lui-même, et en tant que, réciproquement, toutes les déterminations Le regardent. Elle est, cette *Shakti*, la réciprocité même des regards, l'altérité infinie en laquelle l'identité infinie transcende et embrasse la contradiction ontologique.

Elle est le lieu universel de toutes les réalisations possibles, c'est-à-dire de tous les événements cognitifs par lesquels les êtres accèdent à la Réalité, le lieu de toutes les suturations innombrables où ils se fondent, sans confusion, dans la suturation éternellement en acte. Elle est, autrement dit, l'immanence de toute multiplicité – et de l'Un lui-même – au sein du Principe.

Toutefois, et bien qu'il n'y ait aucun doute que l'intelligence vise toujours l'Être, il est non moins certain qu'elle ne l'atteint pas directement en tant que tel, mais seulement revêtu d'un certain mode, celui selon lequel il est actuellement présent et qui se trouve à l'origine de l'expérience cognitive. Or, la *présence* est pour nous la forme générale de l'existence : seul existe pour nous ce qui nous est présent, c'est-à-dire ce dont nous prenons effectivement conscience.

Pour la connaissance ordinaire, naturelle et immédiate, ce mode est celui de l'existence corporelle ou sensible, ce qui signifie que le

---

[79] Les scolastiques distinguent : 1. – la possibilité intrinsèque ou absolue qui se ramène à la non-contradiction : un cercle est possible ; un carré circulaire est impossible, même pour Dieu, car il implique contradiction. 2. – la possibilité extrinsèque ou relative, qui dépend de certaines conditions de réalisation, ou de la capacité d'un sujet : il peut pleuvoir demain, un homme peut courir. Il s'agit ici au niveau sur-ontologique, de la possibilité absolue.

mode de présentation corporelle est le premier sous lequel nous faisons l'expérience de l'Être, bien que la notion même de l'Être ne puisse évidemment être donnée par la perception elle-même, mais seulement *dans* la perception.

La conscience du réel, ou conscience effective ou conscience actuelle, implique donc la conjonction ou plutôt l'impossible disjonction d'un connaître et d'un être, en dehors de quoi le mot de réalité n'a aucun sens rigoureux. Autrement dit, il y a réalité lorsqu'il y a effectivité d'une telle non-disjonction.

C'est cette non-disjonction qui est première – le réel étant la norme des normes, la norme comme telle ; l'être et le connaître ne sont par rapport à elle, c'est-à-dire par rapport à la réalité, que des possibles qui se réalisent dans leur acte commun. C'est pourquoi, Aristote peut dire, d'une manière admirable et indépassable, que la sensation est l'acte commun du sentant et du sensible.

Et c'est précisément en tant que cet acte commun se réalise immédiatement et naturellement, que le monde réel est d'abord le monde physique. On ne peut donc séparer ici le sujet de l'objet – ou réciproquement –, sinon par abstraction et en tant que ni le sujet sentant ni l'objet sensible, ne sont tout le sujet et tout l'objet.

La non-disjonction en acte du connaissant et du connu est donc le lieu même où se tient la réalité et à partir duquel prend sens leur distinction possible.

Quand nous disons acte commun et immédiat, cela ne veut pas dire qu'il n'y ait pas de médiations physiques, physiologiques et même psychologiques, dans le processus perceptif, mais que de telles médiations sont ignorées de la connaissance sensible en tant que telle : l'œil ne se voit pas voyant, la vue est vue immédiate du visible, ou plutôt, il est impossible de distinguer la vue en acte du visible en acte. Cette immédiateté est bien le signe, la marque, qu'en elle le sentant et le sensible ne font réellement qu'un.

Il faut donc résolument s'engager dans la voie de ce « réalisme actualiste » qui identifie le réel à une *suturation* permanente d'un connaître et d'un être comme d'une fermeture-éclair dont les deux moitiés se réunissent progressivement.

Il n'y a de réalité que sur la ligne de cette suturation qui ne définit rien d'autre que la vie même par laquelle chaque être individuel se *réalise* en s'abouchant en permanence avec les autres êtres et les éléments objectifs de son monde, si bien que l'unité d'un être, à travers tous ses états, est constituée par l'unité de sa ligne de suturation.

Tous les êtres, de l'atome à l'homme et à l'ange, passent en quelque sorte leur temps à poursuivre cette suturation cognitive sur la ligne de laquelle il « arrive » quelque chose, pas seulement à l'être humain qui en prend effectivement et immédiatement conscience, mais aussi, et d'une certaine manière, en Dieu, quoique évidemment, il n'y ait en Lui rien de « nouveau », ou plutôt, parce que, n'ayant point de passé, ni d'avenir – si l'on peut dire –, tout en Lui est radicale nouveauté, éternelle présence.

Et de même pour l'Être. Qu'est-ce, d'ailleurs, que le possible, sinon *ce qui peut être*. Et qu'est-ce que le point de vue sur-ontologique, sinon le point de vue à partir duquel seul l'Être devient possible, pleinement possible, puisqu'il échappe à la contradiction de la finitude indéfinie qui pourtant procède de Lui, en même temps qu'Il apparaît comme l'Affirmation de ce qui est au-delà de toute affirmation ?

☙

Telle est, brièvement décrite, la voie de la réalisation métaphysique, selon ce que nous avons appelé, faute d'un meilleur terme, le réalisme actualiste.

Elle nous enseigne quelle est la véritable herméneutique du soupçon, celle qui dénonce vraiment l'illusion objectivante de la pensée non critique, en même temps qu'elle délivre l'Objet ontologique de toute contradiction, parce qu'elle est en possession d'une conception vraiment rigoureuse de la Réalité.

C'est en ce sens que le Dieu-Logos pouvait énoncer en S. Jean : « Celui qui fait la Vérité va à la Vérité », et que Marie a pu dire, en tant qu'épouse de l'Esprit-Saint, « je suis l'Immaculée Conception »

[15-25 mai 1983, dernières corrections : 09-2018]

CHAPITRE XX

La vraie logique du non-dualisme
Justification et nécessité

1. – De quelques thèses prétendument « non-dualistes »

Les questions que nous voulons aborder dans les pages qui suivent ne ressortissent pas directement à l'ordre métaphysique, mais elles concernent le métaphysicien et l'homme spirituel en tant qu'il appartient à une culture, une civilisation, une société et une histoire, bref à ce que nous pouvons appeler, au sens large, l'ordre politique ou temporel. C'est en effet dans cet ordre que se manifestent les formes traditionnelles et sacrées et que s'accomplit l'existence de l'homme de prière et de connaissance. Il ne s'agit donc pas de nous intéresser exclusivement à cet ordre en lui-même, mais à son rapport à l'ordre métaphysique, rapport qu'implique nécessairement l'appartenance de fait de l'homme aux deux « cités » – pour employer l'expression de S. Augustin –, celle du Ciel et celle de la terre. La relation entre ces deux ordres ne peut pas ne pas comporter, pour l'homme spirituel, des tensions et des conflits, et imposer des choix. En d'autres termes, non seulement nous devons subir cette dualité et en souffrir, mais encore nous devons agir au sein de l'ordre politique et donc nous situer relativement aux possibilités qu'il nous offre. Si radical que soit notre retrait hors du monde moderne, il ne va pas jusqu'à nous libérer effectivement de toute nécessité de choix, et, parfois, dans des domaines qui touchent directement au Sacré : pour un catholique, par exemple, assister à la nouvelle messe, n'est-ce pas cautionner le rejet de l'ancienne ? Dans un monde où tout change à tout instant, indéfinis sont les choix que nous impose l'existence, alors même que nous sommes hors d'état, la plupart du temps, de peser avec compétence le pour et le contre.

Au regard de la Vérité, Guénon nous l'a appris, l'opposition majeure qui structure le champ moderne du politique, est celle de la Tradition et de l'anti-Tradition. À un point de vue plus spécifique, on pourra parler en fin de compte de ce qui relève de l'Esprit et du Contre-Esprit, dont il est dit qu'il ne sera pas pardonné. Tout homme de bon sens, informé de cette opposition majeure, qui n'est autre que l'un des aspects du combat du bien et du mal, des Anges de lumière contre les Anges des ténèbres, ne peut que souhaiter la victoire des premiers sur les seconds et s'efforcer d'y contribuer dans la mesure du possible.

Cependant, depuis quelques années, une autre thèse se fait jour. Sans nier l'opposition que nous avons en vue, cette thèse dénonce, au nom du Non-dualisme radical de la perspective métaphysique, tous ceux qui acceptent cette opposition comme telle et qui tombent ainsi dans le péché anti-métaphysique par excellence : le dualisme. Les formes qu'a revêtues cette thèse sont nombreuses.

L'une des plus connues est celle que nous présente Julius Evola dans *Chevaucher le Tigre*. Elle consiste à prétendre que le vrai gnostique, parfaitement conscient du jeu cosmique et des forces antagonistes qui font mouvoir la roue cyclique, doit prendre lui-même la direction des énergies négatives et anti-traditionnelles afin de hâter la fin du cycle, et par-là même, de précipiter la destruction de ces forces. Une telle proposition ne peut manquer d'impressionner certains esprits que séduit sa nature paradoxale.

Mais on rencontre aussi une forme différente de notre thèse chez des penseurs sensibles au fait que selon eux le combat en faveur de la Tradition peut conduire, ou conduit même inévitablement, à un traditionalisme « proprement réactionnaire et réactif » – pour reprendre une expression nietzschéenne. Il s'agit alors, affirme-t-on, « d'un attachement intempestif et déraisonnable à des formes culturelles passées et proprement dépassées au nom de la Tradition ». À l'encontre de cette « crispation passionnelle contre la modernité », il convient de comprendre que la dissolution des formes traditionnelles comporte une « dimension de nécessité qui nous contraint à en saisir la secrète justification ». Cette dissolution, en effet, en épuisant les ultimes possibilités cycliques, conditionne « l'avènement d'un cycle nouveau ». C'est pourquoi, conscient des implications essentielles du Non-dualisme », le métaphysicien « comprend [...] la nécessité de ce qu'on appelle aujourd'hui révolution », ce qui inclut, évidemment, la révolution marxiste. Toutes les formes étant « un reflet du Principe », loin de condamner ou de rejeter les « aberrations » de la modernité, il les intègre dans « l'horizon illimité qui est le sien », et va jusqu'à admettre « la disparition » de toute Tradition.

Une troisième forme de la thèse « anti-dualiste » se rencontre chez un auteur récent qui après avoir présenté toutes les apparences de l'ultra-guénonisme le plus accusé, s'efforce, aujourd'hui, de prouver aux guénoniens qu'ils se sont mépris sur la pensée secrète de leur Maître, lequel n'aurait nullement été l'adversaire du satanisme comme on le croit naïvement, mais au contraire, aurait laissé entendre, à ceux qui ont des oreilles, que les « mystères typhoniens » ne sont pas ce qu'on croit. Ici aussi le péché mortel du dualisme, c'est la morale qui oppose le bien et le mal, alors que le Non-dualisme nous enseigne l'identité des contraires, vérité que « Lénine professait [...] redécouvrant ainsi la course aux contraires, l'*énantiose* de l'école de Pythagore », tandis que S. Jean « avec sa personnalité schizoïde » ignorait « cette possibilité », d'où ses erreurs dans l'Apocalypse. Nous laisserons de côté ces considérations qui visent en somme à la réhabilitation du « Prince de ce Monde », véritable « Église invisible », contre S. Jean qui en aurait usurpé le titre. Ces affirmations se passent de commentaires.

Il n'en va pas de même des deux thèses précédentes que nous pourrions nommer, l'une : « anti-dualisme de droite », et l'autre : « anti-dualisme de gauche », le second n'étant d'ailleurs pas moins répandu que le premier, et pouvant même connaître une prochaine extension. Cet anti-dualisme se présente, nous l'avons vu, comme la conséquence du Non-dualisme métaphysique combiné avec l'idée de la nécessité cyclique, le Non-dualisme nous amenant à comprendre que les possibilités les plus inférieures devant inévitablement se manifester, puisqu'elles font partie du déroulement du cycle, sont par là même *justifiées.* Il serait donc vain de les combattre, et même elles offrent des aspects tout à fait positifs.

Nous nous proposons de démontrer l'illusion anti-métaphysique dont sont victimes les partisans de cette thèse, illusion qui prouve, ou bien que la compréhension de la doctrine de l'*advaïta* est beaucoup plus difficile que ne le laisse supposer la brièveté de son énoncé, ou bien, et les deux hypothèses peuvent se conjuguer, qu'une parfaite compréhension théorique exige des qualités qui ne sont pas d'ordre purement intellectuel.

2. – ÉGALITÉ EXISTENTIELLE ET DIFFÉRENCE QUALITATIVE

Du principe du Non-dualisme les thèses que nous venons d'évoquer déduisent essentiellement deux conséquences qu'elles conjuguent le plus souvent. La première de ces conséquences, sans nier la réalité des oppositions, affirme que, dès lors qu'il ne peut y avoir de manifestations cycliques sans dualité de forces antagonistes, l'existence des forces négatives et dissolvantes est par là même justifiée. La seconde va plus loin, puisque, au nom du Non-dualisme, elle nie toute opposition irréductible entre le bien et le mal, le traditionnel et l'antitraditionnel, et prétend en tirer la conclusion pratique. Nous commencerons par la première qui transforme la nécessité en justification.

Loin que nécessité vaille justification, nous voudrions au contraire montrer qu'elles n'ont de sens que si on les distingue. Nous poserons d'abord que la nécessité s'applique à l'être alors que la justification relève de la valeur. Or, la valeur ne s'identifie à l'être qu'au niveau du Principe : parce que Dieu est l'Être, Il est aussi Bonté, Vérité, Beauté, Justice.

À rigoureusement parler, le terme de « Valeur » ne saurait d'ailleurs convenir : Beauté, Bonté, Vérité, Justice, sont des Essences, des Qualités divines identiques à l'Être pur, alors qu'une valeur se définit comme une tension dialectique entre une existence et une essence et donc implique leur distinction.

Ainsi une œuvre d'art ou une créature sont belles ou bonnes ou vraies ou justes dans la mesure où leur existence manifestée est plus ou moins conforme à l'essence incréée du Beau ou du Bon ou du Vrai ou du Juste. La « Valeur » d'une chose ou d'un être consiste donc très exactement dans la relation que leur existence soutient avec telle qualité de l'Être pur et se mesure ou s'apprécie en fonction de cette relation qui peut être plus ou moins étroite selon le degré de participation de l'une à l'autre. Ces considérations sont claires et assurées, et ne doivent jamais être perdues de vue.

Métaphysiquement parlant, cette non-coïncidence de l'essence et de l'existence est la valeur et la marque même de l'être manifesté. La créature est une distance, dit saint Maxime le Confesseur. Être créé, c'est *ne pas* être son essence, et c'est pourquoi nous devons précisément devenir ce que nous sommes. C'est pourquoi, aussi, il y a une multiplicité hiérarchique d'êtres, car l'existence des uns se trouve dans une plus grande proximité participative, sous le rapport de telle qualité divine, que l'existence des autres, étant entendu qu'une moindre valeur sous un certain rapport, peut se combiner avec une valeur plus grande sous un autre. Cet entrecroisement des relations axiologiques constitue l'inépuisable variété du cosmos en vertu de laquelle aucune réalité créée n'est absolument égale à une autre, et c'est là le fondement et la raison d'être de la multiplicité des créatures. Il n'y a de multiplicité que hiérarchique.

Il y a cependant un point de vue sous lequel les créatures, quelles qu'elles soient, sont rigoureusement égales, c'est sous le rapport de leur existence. L'existence, ou encore la non-inexistence, constitue une différentielle radicale d'avec le néant. De ce point de vue, il n'y a pas de plus ou de moins. On existe ou on n'existe pas : *tertium non datur* – il n'y a pas de tierce possibilité. C'est pourquoi, en tant seulement qu'ils existent, tous les êtres sont équivalents. Et puisque cette existence est l'effet de la cause créatrice et que, d'une certaine manière, la cause est présente à son effet, il faut dire avec S. Thomas d'Aquin que Dieu est présent partout, même en enfer, et, précise le saint Docteur, d'« une présence immédiate »[80], affirmation qui surprendra peut-être quelques penseurs hâtifs.

L'égalité existentielle ainsi définie est une égalité existentielle minimale ou limite, ce pourquoi nous avons parlé de « différentielle ». Elle n'exclut pas des degrés d'être ou de réalité : une créature peut participer à plus de réalité qu'une autre dans la mesure où elle est soumise à des conditions d'existence moins limitatives ; les degrés de perfection correspondent à des degrés de réalité : l'homme est plus « réel » que l'animal qui est lui-même plus « réel » que la plante, et ainsi de suite. Mais ces distinctions présupposent une condition minimale *sine qua non* : leur existence, ou encore, en langage métaphysique, leur appartenance à la Manifestation universelle. Cette existence n'est autre que l'ultime reflet de l'Être pur, ultime puisqu'au-delà, c'est le néant, si l'on peut dire, mais, par rapport à ce néant, l'existence ou « *esse* minimal » est aussi un véritable miracle, par lequel la création tout entière se tient *ex nihilo*.

Et puisqu'il s'agit de l'ultime hypostase de l'Être pur, il faut dire que, *en tant qu'elles existent*, toutes les créatures sont bonnes, belles et vraies. Cette beauté, cette bonté, cette vérité sont celles mêmes de l'Être, mais précisément, ne correspondent, comme telles, à aucune manifestation explicite de la Beauté, de la Bonté ou de la Vérité. En d'autres termes, au niveau de l'Être pur, les qualités divines ou Aspects principiels sont identiques à l'Être et indiscernables les unes des autres. Cette indifférenciation se reflète dans l'existence comme telle qui conditionne toute créature et lui confère, *ipso facto*, la beauté, la bonté, la vérité intrinsèques de l'être même en tant qu'elle ramène ces qualités à leur racine ontologique.

Mais, d'autre part, ces qualités divines ou Aspects principiels se distinguent les uns des autres du point de vue de la manifestation

---

[80] Nous avons rassemblé les textes essentiels dans *Amour et Vérité*, p. 392.

c'est-à-dire selon la multiplicité innombrable des modes de participation des êtres à l'Être-Principe. Les visages que l'Être-Principe tourne vers les êtres manifestés sont autant de modes selon lesquels ces êtres manifestés participent de l'Être-Principe, et ces modes s'appellent Beauté, Bonté, Vérité et aussi Force, Grandeur, Justice, etc…

Il y a donc dans la manifestation, à la fois identité et différence. Identité en tant qu'à tout le créé, des Anges aux atomes, est communiqué le même *esse* minimal, « *ex nihilo* », et différence selon les modes – et, au sein de chaque mode, selon les degrés – de participation à l'Être-Principe. Dieu se donne à la fois identiquement à chaque créature – l'existence est unique – et selon des modes indéfiniment divers, car qui dit manifestation dit mode, et donc multiplicité.

Ces deux sortes de participation, participation ontologique et participation modale ou qualitative, ne jouent pas la même fonction au sein du créé. La participation ontologique, ou communication de l'*esse* à un autre que l'Être-Principe, explique pourquoi il existe un « autre-que-Dieu » ; cette communication est précisément le privilège de l'acte créateur : Dieu est Dieu dans la mesure même où l'Unicité de son Être n'est pas exclusive de son irradiation ontologique, mystère ontophanique dont rend compte la doctrine de Mayâ ou encore de l'Infinitude intrinsèque de l'Absolu. Ainsi le miracle de l'existence présuppose la distance, à certains égards infinie, qui sépare l'*esse* créé de l'*Esse* increé. L'*esse* créé est l'ultime hypostase de l'*Esse* increé en tant qu'il en est distinct : exerçant pour lui-même l'acte d'exister, sinon il n'existerait pas vraiment – telle est la libéralité ontologique de Dieu ! –, il jouit d'une sorte d'autonomie et manifeste une sorte de discontinuité par rapport au Principe. Géométriquement, il faudra le représenter par un cercle – le cercle de l'Exister universel – distant du centre ponctuel dont il est la manifestation.

Au contraire la participation modale ou qualitative ne jouit d'aucune autonomie ; elle est même ce qui, au sein de l'éloignement existentiel, rattache et rapproche l'être créé de l'Être increé. *Une* rose n'est pas *belle* comme elle *est*. Son existence est la sienne – Dieu *donne* l'être –, sa beauté appartient à la Beauté divine, elle est un certain rapport à l'unique Beauté, une tension dialectique, ou encore une certaine façon de rapporter son existence à Dieu, de s'approcher de Lui. C'est pourquoi la beauté de la rose, plutôt qu'un être, est une valeur. La qualité d'un être n'existe pas comme dans cet être, comme une chose. Elle existe seulement de l'existence de l'être créé, sinon elle ne serait aucunement manifestée ; mais en elle-même elle n'est rien d'autre qu'un certain degré de proximité de la qualité divine considérée. Géométriquement, la participation qualitative devra être représentée par un rayon émanant du centre et y ramenant toute chose.

3. – LA NÉCESSITÉ DE SON CONDITIONNEMENT EXISTENTIEL NE JUSTIFIE PAS LA CRÉATURE.

Après ces considérations nous sommes en mesure de mieux comprendre ce que sont la justification et la nécessité. Nous avons, en commençant, esquissé une première différenciation de ces deux notions. Nous pouvons maintenant y revenir d'une manière plus approfondie.

Dire que l'existence d'un être est justifiée ne peut avoir qu'un sens : cela signifie que cet être, par ses qualités, justifie le fait qu'il existe. D'un certain point de vue, il est vrai, toute existence est justifiée du fait même qu'elle se distingue radicalement du néant. À cet égard, l'exister réalise une sorte d'équivalence minimale de l'être et de la valeur, analogue inverse de celle qu'accomplit éternellement l'Être-Principe.

Mais il serait plus exact de dire qu'à ce niveau la notion de justification n'a plus véritablement de sens, puisque tout étant justifié, rien non plus ne l'est. En effet, si l'exister était à soi-même sa propre justification, l'idée même de justification n'aurait aucun sens. Justifier une existence, c'est toujours la « racheter » du « péché d'existence », c'est-à-dire du droit qu'elle semble s'arroger d'être autre que Dieu. Si donc on se pose la question de savoir ce qui justifie telle existence, c'est que, précisément, elle ne se justifie pas par elle-même.

Ainsi, c'est bien l'existence qui requiert la justification, c'est elle qui doit être justifiée – parce que ce qui est « miracle » d'un certain point de vue, peut, d'un autre, être « scandale » ou « péché » –, ce n'est pas elle qui justifie. Ayant donc écarté la justification par le pur exister, nous pouvons maintenant envisager la justification par la nécessité.

Nous rappellerons tout d'abord les définitions scolastiques de quelques notions fondamentales souvent mal distinguées. Est *possible* ce qui peut être, c'est-à-dire ce qui n'implique pas contradiction ; le possible s'oppose à l'*impossible* – ce qui implique contradiction, un cercle-carré par exemple : il concerne donc le domaine du concevable, de l'intelligible, de l'essence. Est *nécessaire* ce qui ne peut pas ne pas être ; le nécessaire s'oppose au *contingent* – ce qui peut être *ou* ne pas être : il concerne donc le domaine de l'être en général, et, par conséquent, aussi celui de l'existence créée. Au sens le plus élevé, Dieu seul est l'Être nécessaire puisque son essence implique son existence. Il possède en Lui-même sa raison d'être.

Aucun être créé n'est dans ce cas : pour tout créé, son existence dépend d'un autre que lui, il n'est pas en lui-même sa raison d'être. Appliquée au créé, la nécessité ne saurait donc concerner son exister comme tel. Que peut-elle donc concerner ? Serait-ce sa nature, l'ensemble de ses déterminations qualitatives ? Mais cela n'a aucun sens. La nécessité, en effet, ne se dit pas de l'essence : une essence, une nature est ce qu'elle est, possible ou impossible, si, comme le cercle carré, elle implique une contradiction. Puisque la nécessité ne peut porter sur l'exister créé comme tel, ni sur sa nature, il reste qu'elle ne peut porter que sur le conditionnement de cet exister, c'est-à-dire sur les conditions qui s'imposent à son existence.

La nécessité qui concerne l'Être incréé est donc une nécessité positive et intrinsèque, c'est la nécessité libre de son Auto-affirmation. La nécessité qui concerne le créé, est une nécessité limitative et extrinsèque, c'est la nécessité conditionnante et déterminante qui définit l'enchaînement inéluctable des causes et des effets, et le développement inévitable des conséquences dès lors que sont posées les prémisses.

Doit-on l'identifier à la perfection d'ordre ? Oui et non. Disons plutôt qu'elle est un aspect, ou qu'elle découle de l'ordre-structure d'un monde donné qui est en effet toujours défini par un ensemble de conditions. Cet ordre-structure, cependant, n'est pas par lui-même négatif et contraignant, puisqu'au contraire, par là même qu'il est non-désordre, non-chaos, il permet aux possibilités d'existence de se réaliser. Mais cet ordre devient loi nécessitante lorsque l'être à qui il permet d'exister se révolte contre lui et veut le nier. Alors l'aspect miséricordieux de l'ordre s'efface sous son aspect de rigueur, la structure devient enchaînement et les conséquences se développent inexorablement. Ainsi, par exemple, nous ignorons la contrainte de la pesanteur tant que nous demeurons à la surface de la Terre, et même cette pesanteur nous structure corporellement et nous construit, mais nous la ressentons comme une contrainte mortelle si nous sommes séparés du sol qui nous porte.

La question de la nécessité est donc liée à l'existence du péché originel qui, transgressant la loi ordonnatrice du paradis, la transforme en sanction mortifère. C'est la révolte adamique qui « actue », c'est-à-dire qui rend actifs les aspects limitatifs inhérents à la perfection finie du créé paradisiaque – car la finitude n'exclut pas la perfection relative –, et transforme ces aspects limitatifs en conditionnement activement et indéfiniment négatif. C'est alors que la surface paradisiaque se « creuse » d'une verticale inférieure, d'une hiérarchie inversée de « lieux » existentiels de moins en moins nobles, d'« alvéoles » ou de « situations » d'être de plus en plus limitées, obscures et éloignées du Principe. Cette « dégringolade » des localisations est nécessaire, c'est-à-dire inéluctable, dès lors qu'est accomplie la transgression adamique. Et comme il faut bien que toutes les places soient occupées, que toutes les « cases » soient remplies, il y aura des êtres pour les occuper. Alors surgit à leur propos la question de leur justification.

Nous avons rencontré, dans l'analyse de l'être créé, trois éléments principaux : l'exister pur, la nature propre et la situation cosmique. D'une part un être existe, d'autre part il est tel ou tel, enfin il occupe telle ou telle place dans l'échelle des êtres et dans l'ensemble de la création. Dans la théologie catholique, ces trois éléments sont d'ailleurs rapportés respectivement au Père, au Fils et à l'Esprit[81].

D'une certaine manière, l'exister est identique en chacun. La nature, ou essence, ou forme d'un être est toujours un mode de participation au Verbe divin, synthèse première des Noms et Qualités prototypiques. Il n'y a donc pas de nature par elle-même négative. Comme le rappelle Platon dans le *Parménide*, « il y a une essence de la boue, de la crasse et du cheveu » (130 c-c), bien que le jeune métaphysicien hésite à attribuer si noble réalité à si basses manifestations. Cette participation au Verbe relève de la Miséricorde divine et de son immanence dans toute créature. Sur cette ligne verticale qui fait de chaque nature un reflet de la Nature divine, on ne trouve rien de négatif : la moindre lumière, en elle-même, est déjà toute la lumière.

Mais il n'en est plus de même pour ce qui est de l'ordre cosmique et des localisations limitatives et obscurcissantes qu'il impose aux contenus qualitatifs. Assurément, il y a un certain accord entre la nature d'un être et la situation cosmique qu'il occupe. Cependant c'est le conditionnement cosmique qui « évertue » la puissance de négation inhérente à toute nature finie. Et n'oublions pas le principe : *corruptio optimi pessima*. Les créatures à certains égards les plus inférieures sont donc porteuses des plus nobles natures[82]. C'est ce rôle de la situation cosmique qui permet à Maître Eckhart de dire :

---

[81] *Amour et Vérité*, L'Harmattan, p. 305-310.

[82] Ce peut être le cas, par exemple, d'une pierre ou d'un simple galet.

le plus infime des moucherons est plus noble en Dieu que le plus noble des Anges en lui-même.

Ces considérations nous conduisent à la conclusion suivante : si la justification par la nécessité a un sens, ce ne saurait être le même que celui de la justification par la participation qualitative, autrement dit par la valeur. Et là est la clef du sophisme que nous dénonçons, car les tenants de l'anti-dualisme, de droite ou de gauche, concluent de la justification par la nécessité à la justification axiologique, la raison de leur paralogisme résidant dans le fait que la justification, au sens direct, est évidemment qualitative et que la justification par la nécessité – ou justification logique – « bénéficie » de ce sens direct. Autrement dit : parce que justifier signifie « prouver la qualité » de quelque chose, on s'imagine avoir démontré la qualité de ce qui paraît inéluctable.

La justification, au sens direct et immédiat, qui rachète un être de sa séparativité existentielle, résulte en effet de sa nature propre. L'existence de la rose nous paraît justifiée parce que la rose est belle ; « elle est sans pourquoi » (*ohne warum*), dit Angelus Silesius, parce que sa beauté répond à toutes les questions et occulte la contingence de son exister. Mais les êtres laids et répugnants, monstrueux, destructeurs, les rats, les cloportes, les virus mortifères exhibent le scandale de leur exister et nous contraignent à nous interroger. Pourquoi Dieu a-t-il permis leur existence ? Qu'est-ce qui la justifie ? Question simple qui masque une double réponse : s'agit-il de justifier l'existence de tel être laid ou nuisible, ou de justifier Dieu de l'avoir créé ? Est-ce la créature ou le Créateur qu'il s'agit de justifier ?

Justifier la créature est toujours possible, si on l'envisage en elle-même, dans sa nature propre, et *abstraction faite du réseau ordonné de relations dans lequel elle est insérée* : il n'y a pas de laideur ou de nuisance absolues, la qualité n'est jamais nulle. Mais si l'on envisage de justifier cet ordre lui-même, c'est-à-dire celui dont les potentialités négatives et conditionnantes ont été évertuées par le péché, alors, certes, il faut recourir à la nécessité, comprendre que les choses, comme on dit, « ne peuvent être autrement » ; mais cela n'entraîne nullement de justification qualitative des créatures soumises à cette nécessité. Elles ne deviennent pas « bonnes » pour autant et ne cessent pas d'exercer les effets destructeurs qui résultent de leur conditionnement corrupteur. Ce n'est pas parce que nous saisissons la nécessité de telle manifestation négative qu'elle se change en manifestation positive. Malheur à ceux qui ne comprendraient pas cette constatation de bon sens !

Il en va de même pour ces grandes catastrophes culturelles que sont les corruptions ou les destructions des formes sacrées. Qu'elles répondent à une certaine nécessité cyclique – et non seulement à une volonté humaine – de toute manière cela concerne l'enchaînement horizontal des causes et des effets sur la circonférence du conditionnement temporel, mais cela ne saurait leur conférer la qualité et la vertu d'une restauration spirituelle. On peut bien considérer l'effondrement des principes moraux les plus fondamentaux – ainsi la législation de l'avortement, la banalisation de la sexualité et sa profanation, etc. – comme cycliquement inévitables : ils n'en sont pas devenus justes (=justifiés) pour autant.

En résumé, ou bien on justifie telle créature en elle-même, fût-ce la plus apparemment monstrueuse, en la rattachant verticalement à son prototype, et l'on comprend alors que l'ineffable bonté de sa nature n'est pas la sienne, ou bien on saisit la nécessité de l'ordre tel qui est, et Dieu est « justifié » d'avoir permis le mal. Mais, dans l'un et l'autre cas, la créature soumise à cette nécessité ne laisse pas de développer les effets négatifs que lui impose l'« actuation » des virtualités limitatives de son encadrement cosmique.

4. – Logique de la justification spirituelle

Nous avons jusqu'ici considéré les choses d'un point de vue universel et nos conclusions s'appliquent à tous les êtres que nous connaissons inanimés ou animés, végétaux, animaux ou humains. Il conviendrait cependant, pour être complet, d'envisager plus spécialement le cas de l'être humain. Si en effet, comme créature, l'homme, ainsi que tous les autres êtres, est soumis à la même nécessité, néanmoins la présence en lui d'une intelligence consciente et d'une volonté libre change son rapport à cette nécessité et le sens de la justification. La justification dont nous avons parlé jusqu'à maintenant, c'est la justification que l'on pourrait dire « passive ». Celle dont la créature ou le créateur sont justifiés par le théologien ou le métaphysicien.

Or, la liberté et la conscience font que l'homme ne peut jamais laisser seulement « exister » sa nature, mais qu'il doit la réaliser activement. C'est pourquoi la justification chez lui ne peut non plus être seulement « passive », « imputée », mais qu'elle doit être active, ce qui, aux termes de notre analyse, signifie qu'elle ne peut consister qu'en une actuation effective des qualités qu'il a reçues en partage, donc une actuation de la participation qualitative qui constitue sa nature, et qui seule, comme nous l'avons dit, peut contribuer, avec le secours de la grâce divine, à racheter le « péché » de son existence.

Par définition, selon la logique de la justification active, les contraintes qui pèsent sur l'exister humain et qui définissent sa nécessité, ne sauraient valoir comme excuse absolutoire. En d'autres termes, elles ne sauraient prévaloir absolument sur la conscience et la liberté. Ce principe découle du caractère central de l'état humain. Être au centre d'un monde, c'est pouvoir en sortir, c'est se situer sous la verticale qui relie ce monde aux mondes supérieurs et divins ; c'est donc aussi pouvoir échapper aux contraintes de la situation cosmique. Ce pouvoir – et donc ce devoir, car noblesse oblige – est inhérent à l'être humain et le définit. L'homme est voué au dépassement de la nécessité.

Méditons un instant encore, sur cette nécessité. Nous pourrions la définir comme la pression de l'état global du système cosmique considéré s'exerçant en un point déterminé de ce système, c'est-à-dire sur un être singulier. Cet état se définit lui-même comme la résultante de tous les rapports que la multiplicité des êtres d'un monde donné soutiennent entre eux. Sans ces rapports qui les distinguent, les êtres seraient mêlés les uns aux autres : c'est le chaos.

L'Intellect cosmique, en ordonnant chaque chose par rapport à toutes les autres, donne à chacune la possibilité d'être elle-même, et transforme le chaos en cosmos. En cette opération démiurgique, le réseau des rapports réciproques dont l'ensemble constitue l'ordre du monde, est la simple résultante de la nature propre et de l'action de chaque être : il exprime leur unité commune. Ce qui signifie que chaque être se différencie de tous les autres, non en s'y opposant, mais en étant lui-même : différenciation purement qualitative et intrinsèque. Ce cosmos correspond aux Cieux angéliques.

La révolte des anges a pour effet d'ouvrir la possibilité inverse. En obscurcissant la nature propre, ou participation qualitative des êtres au Verbe divin, elle ne laisse subsister que l'ordre pour lui-même. C'est lui qui devient le principe déterminant et contraignant, soumettant tous les êtres à sa loi : les êtres sont ainsi réduits à leur situation et conditionnement existentiels, à leur alvéole cosmique. C'est pourquoi il n'y a pas d'espérance en enfer. Tout au moins est-ce là une limite indépassable, celle de la nécessité pure. Le péché originel ne fait pas tomber le monde humain en enfer, mais il situe la nature de chaque être terrestre dans la proximité de la nécessité pure. Dans ce monde déchu, la nécessité n'est pas absolument souveraine, les êtres ne sont pas réduits purement et simplement à leur situation existentielle, à la place qu'ils doivent occuper. Mais chaque être entre en conflit avec sa matrice cosmique, et par conséquent avec tous les autres êtres, puisque cette matrice n'était que l'expression de l'unité et de l'harmonie du tout à l'égard de tel être individuel. L'ordre cosmique, ou beauté du monde, ou unité expressive de la compossibilité de tous les êtres, demeure, mais s'exprime sous la forme de la nécessité contraignante. En celle-ci continue donc de totaliser et d'unifier l'ensemble des relations réciproques de tous les êtres d'un monde, mais il s'agit alors d'une unité extrinsèque, extérieure à chaque être et qui, comme nous l'avons dit, exprime, non la dilatation existenciante, mais la compression contraignante du tout en chaque point de l'univers : la pesanteur est une conséquence et un symbole physiques de cette compression, et l'Ascension du Christ marque son abolition.

Mais, ce qui est conflit entre chaque être et la configuration matricielle de sa situation cosmique, est aussi pour l'homme, être central, et non périphérique, donc être vertical et non horizontal, la possibilité d'un dépassement et d'une libération de la nécessité. L'homme doit « renaître » de l'eau et de l'Esprit, il doit retrouver sa matrice originelle, celle qui, comme Marie, est la fille de son fils, c'est-à-dire, comme matrice cosmique, découle de la nature du Verbe. C'est alors que l'homme peut entreprendre la tâche de sa justification, c'est-à-dire de l'actuation de la participation qualitative par laquelle il pourra contribuer au rachat de son existence.

Pour illustrer l'exigence de la justification qualitative par laquelle la nature va coopérer à la grâce, selon une logique tout à fait ésotérique, nous proposons de méditer la célèbre parabole des talents que S. Matthieu nous rapporte en son Évangile (XXV, 15-28).

Les talents – au sens propre, les « mines d'argent » – qui composent le bien du Maître, et qui sont confiés aux serviteurs, figurent ces qualités divines dont Dieu accorde la participation, selon des proportions diverses, à ses créatures. Et précisément parce que l'homme est homme, c'est-à-dire parce que son être personnel ne s'identifie pas à sa nature, qu'il y a « une distance » entre lui et sa nature, distance qui, *positivement*, se nomme conscience et liberté, ou encore *esprit*, pour cette raison la vie humaine ne peut pas être seulement le développement spontané et organique des virtualités naturelles, mais elle doit être une fructification volontaire, conformément à l'injonction : croissez et multipliez.

Autrement dit : l'homme n'est pas seulement un être naturel. L'homme ne réalise pas son existence humaine comme le soufre exerce sa nature de soufre, le feu sa nature de feu, le tigre sa nature de tigre. Cette « distance » en lui de l'esprit est, positivement, la marque de sa « surnature », de sa transcendance intérieure, et, négativement, la possibilité de sa chute[83]. Ce qui apparaît comme manque ou vide eu égard à la plénitude de la nature, est en réalité le signe d'une plus grande noblesse et d'un dépassement intrinsèque de l'ordre des déterminations qualitatives. Ce qui signifie, en même temps, que l'homme a pouvoir sur ces déterminations.

C'est pourquoi le Maître dit au serviteur qui s'est contenté de garder intact le talent confié, ces paroles extraordinaires « Tu savais que je moissonne où je n'ai point semé, et que je recueille où je n'ai rien mis ». « Tu savais », c'est-à-dire « tu avais connaissance de ce qui fait la *vraie* richesse de l'être humain, savoir non telle ou telle qualité « semée » en lui, mais cette transcendance spirituelle, cette liberté, cette puissance, cette générosité, ce *fonds* de l'âme en lui-même inépuisable parce qu'il ne consiste pas en une quantité déterminée de qualités, en un capital fini et délimitable, mais qu'il s'identifie, d'une certaine manière, à l'Infinitude divine, à l'Au-delà de toutes déterminations et de toutes qualités. L'erreur est de croire que nous ne sommes riches que de ce que nous possédons et que nous désirons garder, puisque, si nous le donnons, nous n'aurons plus rien. Misérable richesse qui s'épuise dans ce qu'elle donne !

La vraie richesse est un *être*, non un *avoir*. L'homme *est* « riche » très exactement au sens où le cercle *est* circulaire. Il est riche par essence et non pas ces accidents que serait la possession de telle ou telle qualité. Et c'est cela qu'il doit prouver, c'est pour cela qu'il est créé et mis au monde, pour faire la preuve qu'il croit vraiment à sa richesse ontologique, et cette preuve, c'est le don. Il y a là une logique à la fois simple et transcendante ; qui donne est riche. Et qui donne même ce qu'il n'a pas est vraiment riche, a vraiment accès à ce fonds divin de l'âme où « bouillonne » l'Infini. Tel est le cas de la veuve de Sarepta, si pauvre qu'elle n'avait plus rien, et à qui le

[83] C'est cette transcendance intérieure qu'ignore en profondeur le nécessitarisme étiologique de Spinoza.

prophète Elie demande à manger. Vraiment riche, elle donne l'extrême peu qui lui reste pour elle et son fils, comme si elle possédait d'abondantes réserves, et voilà qu'au fond de son pot la farine ne diminue plus et qu'au fond de sa cruche coule une huile inépuisable (I Rois XVII, 16).

Oui, le Maître demande ce qu'Il n'a pas donné, et si, *en pure foi*, nous répondons à cette demande, alors s'ouvre en nous la porte de notre finitude et jaillit le flot surabondant de la force divine. C'est pourquoi le Maître, après les paroles extraordinaires qu'il a prononcées, en prononce de plus extraordinaires encore : « Car on donnera à tous ceux qui ont déjà, et ils seront comblés de biens ; mais pour celui qui n'a point, on lui ôtera même ce qu'il semble avoir ». Ce qui signifie qu'à celui à qui il a été donné le moins, celui à qui a été accordé le plus faible degré de participation qualitative et qui s'est cru trop pauvre pour risquer ce rien dans la fructification spirituelle, même ce rien, qui paraissait son bien, mais qui en réalité appartenait au Maître, lui sera retiré. Et voici ce qui advient de lui : « qu'on jette ce serviteur inutile dans les ténèbres extérieures. C'est là qu'il y aura des pleurs et des grincements de dents ». Avec la mention « des ténèbres extérieures » nous retrouvons le cercle de la nécessité, de l'aveugle nécessité issue de l'extériorité limitative et négatrice, de l'extériorité de toutes les relations structurelles les unes par rapport aux autres, de toutes les exclusions réciproques, de toutes les divisions et antinomies réduites à leurs pures oppositions structurales ; car c'est cela l'ordre dans toute sa rigueur, l'ordre désubstantialisé, développé et étalé dans l'extériorité de tous ses éléments.

Que cette nécessité puisse être interprétée aussi du déroulement cyclique et des limitations qu'il impose à tout homme, c'est ce qu'on nous accordera si l'on accepte de voir dans le nombre des talents confiés – cinq, puis deux, puis un – une image de ces dépôts sacrés que sont les révélations confiées aux différents âges de l'humanité comme autant de possibilités spirituelles. À l'humanité de la fin du cycle peu a été donné et les conditions qu'impose cette fin de cycle sont telles qu'elles semblent interdire toute croissance et toute fructification : c'est l'hiver de l'humanité et, comme le dit S. Marc (XI, 13) « ce n'est pas la saison des figues ». Pourtant, Jésus ayant faim, il s'approche du figuier et lui demande un fruit à manger, comme Elie à la veuve de Sarepta. Et le figuier ne donne point de fruit et Jésus le maudit et le dessèche « jusqu'à sa racine », parce qu'il n'y a pas de saison pour l'Esprit et qu'aucune nécessité n'est telle qu'elle justifie la stérilité quand Dieu appelle et qu'Il a faim du fruit de l'homme. En maudissant le figuier, à la saison d'hiver, le Christ enseigne que la foi peut tout ; c'est ce qu'il dit à Pierre, l'interrogeant sur ce dessèchement « Ayez foi en Dieu » (Marc XI, 22). Car comme le dit S. Paul « c'est la foi qui justifie ». C'est donc au cœur de l'hiver cyclique, au cœur de notre pauvreté spirituelle, de l'obscuration des formes religieuses et sacrées, que le Maître demande la justification du fruit. N'ayant point égard à la difficulté des temps, Il maudit celui qui en justifie sa stérilité.

Il est ainsi clair que la véritable justification, c'est l'œuvre spirituelle. Et c'est la seule que Dieu nous demande. Par cette œuvre spirituelle nous rachetons notre existence, nous transcendons la séparativité cosmique : métaphysiquement nous justifions Dieu de nous avoir donné l'être. L'homme qui ne porte pas de fruit usurpe ce don de l'être auquel Dieu a consenti. Les nécessités des conditions auxquelles l'homme est soumis ne justifient aucune stérilité. Bien au contraire, elles sont le seul moyen de nous faire accéder au fonds transcendant et « non-dualiste » de notre âme, car Dieu ne peut nous sauver malgré nous.

De toute façon, les conditions cycliques ne sont elles-mêmes que la conséquence des conditions existentielles qui définissent la manifestation universelle. Pour tout homme, l'obligation de produire un fruit spirituel paraît quelque chose de tout à fait impossible, qui dépasse toute capacité humaine. Mais deux trésors nous sont offerts : le dépôt sacré qu'est la révélation et ses moyens de grâce qu'il faut faire « travailler », d'une part, et d'autre part l'acte de foi, la foi en ce Dieu invisible qui est en nous, qui est plus nous-mêmes que nous, et qui est notre richesse et notre justice.

CHAPITRE XXI

Les racines subjectives de la dualité

1. – LE MÉTAPHYSICIEN IVRE

Dans la première partie de cette étude, nous avons réfuté la thèse de l'indifférentisme pratique qui, pour certains, découle logiquement de la doctrine du non-dualisme, en nous plaçant sur un plan purement spéculatif, celui des catégories les plus universelles, et en montrant les erreurs et les incohérences inaperçues qu'implique une telle déduction. Nous y avons vu essentiellement la confusion entre l'ordre de la *nécessité* cyclique, ou plus généralement existentielle, et celui de la *justification* métaphysique, et nous avons même évoqué pour terminer, la signification véritable que revêt spirituellement la dialectique nécessité-justification dans l'enseignement du Christ. En somme, les tenants de la thèse indifférentiste ignorent tout simplement que la nécessité relève de l'enchaînement horizontal ou samsârique des causes et des effets, alors que la justification relève de la relation verticale ou « exemplariste » de participation au Principe divin, relation de participation par laquelle une forme créée reflète, plus ou moins adéquatement, la beauté et la dignité de l'Être. La nécessité cyclique est relative à la circonférence, la justification d'une forme relève du rayon qui la rattache au centre. C'est pourquoi elle concerne la vie spirituelle, laquelle n'est rien d'autre que le parcours effectif de ce rayon, le cheminement de chaque centre relatif vers le Centre absolu et increé. Ce qui veut dire au fond que la vie spirituelle – la prière et les actes de religion – est la justification principale de l'existence humaine, quelles que soient par ailleurs les conditions de la nécessité cyclique.

Il est cependant une autre donnée, non moins irrécusable, qu'oublient les indifférentistes ; cette donnée, c'est eux-mêmes, nous voulons dire leur propre situation existentielle, le fait qu'ils sont ici-bas, au sein des oppositions et des contradictions, durant le temps qu'ils parlent, et non là-haut dans la bienheureuse et infinie « vacuité » du Sur-Être. Or, avec cet oubli, nous avons affaire, non plus à une erreur dont on pourrait être délivré par une démonstration logique, mais à une illusion dont il est bien difficile de se déprendre, ne serait-ce qu'en vertu de sa connexité avec l'orgueil humain. C'est un fait qu'aujourd'hui des milliers de personnes peuvent avoir accès aux doctrines les plus transcendantes d'Orient et d'Occident, à celles dont on dit qu'elles sont les plus réservées, les plus difficiles, qu'elles requièrent un intellect particulièrement « sain », selon l'expression de Dante, et cependant, chose étonnante, non seulement, pour en prendre connaissance, il suffit d'un peu d'argent et de savoir lire, mais encore leur compréhension semble ne présenter aucun obstacle insurmontable, beaucoup moins en tout cas que n'en offre la lecture d'un traité de mathématique ou de philosophie. Nous parlons évidemment de leur compréhension simplement théorique.

Mais précisément une compréhension simplement théorique implique que le sujet connaissant fasse abstraction de lui-même, « s'oublie » momentanément et s'absorbe entièrement dans l'objet connu. Dans un tel mode de compréhension – qui caractérise l'acquisition ordinaire de tout savoir, profane ou sacré –, se réalise une sorte d'effacement *naturel* du sujet qui se réduit à un pur regard cognitif, et qui, en tant que connaissant, cesse d'exister comme un être de chair et de sang.

Ce moment spéculatif est légitime et nécessaire : c'est le privilège de l'intelligence mentale d'y avoir droit, et c'est le seul moyen pour elle d'accéder à la connaissance de la vérité. L'intellect post-édénique, selon son état naturel et dans l'acte qui lui est propre, est condamné à ce double processus d'abstraction : abstraction de l'objet connu comme du sujet connaissant hors de leur réalité propre.

Toutefois, la pure doctrine non dualiste confère à cet « oubli » une légitimité métaphysique, en sorte qu'il n'est plus seulement la marque de notre imperfection. Cet état « abstractif » de la connaissance humaine s'accorde en effet à la transcendance de la Connaissance suprême qui dépasse toutes les dualités, donc celle du sujet et de l'objet, et en apparaît comme un reflet. C'est pourquoi Guénon peut dire que les individualités ne comptent pas au regard de la doctrine. Épée à double tranchant toutefois puisqu'elle confère aux sujets qui s'en emparent une transcendance illusoire. Ivres d'un vin aussi fort, ils s'imaginent eux-mêmes au-delà des contradictions ; la tête dans les nuages, ils ne voient plus leurs pieds ni la terre qui les porte.

On rougirait de rappeler de telles banalités si, hélas, on ne rencontrait trop d'esprits malades de cette *hybris*, comme le prouvent les citations que nous avons mentionnées en commençant. Au demeurant, bien des distinctions seraient nécessaires, si l'on voulait analyser avec précision les effets de l'ivresse non dualiste. Sur les tempéraments de type plutôt brahmanique, elle se traduit par une sorte d'auto-suffisance mentaliste à l'égard de la doctrine, et de passivité enthousiaste et naïve à l'égard des nouveautés socio-politiques de droite ou de gauche. Sur les tempéraments de type « kshatriya », peu satisfaits de spéculation pure, elle favorise l'activisme réel ou imaginaire, en les persuadant qu'ils ont accédé peu ou prou, à l'invariable milieu, au moyeu de la roue cosmique qui meut toute chose, et d'autre part, qu'étant « initiés » au grand jeu du monde, ils ont le pouvoir – flatteuse persuasion ! – d'en tirer toutes les ficelles. En outre, la nature transcendante de la doctrine métaphysique les incline à mimer l'action froide et détachée de ses fruits, ce que prisent beaucoup les amateurs d'entreprises ésotériques. Les uns comme les autres sont dans une égale inconscience à l'égard de leur situation existentielle respective, les premiers par défaut, parce qu'ils croient n'exister « nulle part », les seconds par excès, parce qu'ils croient exister « partout » ; les premiers ne savent pas – réellement – qu'il ne suffit pas de penser pour ne pas être, et les seconds ne savent pas – réellement – qu'il ne suffit pas de jouer pour être véritablement détaché. Tous deux ignorent pratiquement que l'homme est au monde pour faire son salut, et que le paradis ou l'enfer sont les échéances inéluctables de notre vie. L'homme n'est ni un ectoplasme pensant, ni un lutin à tout faire.

2. – La sobriété de l'âme vigilante

C'est pourquoi il nous faut maintenant descendre à des considérations plus pratiques et plus particulières. Nous serons brefs, eu égard à la complexité des situations humaines et à celle des commentaires qu'elles exigeraient. Mais il n'est pas possible non plus de n'en rien dire, tant certains délires pseudo-métaphysiques dépassent toute mesure.

Cette question, au fond, est celle de la réception de la vérité. En elle-même, une vérité est universelle et informelle. Mais l'intelligence qui la reçoit est toujours celle d'un être individuel et singulier, qui ne se l'assimile que selon sa forme propre de réceptivité, c'est-à-dire selon ce que cette vérité trouve en lui de retentissement. Or, la forme psycho-mentale de chaque individu résulte elle-même d'une interaction entre l'être et son milieu. C'est dans ce milieu, finalement, que l'être puise ses critères d'interprétation et ses normes d'appréciation.

Aujourd'hui, ce milieu c'est le monde moderne, et un monde de plus en plus moderne, c'est-à-dire de plus en plus bruyant et désordonné. Il est tout simplement impossible qu'au sein de ces tonitruances cacophoniques, l'esprit garde les bons critères d'appréciation et puisse entendre le chant de la vérité, non plus qu'un palais gâté par l'abus des épices et des nourritures faisandées n'est en mesure de goûter la saveur d'un vin précieux. Il est trop clair que la réception de la vérité exige une purification de l'âme et du mental. Adhérer à la doctrine métaphysique ce n'est pas seulement changer d'idées, en mettre des vraies à la place des fausses, c'est aussi changer d'ambiance, de milieu de vie, de monde, afin que l'âme, réceptacle des idées et « milieu » interne de notre vie, soit changée, ou plutôt puisse redevenir elle-même : on ne met pas le vin nouveau dans de vieilles outres, dit le Christ.

Or les normes véritables, celles qui façonnent l'âme humaine selon ses exigences profondes et immémoriales, se trouvent essentiellement dans la nature cosmique, ainsi que dans la culture sacrée d'une religion. C'est seulement en elles ou dans ce qui s'en rapproche, que l'âme peut puiser les formes et les rythmes vitaux dont elle se nourrit et se construit. L'acquisition de la connaissance véritable devrait dont s'accompagner, non d'une négation absolue du monde moderne – ce qui est impossible, puisque c'est le nôtre, et illégitime, car il comporte aussi des aspects positifs –, mais au moins de sa neutralisation relative, de sa mise à distance afin que l'âme puisse retrouver ses instincts les plus naturels. À ces « métaphysiciens » qui ne rêvent que de transformer le monde, d'agir sur les hommes et les événements, de prendre du service dans les armées secrètes des « Supérieurs Inconnus » qui, en coulisse, dirigent l'histoire, qui n'aspirent qu'à restaurer le « Grand Monarque » ou à opérer la synthèse de Marx et de Guénon, à tous ceux-là, il suffirait d'entrer véritablement et pour un temps dans le silence et la solitude pour qu'ils cessent bientôt de percevoir l'urgence des mille entreprises qui les sollicitent. *Sobrii estote et vigilate*, dit S. Paul : la sobriété conditionne la vigilance. Aujourd'hui, ce qui s'impose, ce n'est plus seulement la modération du boire et du manger, mais aussi et d'abord ce que nous aimerions nommer le « jeûne médiatique ». Qui ne fait jamais retraite, qui, d'une manière ou d'une autre, n'entre jamais au monastère de son cœur, ne peut connaître réellement la saveur de la vérité.

Au fond, nous disposons d'un pouvoir merveilleux. Il suffit que nous le voulions, que nous entrions dans une forêt ou un sanctuaire, pour qu'aussitôt, *là où nous sommes*, le monde moderne ait objectivement cessé d'exister. Pourtant, de cette victoire, l'homme ne veut pas : elle lui paraît trop insignifiante. Les uns rêvent d'effacer le monde moderne et de reconstruire à la place un univers entièrement traditionnel, les autres de le transformer en lui ajoutant un « complément ésotérique », les troisièmes prétendent hâter sa disparition en en suractivant les tendances les plus destructrices, mais rares sont ceux qui se contentent de ce qui est *réellement* en leur pouvoir, et qui, ici et maintenant, balayant le doute et les objections, « commencent par eux-mêmes », selon le bon ordre de la charité, et font exister, dans le vacarme général, une plage de pur silence, cette « meilleure part » dont nul au monde ne saurait nous priver parce qu'elle ne fait qu'un avec la profondeur de notre être. Ceux-là seuls sont les véritables vainqueurs, ils ont compris la parole du Christ en S. Jean (XVI, 33) : « Gardez courage ! J'ai vaincu le monde ».

Mais ces illusions qu'engendre la réception de la doctrine non dualiste en des âmes mal préparées ne résultent pas seulement du prestige, ou même de la fascination qu'exerce sur eux le monde présent. Il n'y a pas que la passivité d'une âme impressionnable, il peut y avoir aussi une certaine fausseté, voire une perversité de l'esprit. On ne s'expliquerait guère, sinon, comment il est possible d'aller d'un même pas de Guénon à Marx ou à Hitler. Alors qu'il fut donné à notre temps d'observer à découvert quelques-uns des plus effroyables visages de Satan déchaîné, alors que, sous la forme du communisme occidental ou oriental, il tint en esclavage un milliard et demi d'êtres humains, comment peut-il se rencontrer des esprits assez « tordus » pour souhaiter, froidement ou ardemment, le règne du fascisme ou du socialisme, étant du reste constant que le premier ne fut que la forme non marxiste du second ? Que Victor Hugo veuille marcher aux côtés de Michelet dans cette « tranchée ouverte » par la *Bible de l'humanité* « depuis Brahma jusqu'à Robespierre »[84] témoigne déjà de l'inexcusable légèreté avec laquelle le romantisme français s'abandonnait à sa manie syncrétiste. Depuis, les révolutions prolétariennes ou nationalistes ont beaucoup progressé

[84] Dans une lettre du poète à l'historien pour la parution de *la Bible de l'Humanité*, datée du 27 nov. 1864 (*Œuvres complètes*, éd. J. Massin, t, XII, p. 1279).

dans l'art de la destruction et de l'« assassinat » ; force est de constater que ces millions de morts demeurent sans effet sur des « gnostiques » impavides qui ne se reconnaissent que dans une « gauche éternelle de l'esprit »[85].

C'est pourquoi il nous paraît nécessaire maintenant de rappeler quelques vérités de bon sens concernant les principes qui régissent l'ordre pratique, c'est-à-dire celui de l'action humaine (*praxis*).

3. – De l'Infini à l'indéfini : signification métaphysique de la connaissance du bien et du mal

Dans l'ordre pratique, la dualité que le non-dualisme entend dépasser se définit comme celle du bien et du mal. La sainte Écriture nous enseigne, à ce sujet, que l'acquisition de la connaissance du bien et du mal constitue la matière même du péché originel, sa forme s'identifiant plutôt à l'acte de désobéissance. La raison en est la suivante. La connaissance véritable – celle d'Adam – étant aussi et nécessairement expérience existentielle – n'est pas réduite à l'abstraction –, connaître le bien et le mal, c'est, pour lui, en faire aussi l'expérience. En elle-même la création et les créatures sont bonnes et parfaites, bien que finies et même *parce que* finies – une créature infinie serait une *contradictio in terminis*, donc un mal.

Or, l'être fini ne peut connaître la finitude directement et en elle-même, c'est-à-dire aller au bout de la limitation inhérente au créé, puisque connaître, c'est connaître « ce qui est » – qualité, nature, positivité, etc. – et que la limite, c'est précisément « ce qui n'est pas »[86]. Être au paradis, c'est demeurer à l'intérieur des plénitudes

---

[85] Cette formule de R. Schwab (*La Renaissance orientale*) est reprise par Roland Clément, *La frontière invisible*, Publisud, 1988, p. 292.

[86] Nous avons bien une connaissance indirecte et indicative de la finitude, puisque nous pouvons en parler : c'est une notion, une idée. Mais nous n'en avons pas de connaissance directe et effective. Par exemple, nous ne pouvons saisir le commencement ni le terme d'aucune réalité créée, bien qu'il s'agisse des marques de sa finitude temporelle. De même pour l'espace : où est la limite d'un corps ? Surface sans épaisseur séparant l'intérieur de l'extérieur, elle ne peut être « localisée » en

qualitatives qui le constituent et rester en-deçà des limites de leur finitude. Ce qui signifie qu'Adam ne voit alors dans les choses et les êtres que les archétypes divins dont ils sont l'image et qui font toute leur « bonté ». Vouloir connaître le bien et le mal, c'est donc vouloir connaître l'intérieur *et* l'extérieur, ce par quoi les créatures *ne sont pas* bonnes, c'est-à-dire *ne sont que* reflet ou miroir, ce par quoi *elles ne sont* pas l'infini – et c'est là leur finitude.

Mais cette connaissance appartient à Dieu seul, puisqu'elle est au fond la science même de la création, la science même par laquelle un autre que « Dieu » peut effectivement exister. Comme nous l'avons déjà énoncé, seul le Plus « peut » le moins, seul le Sur-Être infini peut « connaître » ce moindre être, cet « en-deçà de l'Être », qu'est la finitude de la créature : « connaître », c'est-à-dire rendre raison de sa possibilité. L'Être, quant à lui, « connaît » plutôt la créature sous l'aspect de sa plénitude qualitative, en même temps qu'il rend raison de sa positivité existentielle.

Puisque donc le fini ne peut connaître, en tant que telle, sa propre finitude, le désir qu'il a de cette connaissance ne peut le conduire qu'à en expérimenter les effets, c'est-à-dire à subir existentiellement cette limitation, en d'autres termes, à faire l'expérience du *mal*, sous la forme de la souffrance, de la haine, de la maladie et de la mort. Et c'est pourquoi aussi, la finitude n'étant pas connaissable en tant que telle, l'expérience du mal, seul mode sous lequel cette connaissance nous est donnée, recèle en elle quelque chose de radicalement inintelligible. Ainsi la transgression « horizontale » de la limite – le dépassement illusoire de la finitude – conduit-elle l'être humain non à l'Infini, mais à l'indéfini, à la multiplicité inépuisable

---

elle-même : elle n'est « nulle part ». Tous ces paradoxes ressortissent à la philosophie du calcul infinitésimal. Il est en effet impossible d'atteindre et de saisir la limite de quoi que ce soit, fût-ce le bord d'une feuille de papier. Je peux m'en rapprocher indéfiniment par progression indéfiniment décroissante et jamais nulle. À l'instant où je crois l'avoir atteint, je l'ai dépassé, je suis hors de la feuille.

et fragmentaire ; non à l'intégration assomptive du créé dans l'Incréé, mais à sa négation *indéfiniment* poursuivie, ce qui peut rendre compte de l'« éternité de l'enfer ».

Ces considérations élémentaires expliquent également pourquoi l'impossibilité de la connaissance de la finitude par le fini ne peut revêtir pour lui que la forme d'un commandement – l'interdiction du fruit défendu –, donc d'un ordre donné à sa volonté libre, non la forme d'une évidence intellectuelle[87]. Réciproquement, il en résulte que le domaine de l'action, c'est-à-dire le domaine constitué par l'exercice de la volonté – c'est la volonté qui fait l'acte – se présente nécessairement comme celui du choix entre le bien et le mal, et que rien ne peut faire qu'il n'en soit ainsi. En d'autres termes, qui dit acte dit volonté ; qui dit volonté dit liberté ; qui dit liberté dit possibilité de choisir entre le bien et le mal.

Telles sont, pensons-nous, les données fondamentales qui structurent l'ordre pratique.

Métaphysiquement parlant, on voit qu'il faut d'abord distinguer verticalement entre le Bien suprême et le bien relatif ; puis, au

---

[87] Nous sommes ici à la racine métaphysique de la liberté humaine, laquelle apparaît comme l'ombre de l'infinité du Non-Être se réverbérant dons le miroir de la création et introduisant par là du « jeu » dans l'agencement des déterminations et des natures créées. Dans la mesure où un être humain n'est pas rigoureusement identifié à sa nature, dans la mesure où il n'est pas *que* ce qu'il est, comme un triangle ou un diamant, il est imparfait et faillible ; mais cette imperfection est aussi la face négative de la liberté qu'elle implique. Toutes ces notions relèvent du mystère de la *Mâyâ divine* et de sa projection cosmique « en direction du néant ».
– Notre interprétation que nous avons déjà esquissée en d'autres occasions, s'oppose sur ce point à la thèse augustinienne qui soutient (*De Genesi ad litteram*, VIII, vi, 12 ; D. D. B., II, p. 29) que l'arbre du bien et du mal « n'était pas mauvais » en lui-même et que Dieu n'avait interdit d'en manger que pour éprouver la pure obéissance d'Adam. Qu'un décret divin soit sans rapport à la nature des choses est, croyons-nous, une impossibilité métaphysique, ce qui ne diminue en rien la pureté de l'obéissance adamique, puisqu'Adam, selon notre interprétation, n'a aucun moyen autre que l'obéissance de connaître – négativement – le bien-fondé de l'interdiction divine.

sein de celui-ci, et en fonction de la transgression actualisante du péché originel, entre le bien et le mal. L'opposition horizontale n'est donc pas absolue, ce qui signifie que le mal est lui-même relatif et comporte une part de positivité – sans quoi il n'existerait même pas –, de même que le bien relatif comporte une part de négativité que seule la matrice paradisiaque maintient à l'état virtuel. Or, demeurer dans cette matrice n'est possible qu'à une double condition dont la première est l'expression positive de la seconde : cultiver et garder le jardin édénique. « Cultiver » le jardin, c'est unir, dans l'acte de la connaissance contemplative, le bien relatif au Bien suprême dont il n'est que la projection créée[88] ; le « garder », c'est s'abstenir du fruit défendu, c'est donc, obéissant à Dieu, « garder le commandement ». Transgresser le commandement, c'est vouloir connaître le bien relatif dans sa séparativité existentielle, c'est donc descendre soi-même sur le plan où cette séparativité est effective et naître à sa conscience – « leurs yeux s'ouvrirent ».

4. – La séparation individuelle et l'activation des dualités

La réalité relative de la distinction du bien et du mal, l'activation de cette dualité – ce que l'Écriture appelle le « fruit », le résultat – est donc fonction de l'être humain et inséparable de l'acte par lequel ce sujet humain se situe sur le plan de cette dualité. D'une certaine manière, c'est l'homme qui « fait » le monde déchu ; c'est par sa « faute » originelle que la mort entre dans le monde. D'une certaine manière seulement, car il n'en est pas le créateur, pas plus qu'il n'est le créateur du paradis. C'est là la marque de sa finitude, et c'est pourquoi à l'égard de la dimension séparative du bien relatif, Adam doit se contenter d'une abstention, c'est-à-dire d'une obéissance au commandement divin. L'ordre divin s'adresse en effet à lui-même, c'est-à-dire à son *être*, et non à une faculté particulière de sa nature ; c'est même la première fois que Dieu s'adresse à la personne d'Adam : « de tout arbre, *tu mangeras* ». Ce qui signifie que l'être comme tel est lié au commandement, s'actualise sous le commandement. La

---

[88] C'est la fonction médiatrice de l'homme, vicaire de Dieu pour la création.

contingence cosmique de l'être humain comme « être-là » est donc « permise » ou « innocente » dans l'exacte mesure où elle s'exprime sous la forme d'une obéissance à l'ordre divin : être, commandement, obéissance, sont ontologiquement liés. L'être adamique a le droit de se poser comme tel, de s'affirmer ponctuellement comme créature, en tant que cette affirmation est celle que requiert nécessairement le « oui » à l'ordre divin.

Inversement cette contingence est activée, évertuée, par la désobéissance ; elle est posée dans sa ponctualité, sa solitude, son extériorité existentielles par l'acte de la désobéissance. Qu'on ne se pose qu'en s'opposant implique qu'on ne s'oppose qu'en se posant. La première chose qu'Adam affirme, avant même son désir d'une connaissance interdite, c'est lui-même. Autrement dit, dans le schéma que nous avons tracé tout à l'heure, entre la verticale qui va du Bien suprême au bien relatif, et l'horizontale du bien-et-mal, intervient un terme médian, un point crucial, par le ministère diviseur duquel les limitations inhérentes à la finitude du créé se dégradent en dualités contradictoires. En se rebellant contre l'ordre divin, l'homme se pose en dehors de sa juridiction ; et, s'affirmant *en* lui-même, sur son propre plan, il actualise en quelque sorte ce plan comme tel, c'est-à-dire selon sa face inférieure et obscure, celle par laquelle il ne reçoit pas la lumière incréée.

5. – Crucifié entre le bien et le mal

Comme on le voit, si, par l'acte créateur s'est effectué le passage du Bien suprême au bien relatif, par le ministre diviseur de l'homme se posant dans sa propre contingence, s'effectue le passage du bien relatif à la dualité du bien-et-mal. Retourner du bien-et-mal à la non-dualité du Bien suprême implique donc deux choses : objectivement et positivement que l'on revienne du bien-et-mal au bien relatif, subjectivement et négativement, que l'être humain renonce à l'affirmation de son autonomie séparative.

Le premier point concerne l'action extérieure, le second l'action intérieure et la conversion spirituelle. Il se situe donc à un niveau beaucoup plus profond, beaucoup plus radical. D'une certaine manière, il dépasse même de loin le niveau où se situent les thèses indifférentistes, et l'on pourrait nous reprocher de manquer au sens des proportions en le mentionnant ici, la plupart de ceux que nous critiquons n'ayant aucune conscience de ce dont il s'agit. Nous en reparlerons néanmoins, puisque la logique de notre propos nous l'impose, après quoi nous pourrons aborder enfin, pour terminer, la question de l'action extérieure.

Car l'illusion propre à la pseudo-gnose, la gnose « au faux nom » dont parle S. Paul (I *Tim.*, VI, 21), est double. Partant d'une considération métaphysique, la coïncidence des opposés, elle prétend en tirer deux conséquences : 1° – l'individualité gnostique n'est pas concernée par cette opposition du bien et du mal inexistante au regard de la non-dualité ; 2° – et, pour cette raison même, elle peut choisir « librement » le mal contre le bien, autrement dit elle ne se met pas nécessairement au service de ce qui, traditionnellement, passe pour le bien. Quant à la première, nous croyons avoir montré quelle incroyable ignorance elle impliquait ; telle du moins fut notre intention. Mais cette ignorance et cette inconséquence apparaissent encore mieux maintenant que nous avons recueilli l'enseignement de l'Écriture, puisqu'il nous a permis de saisir la racine de l'activation cosmique des contraires dans l'acte par lequel Adam se pose en lui-même et s'enferme dans sa forme individuelle. Or, le gnostique, en tant qu'être humain, est lui aussi soumis à la forme individuelle. Sinon, il n'y aurait précisément personne à qui se poserait la question de savoir s'il doit, ou non, s'estimer concerné par la dualité du bien et du mal, et la thèse indifférentiste n'existerait pas non plus. Mais puisqu'elle existe, c'est qu'elle s'adresse à quelqu'un, et à quelqu'un d'ici-bas.

La logique du non-dualisme ne conduit donc nullement à libérer l'individu comme tel des contradictions qui s'imposent à lui, à le mettre « hors-jeu », hors du jeu cosmique. Disons-le crûment :

lire un livre de Guénon ou de Shankara ne suffit pas pour transformer son lecteur en un délivré-vivant, et à le situer au-delà du bien et du mal. Loin de le doter d'une sorte de privilège d'extra-territorialité éthique, elle l'amène au contraire à s'interroger sur la racine ontologique de l'activation oppositive des dualités cosmiques. Ce qui signifie que ces dualités ne sont pas oppositives de leur simple nature, et, qu'à l'origine, elles correspondent seulement à des *distinctions* qualitatives. Leur transformation en contradictions actives au sein du monde humain est donc le résultat d'un « événement » – le péché originel –, d'une « histoire » que nous racontent les grands récits sacrés et qui est elle-même la répercussion sur le plan adamique d'un événement mystérieux et supra-humain que l'on désigne souvent sous le nom de « révolte des Anges ». La révolte des Anges concerne l'ordre de l'action extérieure et le monde objectif sur lequel celle-ci s'exerce. Cette révolte, cependant, ne pouvait *par elle-même* soumettre le monde humain à la loi de la guerre universelle : il y fallait l'acquiescement du centre vicaire de ce monde, Adam. Le péché originel noue ainsi l'histoire et la nature, la liberté et la nécessité : l'événement prototypique de la faute imprime sa marque dans l'ordre des substances naturelles, humaines ou non, et c'est pourquoi l'ordre des choses doit, lui aussi, connaître la gloire d'un événement restaurateur et, comme le dit S. Paul (*Rom.*, VIII, 22), « gémit » dans l'attente de ce jour.

En ouvrant l'intelligence – trans-individuelle par essence – sur la perspective de la non-dualité, la doctrine métaphysique offre au gnostique la lumière de l'objectivité parfaite. Sous cette lumière, sa propre subjectivité individuelle[89] lui apparaît pour ce qu'elle est, et dans son exacte situation. Il voit qu'elle est, comme toutes les réalités post-édéniques, soumise aux dualités oppositives dont elle ne peut pas ne pas subir les effets, et qui la conduiront à la mort. Prétendre que sa propre individualité – support actuel de l'intellection

[89] Cette précision s'impose, car on peut aussi parler d'une subjectivité transcendante et purement spirituelle, celle du Soi ou détermination ontologique première d'un être (*Atma* « par rapport » à une créature).

métaphysique – échappe au domaine des contradictions lui paraît aussi absurde que de prétendre dessiner un cercle carré : c'est une impossibilité pure et simple. Psychologiquement, c'est une imposture : on entend profiter du non-dualisme pour « tirer l'épingle de son *ego* hors du jeu cosmique », imposture qui prouve précisément que l'on n'a pas compris la doctrine de la non-dualité.

La subjectivité individuelle est donc inévitablement crucifiée par les dualités oppositives de son plan d'existence. Elle ne peut s'en libérer qu'en renonçant à elle-même, et en se réintégrant dans l'intériorité de la subjectivité transcendante, la personne spirituelle : il faut mourir et renaître de l'eau et de l'esprit. Cette mort et cette renaissance peuvent revêtir diverses formes selon la diversité des sagesses et des tempéraments spirituels.

Mais elles sont enseignées unanimement par tous les maîtres. C'est aussi cette gnose de la non-dualité que réalise sacrificiellement, « pour la gloire de Dieu et le salut du monde », le Christ crucifié entre le bon et le mauvais larron. Parce qu'il est Dieu, il peut, lui, aller jusqu'au bout de la finitude, il peut la « connaître » et l'épuiser activement, dans sa Passion, par la libre « consomption » de son existence humaine. En vérité, l'infinitude divine est, par elle-même, l'épuisement et le dépassement éternellement réalisés de la finitude du créé et donc de toute dualité.

Mais la réverbération ou la conséquence de cet épuisement-dépassement sur le plan du créé ne saurait consister, ainsi que le croient les pseudo-gnostiques, en un effacement et une disparition des dualités crucifiantes. Comme l'enseigne le symbolisme de la croix, si la branche horizontale coupe en deux la branche verticale, distinguant ainsi entre un haut et un bas, réciproquement la branche verticale, symbole de la transcendance et de la non-dualité, ne peut inscrire sa marque sur la branche horizontale qu'en la divisant selon la droite et la gauche.

Loin de s'opposer à l'Un transcendant, la dualité horizontale en est au contraire la conséquence rigoureuse. Nier la seconde, c'est refuser la première, de même que nier le relatif, le plan où il existe, c'est nier l'Absolu. Il n'y a donc pas d'autre solution que celle de l'accomplissement du relatif dans sa relativité même et sa finitude. En bref, il faut aller jusqu'au bout du péché originel, jusqu'au terme de l'intention qui l'a produite et qui n'est autre que le désir de la connaissance du multiple et du périphérique en tant que tels.

Or, nous l'avons dit, l'homme, par ses propres forces, ne peut y parvenir, et c'est pourquoi, manquant perpétuellement à épuiser le fini, il entre dans l'indéfini. Il a donc besoin, pour sortir de cette interminable « analyse » qu'est devenue sa connaissance, d'une grâce divine, selon laquelle la finitude est dépassée synthétiquement parce qu'elle est accomplie et achevée. À l'Adam déchu incapable d'atteindre le terme d'un péché toujours fuyant, s'oppose le nouvel Adam, dont S. Paul nous dit mystérieusement : « Celui qui n'avait pas connu le péché, Dieu *l'a fait péché* pour nous, afin que nous devenions nous-mêmes justice de Dieu en Lui » (2 Co., V, 21).

L'homme ne peut être que « pécheur ». Seul le Christ est « péché », parce que seul il a le pouvoir comme homme-Dieu d'identifier en lui l'être et l'acte, et plus encore d'épuiser son être relatif dans l'acte sacrificiel de sa crucifixion, par où devient victorieusement réelle la vérité de sa finitude humaine[90].

La conclusion s'impose. La vraie gnose, contrairement à l'hérésie de Marcion, ne conduit pas au rejet de la Création et du – mauvais – Dieu créateur. Elle conduit au contraire à son acceptation intégrale, à son assomption métaphysique. La dualité cesse d'être une aporie insurmontable sur le chemin de la connaissance. Il y a une Dualité suprême, mais une dualité non dualiste, c'est-à-dire qui ne se pose pas comme un dualisme irréductible, parce qu'elle ne pose rien, demeurant chaste et silencieuse devant le mystère de l'Être.

---

[90] L'hébreu *asâm* qui signifie « péché » désigne aussi le « sacrifice pour le péché ». Métaphysiquement il faut comprendre que le sacrifice est la face positive de cette réalité négative qu'est le péché.

CHAPITRE XXII

Du Non-Être et du Séraphin de l'âme

De Dieu, considéré « en soi », dans son absoluité la plus radicale, que peut-on dire ? Par quel nom désigner ce qui est au-delà de tout nom ? Maître Eckhart parle à ce propos, du « nom innommable » (*nomen innominabile*). Le mot « dieu » n'est d'ailleurs qu'un terme commun qui, dans les langues latines, a été progressivement consacré à la désignation de l'infiniment et absolument Réel. Certes, en tant que Dieu est considéré comme Principe de l'existence, à la fois transcendant et immanent à tout ce qui est, on peut le désigner comme l'Être nécessaire, l'Être par excellence ; désignation légitime et suffisante pour les besoins spéculatifs ordinaires, mais dont on ne saurait oublier le caractère analogique, l'« être » divin transcendant infiniment le mode d'être des créatures. En outre, si on l'envisage alors dans sa relation au créé : comment « nommer » Dieu en tant qu'il se « situe » au-delà de tout rapport causal, donc en tant qu'il repose dans sa pure absoluité ?

C'est pourquoi les plus grands métaphysiciens ont pensé que Dieu en soi n'était nommable, c'est-à-dire concevable, que d'une manière apparemment *négative*. D'où la désignation du *Deus absconditus* comme Non-Être ou Sur-Être. On attribue généralement à ces expressions une origine orientale, les métaphysiques et les théologies d'Occident se limitant, pense-t-on, à la perspective ontologique. La réalité est un peu différente. C'est ce que nous voudrions montrer, en étudiant la signification du syntagme « non-être » dans différentes traditions ; étude sommaire qui exigerait en fait un volume entier, mais qui suffira à établir, pensons-nous, d'une part que ce syntagme, dans les textes des penseurs orientaux, signifie souvent : néant, inexistant, et d'autre part, que sa signification la plus élevée se rencontre surtout dans la tradition platonicienne. Mais, évidemment, l'absence de cette expression dans une tradition doctrinale ne prouve nullement l'ignorance de la perspective surontologique.

Rappelons tout d'abord que le français « non-être », qu'on rencontre, semble-t-il, pour la première fois chez Bossuet, traduit les expressions latines *non-esse* ou *non-ens* – « non-être » ou » non-étant » –, qui, elles-mêmes, proviennent du grec *mè-on* : *on* est un participe présent neutre et signifie « étant »[91] ; *mè* exprime la négation, non pas la négation pure et simple d'un fait déterminé qui ne s'est pas produit – laquelle se dit *ou* ; *ouk* devant une voyelle –, mais plutôt la négation d'une qualité ou d'une détermination *en général.* En ce sens, il peut exprimer la privation : le non-voyant ou le non-savant. Or, nier une détermination, ce peut être aussi nier une limitation. Dans ce cas, *mè* a le même sens que le préfixe français « in », par exemple, dans « in-fini » ou « in-formel ». C'est donc *mè-on* qui, par transposition métaphysique, peut correspondre au Non-Être guénonien[92].

---

[91] Au féminin, le participe présent du verbe « être » (*einai*) prend la forme *ousa*, à partir de quoi le grec a forgé le substantif *ousia* dont la traduction la plus littérale serait le néologisme « étance », aujourd'hui généralement adopté par les spécialistes. Lorsque Cicéron entreprit de faire connaître aux Latins la philosophie grecque, pour traduire *ousia*, il forgea, aux dires de Sénèque, le mot *essentia* qui, en latin, évoque lui aussi un substantif construit sur un participe présent, « restitué », *ens* (VIème siècle après J. C.) qui n'existe pas en latin classique. Mais, quatre cents ans plus tard, au témoignage de S. Augustin, ce vocable était encore peu usité, alors que, dès le Ier siècle, et peut-être sous l'influence de Quintillien, on avait pris l'habitude de rendre *ousia* par *sub-stantia*, néologisme latin calqué sur le grec *hypostasis*, terme qui désignait la vraie réalité qui *se tient sous* (*sub-stans*) les apparences changeantes. Ainsi, à l'origine, essence et substance désignent la même notion.

[92] La terminologie de Platon ou d'Aristote n'est cependant pas immuable : *ouk on* peut être employé dans le sens de *mè on.*

1. – LE LEXIQUE CHINOIS

Les remarques précédentes s'appliquent partiellement au lexique chinois, auquel Guénon nous dit avoir emprunté le terme de Non-Être[93]. Partiellement, à cause des particularités linguistiques du chinois. Tout d'abord, parmi toutes les langues du monde, le chinois est l'une des rares à ne « posséder aucune catégorie grammaticale qui soit distinguée de façon systématique par la morphologie : rien n'y différencie apparemment un verbe d'un adjectif, un adverbe d'un complément, un sujet d'un attribut ». D'autre part « le chinois n'a pas non plus de verbe d'existence, rien qui permette de traduire cette notion d'être ou d'essence qu'expriment si commodément en grec le substantif *ousia* ou le neutre *to on* »[94]. Il en résulte que l'expression chinoise *Wou-Ki*, que les traducteurs occidentaux rendent par « Non-Être » parce qu'elle a cette signification, en réalité ne comporte pas le mot « être ». *Ki*, en effet, désigne la « poutre faîtière », ou, tout simplement, le « faîte ». Il entre en composition, d'une part avec le mot *Taï*, qui signifie « suprême », « grand », pour former le mot *Taï-Ki*, le « Grand Principe » lequel constitue le nom propre du symbole du *Yin-yang*, et d'autre part avec le mot *Wou*, pour former *Wou-Ki*, le « Non-Faîte » ou « Non-Être », Essence insaisissable de *Taï-Ki*.

Toutefois, avec la négation *wou*, nous retrouvons des considérations analogues à celles que nous avons faites à propos du grec. Comme le grec, en effet, le chinois possède deux formes de négation : *feï* et *wou*, dont la valeur est à peu près semblable à celle de *ou* et de *mè* ; *feï* signifie la négation pure et simple – telle chose n'est pas ceci ou cela –, tandis que *wou* indique plutôt la « non-présence » de quelque chose en général. Comme le souligne Liou Kia-Hway : « Le caractère *wou* [...] n'indique pas l'anéantissement systématique du tout [...]. Il évoque une sorte d'indétermination absolue qui contient en elle la détermination concrète sous toutes ses formes »[95].

---

[93] *États multiples de l'être*, p. 32.

[94] Jacques Gernet, *Chine et christianisme*, Gallimard, 1982, p. 325.

[95] *Philosophies taoïstes*, Pléiade, p. 636.

2. – Le lexique sanskrit

En sanskrit, *asat* ne désigne pas non plus nécessairement le suprême Non-Être. Comme le grec *on*, le sanskrit *sat* est un participe présent et signifie *étant*. *Asat* désigne donc le non-étant – au sens relatif –, par exemple le froid par rapport au chaud, et, d'une manière générale, chez Shankara, les accidents ou les modifications par rapport à la « substance », ce qu'Aristote appelle en grec *ousia* ou « étance », donc par rapport à *sat*, l'être véritable, le réel – *sat* se distingue de *bhû* : permanence ou persévérance dans l'être ; même racine que le grec *phuô* devenir, d'où *physis* et l'idée de nature, et le latin *fui* : je fus. C'est ce que déclare Shankara dans son commentaire de la *Bhagavad-Gitâ*, verset II-16, où se trouve énoncé, de façon quasi parménidienne, le principe de contradiction : « le non-être ne vient pas à l'être ; l'être ne cesse pas d'être » – mais on pourrait traduire plus littéralement : « jamais le non-être (*asat*) ne connaît la permanence (*bhâva*) ; jamais la non-permanence (*abhâva*) n'est connue de l'être (*sat*) ». Texte que le Maître explique ainsi : « Le non-être c'est ce qui n'est pas, tels le froid et le chaud et leurs causes [...]. Le froid et le chaud, etc., et leurs causes, bien qu'ils soient perçus au moyen des organes de perception, ne naissent pas à l'existence substantiellement réelle ; car ce sont des modifications, et toute modification est temporaire ». On est en droit de se demander si ce verset de la *Gitâ* et son commentaire ne contredisent pas implicitement les textes antérieurs du *Rig-Veda* (X-72-2) : « l'être est né du non-être », (X-129-1) : « en ce temps-là, le non-être n'existait pas ni l'être » ; et de même le *Satapatha Brâhmana* (6-1-1-1) : « au commencement il n'y avait que le non-être », ou la *Taittirîya Up.* (II-7) : « en vérité, cet univers à l'origine était non-être. Ensuite, il naquit à l'être ». Mais ils sont en accord avec la *Chândogya Up.* (6-2-1 et 2) qui énonce expressément : « Quelques-uns disent, il est vrai : de toutes choses, au commencement, il n'y avait unique et sans second, que le non-être. De ce non-être naquit l'être. En vérité, c'est l'être qu'il y avait au commencement, l'être unique et sans second ».

La clef de ces contradictions apparentes nous paraît fournie par le premier texte cité du *Rig-Veda* (X-72-2), texte que nous avions amputé d'une précision importante : il déclare en effet : « *Dans l'âge premier des Dieux*, l'être naquit du non-être ». Si l'on admet que « l'âge premier des Dieux » désigne la production de la manifestation informelle – *Mahat* ou « première production de *Prakriti* » –, on voit que l'être (*sat*) dont il s'agit n'est pas l'être comme tel – la détermination ontologique principielle –, mais l'existence créée ; et donc le non-être (*asat*), à partir duquel « naît » l'être, désigne le chaos primordial, *Prakriti* considérée dans son indistinction, sa non-différenciation. *Asat* ne correspond ainsi nullement au Non-Être guénonien – sinon par transposition métaphysique –, et l'opposition *sat-asat* se situe au niveau cosmologique. C'est pourquoi la même *Chandogya Up.* peut affirmer également sans incohérence (III, 19-2) : « au commencement cet [univers] n'était que non-être : *Cela* [par contre] était être »[96]. Remarquons toutefois qu'ici, le « Cela qui est *sat* » ne désigne plus l'existence manifestée, mais son Principe ontologique créateur, et qu'en conséquence l'opposition *asat-sat* concerne maintenant la création – dans son état potentiel - *asat* – et l'actualité de l'Être créateur – dans sa Réalité immuable - *sat*. Et précisément, en posant l'Être à l'origine de toute chose, et en écartant le non-être, la *Chandogya Up.* et Shankara veulent, non pas s'opposer au *Veda*, évidemment, mais réfuter l'interprétation qui verrait dans cet *asat* – dont on nous dit que le *sat* est né – le Principe unique et efficient de l'existence du monde, alors qu'il n'en est que le terme logiquement antérieur[97]. Tant il est vrai qu'un texte sacré ne saurait être lu et compris en dehors de son interprétation traditionnelle – exégèse littérale ou *mîmânsâ* et métaphysique ou *védânta*. D'une manière générale, d'ailleurs, le terme

---

[96] Trad. Varenne, *Cosmologies Védiques*, Archè, p. 287 ; traduction très supérieure à celle de Sénart.

[97] De même le *ex nihilo* des traditions sémitiques risque, lui aussi, d'être l'objet d'une mauvaise interprétation « causale », ainsi que l'a montré Léo Schaya, (*La Création en Dieu*, Dervy-Livres, Paris, 1983).

asat est pris, par Shankara, en un sens « péjoratif ». Cependant, il explique : « le terme *sat* (=étant) désigne ordinairement ce qui est différencié selon le nom et la forme, le terme *asat* (=non-étant) désignant la même réalité avant la différenciation ; c'est en ce sens-là que *Brahma* – dans le passage des *Vedânta-Sûtra* que commente Shankara – est appelé Non-Étant, c'est-à-dire antérieurement à l'existentiation du monde »[98]. On peut conclure, nous semble-t-il, que le *Vedânta* shankarien ne se présente pas globalement comme une ontologie négative, la raison majeure étant qu'il n'a précisément point non plus d'ontologie proprement dite à « dépasser ». L'être (*sat*) s'y prend sans doute aussi selon le sens qu'il reçoit dans la tradition aristotélicienne ; mais ce sens est pris lui-même dans une dialectique plus générale qui est celle du Réel et de l'illusoire, et non point de l'être et du non-être. *Sat* désigne alors tout ce qui est « réalité », à quelque degré que ce soit – ce qui est conforme à la signification originelle de la racine indo-européenne **es*.

3. – Le lexique des platoniciens et des chrétiens de langue grecque

C'est donc dans la tradition grecque, puis dans ses prolongements chrétiens, que le syntagme « non-être » (*mè on*) a été le plus longuement employé et a fait l'objet des plus nombreux commentaires ; et cela est dû à l'importance et à la diversité des emplois des formes verbales de *einaï* (= être) dans la langue grecque[99], importance qui ne se rencontre pas dans les langues sémitiques. Les spéculations sur l'être et le non-être semblent toutes post-parménidiennes[100], et provoquées par son *Poème* – sur l'être. Citons Melissos et surtout Gorgias, qui écrit un traité *Du Non-Être et de la Nature* dans lequel il épuise en quelque sorte les possibilités qu'offre la dialectique *on-mè on*. À certains égards, la philosophie platonicienne n'est rien d'autre qu'un dépassement métaphysique de cette dialectique – par le Bien

[98] *Commentaire aux Vedânta-Sûtra*, I-4-15, Thibaut, p. 267.

[99] Benveniste, *Problèmes de linguistique générale*, t. I, p. 71.

[100] Parménide a vécu entre 540 et 450 av. J.-C.

« au-delà de *l'ousia* » qui transcende et inclut la distinction de l'Identité et de l'Altérité –, alors qu'Aristote nous en offre une solution cosmologique – doctrine de l'acte et de la puissance. Dans ces textes, l' « être » et le « non-être » désignent généralement les régions du réel et de l'irréel – comme chez Shankara – et non pas quelqu'un ou quelque chose, une entité : ce sont des catégories philosophiques et non théologiques. Mais on peut hésiter –d'où l'incertitude sur les majuscules. Platon, en certains passages (*Sophiste*, 248 a), paraît identifier « le parfaitement être » à Dieu – qu'il nomme plus souvent « Bien » ou « Un ».

Quant à Aristote, on sait que l'interprétation habituelle de son ontologie comme théologie soulève aujourd'hui malgré tout quelques difficultés. Ce n'est que deux siècles plus tard, chez Plutarque, que l'identification de *to on* à *Theos* est attestée pour la première fois : « Nous disons au Dieu : "Tu es", lui donnant ainsi une appellation exacte et véridique, la seule qui ne convienne qu'à Lui seul, celle de l'*être* »[101].

Au IIème siècle, chez Numénius, apparaît la première attestation de Dieu comme *o ôn* – l'Étant, au masculin – et non plus *to on* – au neutre), ce qui témoigne de l'influence de l'« ontologie du Buisson ardent » ; on le sait, ce sont en effet les Juifs alexandrins qui, les premiers, ont rendu le *'èhyèh 'ashèr 'èhyèh* par *Egô eimi o ôn* : Moi, Je suis l'Étant – par excellence[102]. C'est alors que, corrélativement, le *mè on* peut acquérir, indubitablement, une valeur « théologique » : le Non-Être comme principe suprême au-delà de l'Être.

Chez Plotin, cet usage n'est pas encore acquis et le non-être semble avoir un sens « péjoratif » – à moins de ne voir dans le non-être de la matière intelligible qu'une allusion discrète au mystère du suprême Non-Être. De même, chez un auditeur chrétien de Plotin, le grand Origène, Dieu n'est jamais envisagé comme Non-Être. Il

---

[101] *De E apud Delphos* ; fin du chap. 17.

[102] Ce fait remarquable devrait faire réfléchir tous ceux qui opposent sommairement, à la mentalité abstraite de l'hellénisme philosophique, la mentalité purement « concrète » de la révélation juive.

est remarquable, cependant, de constater que, malgré l'ontologie du Buisson ardent qui paraît imposer Dieu comme « Celui qui est » par excellence, Origène suive Platon et Plotin pour affirmer la transcendance surontologique de Dieu : « [on contemple] d'abord la Vérité pour en venir ainsi jusqu'à fixer les yeux sur l'Être ou, au-delà de l'Être, sur la puissance et la nature de Dieu »[103]. Et dans le *Contra Celsum*, VI-64 : « La question de l'Être [*ousia*] est longue et difficile, et surtout [...] pour trouver si Dieu est "au-delà de l'Être en dignité et en puissance" [citation de Platon] tout en faisant participer à l'Être ceux qu'il y fait participer conformément à son *Logos* et son *Logos* lui-même, ou s'il est, lui aussi, Être ». Et il conclut[104]: « le "Monogène", "Premier né de toute création" (Col. I-15) est Être des êtres, Idée des idées et "Principe" », tandis que son "Père" et son "Dieu" (Jn. XX-17) est "au-delà" de toutes ces choses ».

Mais c'est surtout Proclus (Vème siècle) qui fait un usage théologique et méta-théologique du syntagme *mè on* qu'il trouve déjà chez Platon et auquel il confère – à juste titre – la dignité de Principe suprême, en l'appliquant à l'Un transcendant – ou même au-delà de l'Un. De tous les néo-platoniciens, il est, à certains égards, le plus proche de la « manière » guénonienne : il explicite, aussi scolastiquement que possible, la signification ésotérique du platonisme. Il n'est pas jusqu'à la doctrine de ce que Coomaraswamy appelait la « bi-unité » divine – la distinction non-séparative de l'infini et de la Possibilité universelle, c'est-à-dire, en langage schuonien, de l'Absolu et de la Relativité suprême ou Infini – qui ne se trouve clairement exposée : « L'indétermination de la matière, écrit J. Trouillard[105], a elle-même sa norme dans l'*autoapeira*, l'Infinité pure, qui est le ressort de toute procession et la première expression de l'Un avant l'Être même »[106].

---

103 *Commentaire de Jean*, XIX-6 § 36-37 ; trad. P. Nautin.

104 *Ibidem*.

105 Résumant *Éléments de théologie*, § 92.

106 Aubier, p. 25.

Certes, l'Être est infini, mais il n'est pas l'Infinité pure. Quant au suprême Un, déclare Proclus[107], « parmi les principes, on a immédiatement au-dessus de l'Être le Non-Être, en tant qu'Il est supérieur à l'Être et qu'Il est Un ». De même, il explique, dans sa *Théologie platonicienne*[108] : « c'est dans l'Être que se trouve le multiple [les possibilités non-manifestées] et dans le Non-Être, l'Un – *en mè ousia to en* ».

L'œuvre immense de Proclus a pu déborder le cadre du néoplatonisme *stricto sensu*, puisqu'elle vient féconder l'œuvre de la théologie chrétienne, grâce d'abord à « Denys l'Aréopagite » qui s'y réfère directement, avec tout le poids qui s'attache à une autorité quasi-apostolique – celle du converti de S. Paul, auteur hiéronymique du corpus aréopagitique. Par lui, la pensée chrétienne – surtout latine – va bénéficier, dans son expression doctrinale, de la sève surontologique du platonisme.

Pour Denys, en effet, le Bien-Un transcende l'opposition de l'être et du non-être, ce que ne fait pas l'Être : « Le nom de Bien, appliqué à Dieu [...], s'étendait à tout être et à tout non-être. Le nom d'Être s'étend seulement à tout être, en même temps qu'il transcende tout être »[109]. Il est donc préférable d'identifier Dieu au Rien, car « Il n'est Rien en rien et Il est pourtant connu par tout en tout en même temps qu'il n'est connu par rien en Rien » (872 A). Aussi Denys célèbre-t-il en d'innombrables textes la Théarchie suressentielle – c'est-à-dire supra-ontologique – tout en précisant cependant que nous ne saurions avoir accès directement à ce Sur-Être, sinon dans le silence et la non-connaissance. Pour toute autre connaissance, le Sur-Être ne se donne à voir que sous la forme de l'Être, et c'est pourquoi l'Écriture nous Le révèle ainsi : « l'amour de Dieu pour l'homme enveloppe l'intelligible dans le sensible, le Sur-Essentiel dans l'Être » (592 B).

---

107 *Ibid.*, § 138.

108 II-2, pp. 83-84.

109 *Noms divins*, 816 B ; en 817 C, Dieu-Être est d'ailleurs référé à *Exode*, III-14.

Ainsi se perpétue d'âge en âge la formule platonicienne du Bien « au-delà de l'être ». Sa transcendance absolue implique d'ailleurs une immanence radicale : « l'être de tout est la Déité qui est au-delà de l'être »[110]. S. Maxime le Confesseur, commentant les *Noms divins*[111] déclare : « Dieu est appelé Être et Non-Être. Car Il n'est rien de ce que sont les êtres ». Il va jusqu'à affirmer : « Ne pense pas que le Divin est et qu'Il ne peut être compris. Mais pense qu'Il n'est pas. Telle est en effet la connaissance dans l'inconnaissance »[112]; et encore : « [Dieu est] Non-Être au-delà de toute essence »[113].

4. – LE LEXIQUE DES CHRÉTIENS DE LANGUE LATINE

C'est principalement par l'intermédiaire de Jean Scot – Scot et Érigène signifient tous deux : Irlandais – que la théologie méta-ontologique de S. Denys et de son disciple S. Maxime le Confesseur a été connue en Occident, puisque c'est lui qui les a traduits, avant d'en intégrer l'essentiel dans ce qui est sans doute la plus puissante synthèse métaphysique du Moyen Âge, le *De divisione naturae*. – Rappelons que la métaphysique du christianisme platonicien tient en quatre noms : Denys l'Aréopagite, le fondateur et le plus liturgique ; Jean Scot le formulateur et le plus synthétique ; Maître Eckhart, le vivificateur et le plus radical ; Nicolas de Cues, le philosophe et le plus ecclésial, qui rassemble, conclut et annonce l'universalisme traditionnel.

Comment douter de l'importance que Jean Scot attribue à la juste conception de l'*esse* et du *non esse*[114], puisque c'est à elle qu'il consacre la première page de son grand traité[115]: « tout ce qui tombe sous les

---

110 *Hiérarchie céleste*, 117 D.

111 P. G. IV, col. 189 A.

112 *Ibid.*, 245 C.

113 P. G. III, 588 B.

114 Chez les Latins, héritiers de S. Denys et de S. Maxime, la transcendance du Principe surontologique s'exprime à l'aide des syntagmes *Super-Ens, Super-Esse*, ou *Supra-Ens, Supra-Esse*, ou *Non-Ens, Non-Esse, Nihil.*

115 D. D. N., I, 3.

sens corporels ou la perception de l'intelligence peut raisonnablement s'appeler *être* ; mais tout ce qui, par l'excellence de sa nature, non seulement échappe aux sens, mais aussi à tout intellect et raison, apparaît légitimement comme non-être. Ce qui ne s'entend droitement de rien sinon de Dieu seul et de tout ce qui a été établi par Lui, savoir : les essences et les raisons (les possibilités que Dieu a établies – *condita* – avant la création du monde et qui ne connaîtront jamais la manifestation) ».

Tel est le premier sens du non-être, le plus transcendant. Le second – il y en a cinq en tout – s'applique à toute réalité supérieure à une réalité donnée, puisque, pour celle-ci, celle-là est en effet comme n'étant pas : ce sens est comme une conséquence cosmique et une réverbération hiérarchique du sens premier. Le troisième sens applique la distinction *non esse-esse* à la distinction, dans l'espace et le temps, du virtuel et de l'actualisé. La quatrième – philosophique – attribue l'être véritable aux choses spirituelles, le non-être aux corporelles – on reconnaît la distinction platonicienne de l'être et du devenir. La cinquième, enfin, est de nature proprement religieuse ; l'homme déchu est non-être ; l'homme restauré par le Christ est être. Le seul sens qu'écarte Jean Scot de son vocabulaire est celui où non-être désigne la privation absolue, le néant[116]. C'est pourquoi, d'une façon qui rappelle les doctrines de la Kabbale concernant *l'En-Soph* et le *Aïn* – ou « Rien suprême » –, Jean Scot peut déclarer que Dieu est le « Rien par excellence » – *Nihil per excellentiam*[117]. C'est pourquoi l'*ex nihilo* de la création signifie en réalité « *ex Deo* »[118].

À vrai dire, Jean Scot, et à travers lui, Denys, n'était pas le seul canal par où le Moyen Âge pouvait s'abreuver à la source platonicienne. Sans compter le dernier des Pères grecs, S. Jean de Damas qui, au VIIIème siècle, résume toute la patristique et qui n'hésite pas à dire que Dieu « est au-dessus de tout ce qui est, et au-dessus de

116 Dom Cappuyns, *Jean Scot Érigène*, pp. 329-330.
117 D. D. N. III, 681 A.
118 III, 68 D ; IV, 771 B ; etc.

l'être même »[119], il faut mentionner le célèbre *Livre des causes*[120], que l'on attribuait à Aristote, mais qui reproduit littéralement des parties des *Éléments de théologie* de Proclus.

L'auteur véritable de ce traité, répandu depuis le début du XIIème siècle, hautement prisé de S. Albert le Grand, et des théologiens rhénans, ne sera identifié que par S. Thomas. Or il déclare, dans sa 4ème proposition : « La première des choses créées est l'être », proposition souvent citée par S. Thomas et dont il fait même une « autorité »[121]. À quoi il faut ajouter *Le livre des XXIV philosophes* (XIIème siècle), écrit relevant de la tradition arabo-hermétique, et qui formule une série d'admirables propositions sur Dieu – dont la célèbre image de la sphère intelligible dont le centre est partout et la circonférence nulle part. Or, la 11ème proposition de ce livre énonce : « Dieu est au-dessus de l'être, se suffisant à Lui-même dans son abondance ». Point d'étonnement donc si l'on observe, jusque chez S. Thomas, l'affleurement d'un thème méta-ontologique. Sans doute ne faut-il pas se laisser abuser par l'identité des formulations qui peut recouvrir bien des divergences. Cependant, le *Commentaire sur les Sentences*[122] s'exprime assez nettement ; après avoir rappelé que la « voie d'exclusion » – ou voie négative – nie de Dieu les réalités corporelles comme les réalités intellectuelles, Thomas poursuit : « Alors, il ne reste plus dans notre intellect que ceci : *Il est,* et rien de plus. Mais, pour finir, cet être même, en la forme où il se trouve dans les créatures, nous le nions de Lui, et alors Il demeure dans une ténèbre d'ignorance au sein de laquelle nous nous unissons à Dieu de la façon la plus haute ».

Le *Commentaire sur les Sentences* est une œuvre de jeunesse. Mais l'apophatisme de S. Thomas s'accentue plutôt avec la maturité. La *Somme théologique*[123] nous dit bien que *Celui qui est* est par

---

119 *De fide orthodoxa*, I, 4.

120 *De causis*, ou *Liber Aristotelis de expositione bonitatis purae.*

121 I, q. 5, a. 2, *sed contra.*

122 I, dist. XIII, art. 1, rep. 4.

123 I, p. 13, a. 11.

excellence le « nom propre de Dieu ». Mais c'est seulement à raison de sa signification générale, signification qui elle-même est « empruntée » à ce qu'il y a de plus parfait dans la créature – son existence – et transposée analogiquement en Dieu.

C'est pourquoi le mot « Dieu », qui ne s'applique qu'à l'Un seul, et plus encore l'appellation « *Tetragrammaton* »[124] – qui désigne la Réalité divine dans son mystère ineffable – sont, pour S. Thomas, encore plus appropriés que « Celui qui est ». Un peu plus tard, dans le *De Potentia*[125], il précise que la proposition « Dieu est » n'a pas le sens d'une *qualification* : il ne s'agit pas d'attribuer l'être à Dieu et de le ranger sous la catégorie de l'être, mais de comprendre que tout être, parce qu'il *est*, requiert que Dieu *soit*. Ainsi le nom « Celui qui est » est un nom de créature[126]. Mais l'effet portant ressemblance de sa cause, « les noms de créatures – celui d'être en particulier – sont attribués à Dieu pour autant que les créatures nous présentent quelque ressemblance avec Dieu ». Enfin, dans son commentaire du *De Causis*[127], il reconnaît que « la Cause première est au-delà de l'étant – *supra ens* – en tant qu'Elle est l'infiniment être même – *ipsum esse infinitum* ».

À l'époque où S. Thomas d'Aquin illustrait l'ordre dominicain, Thomas Gallus, franciscain parisien, puis Abbé de Verceil en Italie († 1246), prolonge le pur enseignement de S. Denys – en commentant ses œuvres – et demeure étranger au courant aristotélicien. Son œuvre est importante et peu connue encore. Pour Thomas Gallus[128], la question des Noms divins est liée à celle de la structure mystique de l'âme.

---

[124] « Tetragrammaton » : c'est-à-dire les quatre lettres : IOD HE VA HE, vocalisées en « Jéhovah » ou « Yahvé ».
[125] Q. 7ème, a. 2, rep. 1.
[126] *Ibid.*, rep. 11ème.
[127] (lect. VIII-1269).
[128] Nous suivons F. Ruello, *La mystique de l'Exode selon Thomas Gallus*, dans *Dieu et l'Être*, 1978, pp. 213-243 ; R. Javelet, *Image et ressemblance*, Vrin, 1967, 2 vol.

Or, prolongeant un enseignement de Denys[129], Thomas Gallus nous apprend que la structure hiérarchique du monde céleste se reflète tout entière dans l'âme humaine selon la triple distribution des trois ordres angéliques. On doit ainsi parler de l'ange ou de l'archange de l'âme, du Trône, du Chérubin et surtout du plus élevé d'entre eux, du Séraphin de l'âme, doctrine qui rappelle les expressions soufies telles que « le Muhammad de ton être », ou « le Jésus de ton être ».

Chacune des stations « angéliques » du Ciel de l'âme définit un degré de connaissance et un mode de réalisation spirituelle. Il faut donc distinguer, pour ce qui est de l'activité spirituelle, la raison de l'imagination, l'intellect de la raison.

Mais, au-dessus de l'intellect théorique – *intellectus theoricus*, qui semble correspondre au « Chérubin de l'âme », et dont l'objet est l'intelligible, il y a la « pointe suprême », l'« affection principale », l'« étincelle de la syndérèse », ou se réalise l'*unitio* – union à l'Un et donc « unification » de l'âme : « il faut remarquer que si notre esprit possède la puissance d'intelliger – par laquelle il perçoit les intelligibles – il possède d'autre part l'unition qui transcende la capacité naturelle de notre esprit et par laquelle il est conjoint aux réalités qui le dépassent. C'est selon cette unition qu'il convient d'intelliger les réalités divines, non selon nous-mêmes, mais établis dans une totale dépossession de nous-mêmes et tout entiers déifiés »[130].

Par cette unition, cette étincelle de la syndérèse, l'Essence la plus secrète de la Déité communique son Nom le plus secret au plus secret de l'âme selon une connaissance parfaitement ineffable, au-delà de toute révélation. « Ici, dans le Séraphin de l'âme, s'achève, s'il est possible, l'intention hiérarchique, c'est-à-dire l'assimilation et l'union à Dieu »[131]. Ce Nom « innommable », c'est celui dont parle l'*Apocalypse* (II, 17) : « Au vainqueur, je lui donnerai de la

---

[129] *Hier. Cel.*, 237 C.

[130] *Commentaire aux Noms divins*, chap. 7.

[131] *Commentaire sur Isaïe.*

manne cachée ; je lui donnerai aussi un caillou blanc et sur ce caillou un Nom nouveau est écrit, que nul ne connaît hormis celui qui le reçoit ». Ce caillou blanc n'est autre que le Séraphin de l'âme établie dans l'extase de l'amour et remplie de « la clarté de la lumière éternelle »[132]. Tels sont les principes selon lesquels Thomas Gallus interprète la révélation du Buisson ardent. Fidèle à la doctrine dionysienne, il professe l'apophatisme le plus radical et affirme la nature supra-ontologique – supersubstantielle – de la Déité. Innombrables sont chez lui les textes qui se réfèrent au Non-Être et qui exposent comment Dieu est situé « au-dessus de tout ce qui est (*to on*) et de tout intelligible ». Mais alors, se demande Thomas Gallus : « Comment peux-tu te dire "Celui qui est", ou l'"Être", toi qui es antérieur à tout être et le dépasse ? » La réponse qu'il nous donne ne semble pas se rencontrer ailleurs.

Il observe en effet qu'à la question de Moïse – « Qu'est-ce que ton Nom ? », Dieu répond de deux manières différentes[133] : « Dieu dit à Moïse : *Ego sum qui sum ('èhyèh 'ashèr 'èhyèh)*. Et il dit : voici ce que tu diras aux Israélites : *Qui est ('èhyèh)* m'a envoyé auprès de vous »[134]. Thomas de Verceil traite ces deux réponses comme deux Noms différents, que nous pourrions appeler respectivement le Nom ésotérique et le Nom exotérique. Le premier, qu'il appelle aussi le « Nom unitif » ne concerne que Moïse qui, dans le Séraphin de son âme, ne fait plus qu'un seul esprit avec l'Esprit divin, et qui, ayant franchi le parvis de l'Être, est entré dans le mystère de la Sur-Essence.

Mais ce Nom est inaccessible, incompréhensible, et comme inexistant pour tout autre qui n'est pas établi dans le même état que lui. C'est pourquoi Dieu lui donne un autre Nom, un nom qui est

---

[132] *Sag*. VII, 26.

[133] Ex., III, 14.

[134] La traduction exacte d'*èhyèh* est « Je suis » ou « Je serai ». Mais Thomas Gallus suit la Vulgate qui, ici, le traduit par *Qui est*, à la manière des Septante, alors qu'un peu plus haut elle a traduit selon l'hébreu (1ère personne et non 3ème).

« à dire aux Israélites : Celui qui est ». Aux Israélites, c'est-à-dire au peuple qui ignore la transcendance de l'unition, mais qui peut reconnaître « Celui qui est ». Car c'est bien un signe de reconnaissance que demande Moïse pour le peuple, un Nom dont on puisse faire un signe naturel de reconnaissance[135] parce qu'il est inscrit dans la substance naturelle de l'intelligence. Ce Nom est celui de l'Être : « la notion d'être devient pour nous, et pour ainsi dire à la racine de notre pensée, le mémorial de Celui qui est »[136]. En effet, le Chérubin de l'âme, l'intellect spéculatif, est naturellement attiré (*attractus*), orienté par l'Être, et ne conçoit rien au-delà. Cet Être, pour la philosophie profane, embrasse le tout du réel ; cette philosophie ne conçoit « rien de supra-ontologique – *supersubstantialiter* – au-dessus de l'ordre des êtres ». Ce qui signifie que la catégorie de l'être – « sujet de la métaphysique » – « enveloppe aussi bien le créé que l'Incréé ».

Telle n'est pas la connaissance de la sagesse sacrée, mais qui n'est obtenue que dans le Silence supra-intelligible et l'union parfaite avec l'« Entité » de l'être, la Déité suressentielle. Alors se révèle ineffablement le Nom dont le *Cantique des cantiques* nous dit : « Ton Nom est une huile qui s'épanche » (I, 2). Cette huile, qui est celle de la science cachée du mystère divin se répand de hiérarchie en hiérarchie, du Séraphin qui goûte par expérience la félicité suressentielle, sur les degrés inférieurs, Chérubin et Trône.

Mais, d'une autre manière, ce Nom se répand aussi « en Luimême ». En effet, dit Thomas Gallus, le Nom *Ego sum qui sum* est celui de l'Être qui se réfléchit en Soi-même – *in se reflexum* –, c'est celui de l'Être retourné en soi – *in se revolutum* –, c'est la révélation de la « circularité » de l'Essence divine – *circulariter* –, celle de la Circumincession trinitaire : « Il en va, dit S. Denys l'Aréopagite, comme d'un cercle éternel : le Bien suprême tourne en une ronde immuable, procédant du Bien dans le Bien vers le Bien »[137]. Le Nom

---

[135] Précisons que le « mémorial » rituel et sacro-saint, destiné au peuple, était à l'origine le tétragramme *YHVH*, comme il ressort d'*Exode*, III, 15.

[136] Ruello, p. 225.

[137] *Noms divins*, 712 D.

divin révélé à Moïse dans *l'Ego sum qui sum* est donc celui de la « Trinité éternelle et quasi circulaire », le secret supra-conceptuel de l'Entité uni-trinitaire, secret qui n'est reçu que dans la fine pointe de l'âme, l'étincelle de la syndérèse « unie à l'éternité ».

Nous arrêterons là notre enquête, laissant de côté les enseignements bien connus de Maître Eckhart sur le Dieu qui est le Rien suprême et absolu, propos qui, maintenant, paraîtront peut-être non pas moins profonds ni moins radicaux – Eckhart est ici un maître indépassé –, mais en tout cas moins erratiques. Nous aurions pu citer également, en sus des mystiques rhéno-flamands, et plus proche de nous, un auteur comme le français Charles de Bovelles († 1567), disciple de Nicolas de Cues, qui, en 1509, rédige un *Livre du néant* où Dieu « est appelé tour à tour être et non-être »[138]. Mais nous en avons assez dit, pensons-nous, pour qu'on admette que la tradition méta-ontologique parcourt et irrigue le champ entier de la pensée chrétienne et n'est pas seulement le fait de quelques rares isolés comme le donne à croire une histoire parfois bien lacunaire.

∽

[138] Chap. XI, Vrin, p. 125.

TABLE DES MATIÈRES

COLLECTION THÉÔRIA
DIRIGÉE PAR PIERRE-MARIE SIGAUD
AVEC LA COLLABORATION DE BRUNO BÉRARD

OUVRAGES PARUS :

Jean BORELLA, *Problèmes de gnose*, 2007.
Wolfgang SMITH, *Sagesse de la cosmologie ancienne – Les cosmologies traditionnelles face à la science contemporaine*, 2008.
Françoise BONARDEL, *Bouddhisme et philosophie – En quête d'une sagesse commune*, 2008.
Jean BORELLA, *La crise du symbolisme religieux*, 2008.
Jean BIÈS, *Vie spirituelle et modernité*, 2008.
David LUCAS, *Crise des valeurs éducatives et postmodernité*, 2009.
Kostas MAVRAKIS, *De quoi Badiou est-il le nom ? Pour en finir avec le (XXe) siècle*, 2009.
Reza SHAH-KAZEMI, *Shankara, Ibn 'Arabî et Maître Eckhart – La voie de la Transcendance*, 2010.
Marco PALLIS, *La Voie et la Montagne – Quête spirituelle et bouddhisme tibétain*, 2010.
Jean HANI, *La royauté sacrée – Du pharaon au roi très chrétien*, 2010.
Frithjof SCHUON, *Avoir un centre*, 2010.
Patrick RINGGENBERG, *Diversité et unité des religions chez René Guénon et Frithjof Schuon*, 2010.
Kenryo KANAMATSU, *Le Naturel – Un classique du bouddhisme Shin*, 2011.
Frithjof SCHUON, *Les Stations de la Sagesse*, 2011.
Jean BORELLA, *Amour et Vérité – La voie chrétienne de la charité*, 2011.
Patrick RINGGENBERG, *Les théories de l'art dans la pensée traditionnelle – Guénon, Coomaraswamy, Schuon, Burckhardt*, 2011
Jean HANI, *La Divine Liturgie*, 2011.
Swami Śri KARAPATRA, *La lampe de la Connaissance non-duelle*, suivi de *La crème de la Libération*, attribué à **Swami TANDAVARYA**, suivis d'un inédit, *La Connaissance du soi et le chercheur occidental* de **Frithjof SCHUON**, 2011.
Paul BALLANFAT, *Messianisme et sainteté – Les poèmes du mystique ottoman Niyâzî Mısrî, (1618-1694)*, 2012.
Frithjof SCHUON, *Forme et substance dans les religions*, 2012.
Jean BORELLA, *Penser l'analogie*, 2012.
Jean BORELLA, *Le sens du surnaturel*, 2012.
Paul BALLANFAT, *Unité et spiritualité – Le courant Melamî-Hamzevî dans l'Empire ottoman*, 2013.

Michel D'URANCE & Guillaume DE TANOÜARN, *Dieu ou l'éthique – Dialogue sur l'essentiel*, 2013.

LE ŚRIMAD BHĀGAVATAM – LA SAGESSE DE DIEU, résumé et traduit du sanskrit par Swāmi Prabhavānanda, traduit de l'anglais par Ghislain Chetan, 2013.

Frithjof SCHUON, *De l'unité transcendante des religions*, 2014.

Gilbert DURAND, *La foi du cordonnier*, 2014.

Robert BOLTON, *Les âges de l'humanité – Essai sur l'histoire du monde et la fin des temps*, traduit de l'anglais par Jean-Claude Perret, 2014.

Mahmut EROL KILIÇ, *Le soufi et la poésie – Poétique de la poésie soufie ottomane*, traduit du turc par Paul Ballanfat, 2015.John PARASKEVOPOULOS, *L'appel de l'Infini – La voie du bouddhisme Shin*, traduit de l'anglais par Ghislain Chetan, préface de Patrick Laude, 2015.

Jean BORELLA, *Aux sources bibliques de la métaphysique*, 2015.

Frithjof SCHUON, *Christianisme/Islam – Visions d'œcuménisme ésotérique*, 2015.

Frithjof SCHUON, *De tout Cœur et en l'Esprit – Choix de lettres d'un Maître spirituel*, traduit de l'allemand par Ghislain Chetan, 2015.

Jean BORELLA, *Lumières de la théologie mystique*, 2015.

Jean BORELLA, *Histoire et théorie du symbole*, 2015.

Patrick LAUDE, *Apocalypse des religions – Pathologies et dévoilements de la conscience religieuse contemporaine*, 2016.

Jean BORELLA, *Marxisme et sens chrétien de l'histoire*, 2016.

Hari Prasad SHASTRI, *Échos spirituels du Japon – L'esprit et les formes du Japon traditionnel*, traduit de l'anglais par Patrick Laude, 2016

Frithjof SCHUON, *Regards sur les mondes anciens*, 2016.

Victoria CIRLOT, *Hildegarde de Bingen et la tradition visionnaire de l'Occident*, traduit de l'espagnol par Sébastien Galland et Juan Lorente, 2016.

John PARASKEVOPOULOS, *Le parfum de la Lumière – Une Anthologie de la sagesse bouddhiste*, traduit de l'anglais par Ghislain Chetan, 2017

Jean BORELLA, *Ésotérisme guénonien et Mystère chrétien*, 2017.

Frithjof SCHUON, *L'Œil du Cœur*, 2017.

Luc-Olivier D'ALGANGE, *Le déchiffrement du monde – La gnose poétique d'Ernst Jünger*, 2017.

Louis SAINT-MARTIN, *Sagesse de l'astrologie traditionnelle – Essai sur la nature et les fondements de l'astrologie*, 2018.

Jean BORELLA, *Sur les chemins de l'Esprit – Itinéraire d'un philosophe chrétien*, 2018.

Jean BORELLA, *L'intelligence et la foi*, 2018.

Jean-Pierre LAURANT, *Guénon au combat – Des réseaux en mal d'institutions*, 2019.

Jacques VIRET, *Le retour d'Orphée – L'harmonie dans la musique, le cosmos et l'homme*, 2019.

Jean BORELLA, *Le sens perdu de l'Écriture – Exégèse et herméneutique*, 2019.

***Svāmī* SATCIDĀNANDENDRA SARASVATĪ**, *Doctrine et méthode de l'Advaita Vedānta*, édité par Gian Giuseppe Filippi et traduit par Alessandra Tamanti, 2020.

Yûnus EMRE, *L'Amour de la Poésie – Les poèmes spirituels de Yûnus Emre (1240-1320),* traduction de Paul Ballanfat, 2020.

Paul BALLANFAT, *Poésie en ruines – La pensée et la poétique de Yûnus Emre*, 2020.

Frithjof SCHUON, *Racines de la condition humaine*, 2020.

Luc-Olivier D'ALGANGE, *L'Âme secrète de l'Europe – Œuvres, mythologies, cités emblématiques*, 2020.

Jean BORELLA, *René Guénon et le guénonisme – Enjeux et questionnements*, 2020.

Michaël RABIER, *Nicolás Gómez Dávila, penseur de l'antimodernité – Vie, œuvre et philosophie*, préface de Stephen Launay, 2020.

Swami KEDARNATH, *Introduction à la philosophie indienne de la connaissance de l'Absolu selon Śri Mā Ānandamayī*, traduction de Ghislain Chetan, préface de Richard Lannoy, 2021.

Frithjof SCHUON, *Images de l'Esprit – Shinto, Bouddhisme, Yoga*, 2021.

Michel MICHEL, *Le recours à la Tradition – La Modernité : des idées chrétiennes devenue folles*, préface de Fabrice Hadjadj, 2021.

Michel DOUSSE, *La figure d'Abraham dans la Bible et le Coran*, préface de Pierre Lory, 2021.

Frithjof SCHUON, *Sur les traces de la religion pérenne*, 2022.

Ananda K. COOMARASWAMY, *Essais métaphysiques*, choisis et traduits par Max Dardevet, 2022.

Luc-Olivier d'ALGANGE & Philippe BARTHELET, *Terre lucide – Entretiens sur les météores et les signes des temps*, 2022.

Frithjof SCHUON, *Résumé de métaphysique intégrale*, 2022.

Jean BORELLA, *Situation du catholicisme aujourd'hui – Entre résistance et dissolution*, 2023.

Frithjof SCHUON, *Sentiers de gnose (*réédition*)*, 2023.

Grégoire QUEVREUX, *Dieu en Procès*, 2023.

Frithjof SCHUON, *En route vers l'autre rive – La vieillesse, la mort et les états posthumes*, extraits de livres, de lettres et de poésies, compilés par Ghislain Chetan, 2023.

Luc-Olivier D'ALGANGE, *Propos réfractaires*, 2023.

Jordi QUINGLES, *La Perse et les origines du soufisme*, traduit de l'espagnol par l'auteur, 2023.

Jean BORELLA, *Tradition et modernité – La malédiction du progrès*, 2023.

Wolfgang SMITH, *L'évolutionnisme théiste de Teilhard de Chardin – Une analyse exhaustive de ses enseignements et de leurs conséquences*, traduit de l'anglo-américain par Marie-José Jolivet, 2023.

Structures éditoriales du groupe L'Harmattan

L'Harmattan Italie
Via degli Artisti, 15
10124 Torino
harmattan.italia@gmail.com

L'Harmattan Hongrie
Kossuth l. u. 14-16.
1053 Budapest
harmattan@harmattan.hu

L'Harmattan Sénégal
10 VDN en face Mermoz
BP 45034 Dakar-Fann
senharmattan@gmail.com

L'Harmattan Cameroun
TSINGA/FECAFOOT
BP 11486 Yaoundé
inkoukam@gmail.com

L'Harmattan Burkina Faso
Achille Somé – tengnule@hotmail.fr

L'Harmattan Guinée
Almamya, rue KA 028 OKB Agency
BP 3470 Conakry
harmattanguinee@yahoo.fr

L'Harmattan RDC
185, avenue Nyangwe
Commune de Lingwala – Kinshasa
matangilamusadila@yahoo.fr

L'Harmattan Congo
219, avenue Nelson Mandela
BP 2874 Brazzaville
harmattan.congo@yahoo.fr

L'Harmattan Mali
ACI 2000 - Immeuble Mgr Jean Marie Cisse
Bureau 10
BP 145 Bamako-Mali
mali@harmattan.fr

L'Harmattan Togo
Djidjole – Lomé
Maison Amela
face EPP BATOME
ddamela@aol.com

L'Harmattan Côte d'Ivoire
Résidence Karl – Cité des Arts
Abidjan-Cocody
03 BP 1588 Abidjan
espace_harmattan.ci@hotmail.fr

Nos librairies en France

Librairie internationale
16, rue des Écoles
75005 Paris
librairie.internationale@harmattan.fr
01 40 46 79 11
www.librairieharmattan.com

Librairie des savoirs
21, rue des Écoles
75005 Paris
librairie.sh@harmattan.fr
01 46 34 13 71
www.librairieharmattansh.com

Librairie Le Lucernaire
53, rue Notre-Dame-des-Champs
75006 Paris
librairie@lucernaire.fr
01 42 22 67 13

www.ingramcontent.com/pod-product-compliance
Lightning Source LLC
LaVergne TN
LVHW010428230826
846092LV00009BA/1090

* 9 7 8 2 3 3 6 4 3 2 8 1 6 *